JN181878

イアン・ゲートリー
黒川由美 訳

毎日５億人が
通勤する
理由

RUSH HOUR: HOW 500 MILLION COMMUTERS SURVIVE THE DAILY JOURNEY TO WORK

太田出版

RUSH HOUR

通勤の社会史

目次

第2部　粛々と通勤する人々　177

第3部　顔を合わせる時間　289

序章　誰もいない土地(ノーマンズ・ランド)を抜けて

二〇一四年一月十三日月曜日、午前六時五十五分。ハンプシャー州の田舎にあるボトリー駅の一番線プラットホーム。私はいくつかの感傷的な理由から通勤電車に乗るため、「七時〇一分発　ロンドン・ウォータールー行き」を待っている。

三年前の今日、私は同じ場所で、同じ電車を待っていた。新しい仕事はスーツ着用で、勤務時間は九時から五時まで、わが家からロンドンのオフィスまでは直線距離で百十キロ余りだが、車と電車と地下鉄の乗り継ぎで二時間半かかる。

その前の十年はほとんど自由気ままに移動する〝ノマド的な〟生活だったので、あの当時、通勤を再開するということは、厳しい管理体制への服従というよりは、みずからへの挑戦に近いものだった。朝の五時五十五分に目覚まし時計が鳴ると、私は血がたぎるのを感じながらベッドから飛び起きたものだ。

二〇一一年のあの日、通勤と呼ばれる〝職場への旅〟は、アイロン台の上のシャツのしわをきれいに伸ばすことから始まった。その作業は必要に迫られたものとはいえ、最初のうちは、奇妙なほど私の気持ちを落ち着かせてくれた。何年もアイロンがけなどしていなかったし、やるからには完璧にしわを伸ばそうと最善を尽くした。その時間を思索にあてることもできたので、そもそもなぜシャツにアイロンがけをすべきなのかという謎についてもずいぶんと考えた。雇われ人は、結局、堅苦しいスーツの奴隷なのだろうか？　それとも、ヴァイキングの時代に始まったとされるこの慣習は、私たちの文化にすでに有無を言わさぬほど深く根を張ってしまっているのだろうか？

通勤再開後の一週間でたどりついた私の結論はこうだ。人はアイロンがけによって自身を若く見せようとしている。しわができる前の肉体と同様、私たちは身に着ける衣服によっても若さを伝えようとしているのだ。この目的に比べれば、こざっぱりとビジネスライクに見えるからという理由は、付随的なものにすぎない。

シャツにアイロンをかけ、ひげを剃り、靴を磨き、スーツとオーバーコートに身をつつめば、出勤準備は完了だ。午前六時二十分、車のエンジンをかけ、送風機とワイパーを作動させると、家に駆け戻って、ぬるい湯を入れた容器を持ってきて、車窓の氷を落とす。午前六時二十四分、シートベルトを締め、ようやく車道へと入っていった。

地面には十二月のブリザードの雪が低木の根元に積もっていて、去年のクリスマスに作られた雪だるまが家々の前庭にまだ残っていた。車のスピードが時速八十キロを超えたとたん、フロントガラスが再び凍りはじめる。内側も外側も格子状の氷晶に覆われ、それが飛び散ったり、ヘッドライトの光を屈折させて無数の小さな虹を生みだしたりする。私は目の前のフロントガラスを一部だけこすって、細長い針状の氷をぶら下げている道路脇の木や生垣が見えるようにした。

夜のあいだ晴れて湿気が少なかったとしても、道路にはいたるところに薄氷があることがわかり、忍び足のような運転を強いられる。新しい仕事について一週間したころ、薄氷にハンドルをとられたことがあったが、生垣に突っこむ前に持ち直すことができた。アドレナリンの噴出量はものすごかった。考える暇はなく、あとから、コントロールできなくなったら逆らわずに滑りながら運転したほうがいいということを思いだしたが、果たしてそうしたのかどうかは覚えていない。

毎日の旅路における次なる課題は、ボトリー駅で無料駐車できるスペースを探すためにここで一、二分費やしてもいいかどうか、見きわめることだ。場所がなくても問題はない。道路を挟んだ向かいにあるパブには、一日四ポンドの駐車スペースがたくさんあるからだ。だが、料金を払うことなく、そのまま家の方向へ運転して帰れるところに車を停めるチャンスがあるのなら、まずは駅のほうを確かめるべきだろう。だから、駅側へ曲がるときはいつも、いささか偏執狂的なスリルを感じた。ボトリー駅には、効率的に駐車したとしても二十台分のスペースしかない。

駐車場の向こうには砕石場があって、計量を待つトラックが、ひとつだけ残っている駐車スペースに入るのを邪魔していることがある。トラックはたいていすぐに砕石場に入っていくので待つ価値はあるが、タイムリミットは六時五十一分までだ。それを過ぎたら、急いでパブのほうへ行ってコインを投入しないと、電車には乗れない。

通常、私を含め十数人の通勤者が七時〇一分の電車を待っている。プラットホームに沿って並ぶオレンジ色のライトの下に立ち、それぞれが白く曇った息を吐きだしている。みな着こんだ服をきつく引き寄せる。なかには、プラットホームを漫然と行き来する者もいて、ときおり立ち止まっては、スチール製ポールの上のＬＥＤディスプレイを眺め、次に来る三本の列車の情報を確かめる。ディスプレイの下にあるスピーカーからは、たまに表示とは異なる、録音された案内が聞こえてくることもある。

　メッセージは冷静でなだめるような女性の声で流れてくる。だが、このアナウンスはしばしば混乱を招く。「一番線に到着予定の電車は七時〇一分発、ベイジングストーク経由ロンドン・ウォータールー行きです。停車駅はイーストリー、ウィンチェスター、ミッチェルデヴァー……五両編成でまいります」。そう伝えられるそばで、ディスプレイには七時〇一分発の電車は七時二十六分発になる見込み、という文字が表示される。それでもスピーカーからは「電車が到着します、プラットホームの端には近づかないでください」という警告が聞こえてくる。そんなときも駅はどんよりと静まり返っているだけだ。

　電車が本当に近づいてくると、線路がうなりはじめる。すると、あと四百メートルというあたりからヘッドライトが見えてくる。凍てつく寒さの朝なら、電車が舞いあげる線路の氷晶が白い点となって、ライトのまわりを渦巻いているのがわかる。電車はあっというまにプラットホームに入ってくる。ホームのなかほどに立つ私の位置から見ていると、最初の二両は一瞬で通り過ぎ、三両目で徐行になり、四両目がガタガタと振動しながら私の目の前で停まる。そのあとドアボタンのまわりのライトが光り、合図が鳴ってドアが開くと、私たちはこのカプセル型の車両に乗りこんでいく。

ボトリー駅から乗る通勤者は多くないが、電車に乗りこむときの何秒間かはじつに慌ただしい。そこには慣習や危険がいくつもあり、それを学んだり避けたりできるようになるには時間がかかる。人々は自発的に列を作って乗車を待つが、列に並んでいると認められるためには、プラットホームの正しい位置に立っていなければならず、その場所は毎日少しずつ変わり、一メートルくらいずれることもある。自分の前に並んでいる人が一人多いだけでも、通勤の苦痛は増す。

車両に乗りこむと、乗客はすぐさま通路の左右に分かれ、椅子取りゲームの音楽が止まったときのように急いで坐れる席を探す。

七時〇一分の電車の普通車両内は明るい色合いで、内装の角の部分はみな曲線になっているが、それらが伝える柔らかさを裏切っているのは、壁やドアや窓に貼られた大量の注意書きだ。「禁煙」「緊急時の行動」「携帯電話による通話禁止ゾーン」。三分の二ほどの座席の背に「優先席」のステッカーが貼ってあるが、妊婦や身体の不自由な人の比率は統計的にそこまで高くはないだろう。

各車両の通路の片側には二人掛けの座席が列をなし、もう片方の側には三人掛けの座席がふたつずつ向かい合わせに並んでいる。最も好まれるのは、窓から前方が見える二人掛けの席だ。窓外の風景が単に通過するのではなく自分に向かってくるように見えるし、ほかの客は隣に一人いるだけなので、他者との接触も最小限に抑えられる。最初のころ私は、同じ旅の道連れとも言える人々がなんとかして互いに距離を置き自分の殻に閉じこもろうとする様子に驚いたものだ――あたかも夢のなかで出会った者どうし、触れたりキスしたりするとたちまち溶けてしまうかのように。

通勤を再開した最初の一カ月は、再び飲みはじめてしまったアルコール依存症患者が、飲むことの危険や喜びに直面しているときのような気分だった。通勤の門外漢としても当事者としても、私はほかの通勤客に好奇心を覚えるようになった。この人たちはなぜ、生活の大半を移動しながら過ごすことを選んだのだろう？

私が通勤を再開したのは、ロンドンの仕事のほうが給料がいいという単純な理由からで、つまりは富を求めてロンドンへ向かった十四、五世紀のイングランドの商人と同じだった。ほかの通勤客も私のように、金銭のために旅をしているのだろうか？　確かに高い給料は長い移動時間に耐える動機にはなる。

それとも、もっと別の理由があるのだろうか？　彼らは冒険家の高貴な一族の末裔で、放浪の血を受け継いでいるがゆえに、生来、同じところにじっとしていられないのか？　あるいは、この情報化時代にあってもなお、近代産業化時代に始まった通勤という滅びゆく活動にみずから身を投じたがる人々なのか？

仕事場と休息の場を分けるためになんらかの移動手段を用いるという意味では、通勤は——少なくとも理論上は——合理的な方法だ。仕事と家庭というふたつの世界のよいところだけをとる、とまでは言えないにしても、報酬の多い仕事と心地よい家を手に入れる妥協案としては最善の方法であろう。

移動はそのふたつの目的を実現するために支払う代償だ。通勤者は自身の自由を公共交通や道路混雑に委(ゆだ)ねつつ、どちらにも属さない〝誰もいない土地(ノーマンズ・ランド)〟を横断する。そのため、途中にある駅や交差路は目的地までどれだけ進んだかを知る目安としてのみ利用され、わざわざそこを訪れることはほぼないだろう。その結果、通勤とは、この時代を支配する「生産」と「再生」という二極のあいだに存在する、ある種の苦行とみなされる。

通勤それ自体がひとつの世界であるという意味で、これは妥当な捉え方でもある。通勤とは、朝晩のラッシュ時以外の私たちの行動にも影響力を持つにもかかわらず、いまだ探求されていない生活の一部である。だが、過去においても現在においても、確かに私たちの文化に多大な影響をおよぼしている。それは常識として信じられているよりもはるかに魅力的な活動であり、職場や家庭での生活を楽しんでいないかもしれない通勤者には、自由や喜びさえも与えてくれるものだ。

私には列車、バス、路面電車、地下鉄、自動車、川船、島間フェリーによる通勤経験がある。二十分に満たない短時間通勤もあれば、起きている時間の三分の一近くを費やす通勤もあり、退屈で苦しい通勤も楽しい通勤もあった。たとえば七時〇一分発ロンドン行きの電車通勤は、終着点で私がする仕事よりも、刺激的で満足を感じさせてくれるものだった。車の運転は楽しかったし、ボトリー駅での駐車スペース争奪戦ではそれなりの高揚感を味わっていた。車内では読書や執筆や仮眠をし、過ぎゆく田園風景に季節の変化の兆(きざ)しを見つけたりもした。

通勤はいまでこそ日常的な活動ではあるが、かつては紛(まぎ)れもなく革新的な行為だった。それは過去との決別を意味し、新たなライフスタイルの扉を開く鍵でもあった。通勤の短い歴史の大半において、人々はそれをよきものと考えてきた。概して通勤は苦行よりもむしろ憧れの対象とみなされてきたようで、地球規模で言えば現代でもそうだ。

ヴィクトリア朝時代、最初の鉄道ブーム期に始まった通勤という活動は、移動の自由を象徴し、その自由をつかもうと挑戦した勇気ある人々に新たな地平線を望ませてくれた。初期のころには、かなりの危険も伴った。人類最初の通勤者たちは、初めての通勤を命がけの旅のように考えていた。だが、交通革命が軌道に乗ると、ごく少数だった通勤者の数が増えただけでなく、仕事のやり方、居住地や娯楽のパターン、時間の概念など、多くのものを変化させた。

本書の第1部では、通勤が個人にとって宇宙旅行に匹敵するほどの未来的体験だった時代から、いかにして世界で五億人以上が参画する一般的な行為となっていったかを探っていきたい。

第2部では通勤の現状を追う。通勤者が毎日の移動でどのような試練に直面しており、いかにしてそれを乗り越えているのか、そしてそんな忍耐は果たして正当化されうるのか否かを検討したい。通勤は、ストレス・肥満・活動過多・無気力・心臓疾患など、心身双方に問題をもたらす原因として非難されるが、さまざまな指標を見るかぎり、通勤する人々は人生の勝ち組でもある。全体として見れば、通勤者は富を得て、成熟した老年期を生き、自分の子どもたちが人生で最高のスタートを切れるよう準備してやっているのである。

本書最後の第3部では、通勤の未来について考察する。いま私たちの世界を変貌させつつある〝大デジタル化〟によって、通勤は今後、不要の活動となるのだろうか？　これからは勤労者が移動して働くのではなく、仕事のほうが移動してくるようになるのか？　そして、通勤は人の時間や地球資源を無駄に消費させる前時代の遺物として切り捨てられていくのか？　単純明快な答えはないだろう。もちろん通勤そのものがすぐに消滅する兆しはないし、家庭生活を豊かで快適にするための金銭を求めて移動する時間がすべて無駄で不要だ、ということもないはずだ。

結局のところ、通勤とは二重生活をすることだ。私たちは、家では恋人や親や反逆児になれるが、仕事場では効率を何よりも重視する人間となり、公平で冷静で理性的であるよう求められる。職場への移動は「他者と顔を合わせるための準備の時間」を提供し、生まれた土地に縛られたり、都会の罠に捕らわれたりしないための手段を与えてくれる。

ひょっとすると、私たちは通勤時間を嘆くよりも、最初に通勤を始めた世代の人々を鼓舞していたあのパイオニア精神をもう一度思い起こすべきなのかもしれない。当時の人々にとっての通勤とは、それまで自分たちのあり方を特徴づけていた辛い仕事から逃れるチャンスであり、自分たちの世界を新たに作り直す自由の象徴だった。

第1部

通勤の誕生と成長、そして勝利

1　一日に二度ロンドンへ行った男

ラグビー（イングランド中部の都市）の故アーノルド博士は、〈ロンドン・アンド・バーミンガム鉄道〉の開通を、文化の発展における新たなる大きな一歩とみなした。博士は線路の上にかかる橋に立ち、その下を疾走し、遠くの低木のあいだを走り抜けていく列車を眺めながら、「これが見られるのは喜びだ」と言った。「これを目のあたりにし、封建制度が完全に終わりを告げたと実感するのは喜びである。邪悪なものが真に消滅したと思えるのはすばらしいことだ」

――サミュエル・スマイルズ『技師の生活』一八六二年

「仕事場はあくまでも仕事場で、私生活とは別物だ。職場に入っていくとき私は自分の〝城〟をあとにする。そして、〝城〟に入っていくときは職場をあとにする」。チャールズ・ディケンズの『大いなる遺産』（一八六一年）に登場する弁護士事務所の事務員、ジョン・ウェミックはそう言った。

ウェミックのことを、この世界的名作に登場する最も近代的な人物だとみなす文芸評論家は多いが、それはウェミックがきわめて近代的な統合失調症の気質を示しているからかもしれない。職場でのウェミックは野心的で世俗的だ――絞首刑が決まった罪人の〝持ち運び可能な品〟を臆せず盗む。その一方で、家、つまり自分の建てた〝城〟にいるウェミックは、陽気で風変わりであっても愛情深い人物である。

ウェミックが抱えるジレンマは、十九世紀前半にはより多くの英国人が抱えることになったジレンマでもあった。職場と家とは、ときに相容れない規範に支配され、明らかに異質な世界となっていた。人々は、自分が昼夜同じ人間でいられ、いつも同じ人たちと過ごせる農場や鍛冶場を「仕事場で、かつ休息の場」とすることをやめ、事務所や工場を仕事場とし、家でくつろぐときとは違う服を着て、違う行動をとるようになった。

職場と住まいを分けることに関し、道徳的な議論は交わされたものの、それよりも当時は衛生上の懸念のほうが重要な問題だった。ウェミックが住もうとしなかったディケンズ時代のロンドンは、下水道にまたがってスラム街と工場が建ち並ぶような場所だ。十年ほどの周期でコレラが蔓延し、平均的な家族はひと部屋に五人でひしめきあって生活し、成人の平均余命はわずか三十五年、祖父母の世代よりも短くなっていた。

罪を犯しながら育ち、むきだしの下水道のそばの窮屈な部屋で暮らす飲んだくれの貧民や、そうした人々の上に石炭や煤を降らせるロンドンの街を、ディケンズは恐ろしげに描写し、それが彼の作家としての功績の一部でもあった。だが、現実は小説よりも悲惨で、産業革命によって変貌したイギリスのほかの都市も同様のありさまだった。

エディンバラ大学でチャールズ・ダーウィンとともに医学を学んだジェイムズ・フィリップス・ケイは、一八三二年に『マンチェスターの繊維業にたずさわる労働者階級の道徳的環境と健康状態』という著作を発表した。この本はベストセラーとなり、著者ケイと同じ中産階級の読者は、そこに記された都市の不潔さ・病気・堕落は自分たちの住まいから遠からぬ場所で起きていることであり、できるだけ早くそんな街から逃げだしたほうがいい、ということに気づかされた。

たとえばマンチェスターのパーラメント・ストリートには、「三百八十人の住人に対し、狭い通路に設けられた屋外便所がたった一カ所しかなく、それが近隣の家々に悪臭を放ち、疫病をもたらす禍源となっていたことは疑いない。さらにこの通りには、住宅の出入口近くに、格子で蓋をしただけの汚水溜めがいくつもあるため、不快な汚物が溜まり、人々はたえず有毒な悪臭を吸いこんでいた」。〝北のアテネ〟とすら呼ばれた街エディンバラにも、「ネズミの住処となった無数の荒れ果てた建物」がひしめく貧民窟があり、住民の悲惨な生活のあかしはいたるところで見つけられた。

〝暖炉と狩猟の場〟を分けたいという欲求、つまり、健康的に暮らし、かつ効率的に働きたいという欲求は、十九世紀が進むにつれますます強まっていった。蒸気動力による移動、という科学技術が職住の分離を可能にしたとき、史上初めて、通勤という活動が芽生え、やがて花開いた。これは一八三〇年代に始まった人類の新現象の一部であり、その後の五十年でイギリスを変貌させた。鉄道の出現が国を動かしはじめたのだ。

もともと鉄道は、乗客より貨物を運ぶために導入された。石炭を坑道の入口から鋳造所や都市へ、食料を田園地帯から町へ、衣料品を工場から波止場へと運ぶための手段だった。しかし一八三三年に運行を開始した鉄道業者は、自然発生的な旅客輸送の需要が非常に大きいことに気がついた。

たとえば〈ストックトン・アンド・ダーリントン鉄道〉は、ダラム州の炭鉱とストックトン・オン・ティーズにある工場を結ぶために建設されたが、一八三三年に蒸気機関車を導入したときの地元民の関心は途方もなく大きかった。初走行の際には五百人以上の人々が乗りこんだが、この列車は空っぽの石炭貨車二十一両に対し、〝実験車〟と名付けられ、旅客用に設計された車両がたった一両あるだけだった。狩猟家たちは馬に乗って列車を追いかけ、終着駅では一万人の群衆が列車を出迎えた。この鉄道は、一八三八年までに年間二十万人の乗客を運ぶようになり、切符の売上高は貨物からの収入を大きくしのいでいた。

同じく〈リヴァプール・アンド・マンチェスター鉄道〉も、もとは生綿をマンチェスターに運び、綿加工品をリヴァプールの港に届けるために敷設されたものだ。出資した産業界の大物たちは、水上運輸から鉄道輸送への転換をもくろんでいた——それまで、水上輸送業者から運送料を搾りとられていたうえ、冬場に水路が凍結したり夏場の乾燥で水量が減ったりすると、たちまち運航が中止になる現状に辟易していたからだ。しかし結果として、貨物のみの輸送手段として計画された鉄道が、最初の年に四十万人の旅客を運び、その運賃からの収入は貨物収入の二倍にのぼった。

なかには、旅客を運ぶよう意図的に方向転換を強いられた鉄道会社もあった。〈ロンドン・アンド・サウス・ウェスタン鉄道〉の前身である〈ロンドン・アンド・サウサンプトン鉄道〉の場合は、燃料・魚・畜牛・輸入品の運送路線として、ロンドンと内陸地と沿岸地を結ぶはずだったが、ウィリアム・ジェイムズ・チャップリンという男の介入で目的が変わった。〝馬車業界のナポレオン〟とあだ名されたチャップリンは、六十四台の馬車と千五百頭の馬を所有し、毎日九十二路線におよぶロンドン発着の馬車サービスを提供していた。彼は当時のイギリスでは、全国的に事業を展開する代表的な経営者の一人だった。

鉄道が出現する以前、陸路で旅客を長距離輸送する手段は馬車しかなかった。イギリスの馬車輸送網は広範囲におよび、馬車ならではの制限があったことを考慮すれば、それなりに効率的でもあり、ロンドンからエディンバラへは三日で旅客を運ぶことができた。とはいえ列車と比べれば遅いし、運べる人数も少ない。ロンドン＝シュルーズベリー間を走って〝驚異の馬車〟というニックネームを与えられた馬車は、平均時速がおよそ二十キロだった（このスピードを維持するため、約二百五十五キロの行程に百五十頭の馬が使われた）。それでも、ほかの馬車と同様、この馬車が運んでいたのはたった八人の乗客と荷物だけだった。チャップリンは、鉄道によって自分の事業がつぶされることを見越していた。そこでみずからの事業を売却し、得た金を〈ロンドン・アンド・サウス・ウェスタン鉄道〉（ＬＳＷＲ）に投資した。これで役員の座を得たチャップリンは、経営に対しても発言権を持つことになる。

その後まもなく、〈ＬＳＷＲ〉の一部完成した路線で試験的な旅客輸送が始められ、一八三八年のダービー競馬の日には、競馬場のあるサリー州エプソムまで運行することになった。ロンドンの出発駅には、開門の午前八時になる前に約五千人が集まった。その後さらに、列車が運べる客数を上まわる勢いで人数が増えていき、「群衆に紛れた女性たちから悲鳴があがるなか、暴徒が予約カウンターに殺到し、彼らは駅舎の窓から入ってプラットホームへ侵入し、大騒ぎしながら貸し切り車両になだれこんでいった」と伝えられる。試験運行は大混乱の様相を呈したが、確実に利益が得られたため、アスコット競馬の日にも同じ試みが実施された。〈LSWR〉は三カ月で、牛一頭、石炭一袋を運ぶよりも先に十万人近くの乗客を運んだのだ。

一八四〇年にはロンドンとサウサンプトンを結ぶ線路が完成し、〈LSWR〉社はブラスバンドと祝砲でこれを祝った。この祝典では、ダニエル書十二章四節を引き合いに出した牧師の説教も行なわれた。「多くの者が行き来するであろう、そして知識は増す」――それは、旅客サービスの普及に伴って、チャップリン自身が思い描いた〈LSWR〉の未来を予見する言葉でもあった。

鉄道ブームが加速するにつれ、〈LSWR〉の狂乱騒ぎと似たような開業式典が各地で演じられた。晩餐会、横断幕、ブラスバンド、聖職者による説教、学童の合唱などは必須の余興だった。鉄道ブームのピークは一八四六年で、二百九十四の法案が通過し、一万五千三百キロほどの新鉄道が書面上で誕生したが、それはあくまでも机上の出来事であった。

翌年にはブームが去り、その際、大小問わずさまざまな出資者が破産した。投資バブルがはじけたあとの損失はきわめて大きかったが、それでも鉄道ブームは形ある財産を残した。一八四〇年代には九千七百キロ以上の路線が完成していて、このころにはもう、蒸気機関車はイギリスの特徴的な風景となっていた。不気味な色の鉄の怪物が野原をガタガタと通り抜け、丘のあいだに消えていき、川を越え、火を噴き、獣のようにあえぎながら、どんな獣よりも速く走っていく——その姿を目にした人はみな、汽車に乗ってみたくてたまらなくなるのだった。

一方で、鉄道の普及に憤慨する人々も大勢いた。

鉄道路線はイギリスの階級システムや土地を切り裂き、鉄道ブームの破綻（はたん）による金銭的損失はその傷口に塩を塗りこんだかのようだった。ノーサンプトンの新路線に反対する集会では、鉄道は第一に、州の自然景観や古い遺跡を損ない、第二に、地主のもとで働いていた労働者に辛い仕事から逃げだすチャンスを与えて封建制度を破壊する、と糾弾された。

鉄道路線が景観を損なうという非難は妥当だろう。列車の通り道にあるものは、なんであれ、邪魔物扱いされたからだ。たとえば南イングランドの都市ルイスでは、線路がセント・パンクラス修道院の古い祭壇を通り抜け、ウェストモーランドのシャップでは、線路が先史時代の石の輪（ストーン・サークル）を横断している。どちらも列車を走らせるために歴史的遺物が破壊された例だ。当時のロマン主義者や環境保護論者たちは、まもなく鉄道を許しがたい敵とみなすようになった。

イングランドに安全な田舎はどこにもないのか？

性急な攻撃を避けることはできないのか？

ウィリアム・ワーズワースは一八四四年の詩『ケンドル・ウィンダミア間の鉄道計画を聞いて』でそう問いかけていたが、どうやらこの問いの答えは〝ない〟だったようだ。〈グレート・ウェスタン鉄道〉にいたっては、あのストーンヘンジ（イギリス南部の環状列石。一九八六年にユネスコの世界遺産となる）の真ん中に線路を敷く計画まで立てていた。計画が頓挫（とんざ）したのは、議会が路線そのものを不要と決定したからであって、けっして新しい鉄道よりこの古代遺跡のほうが重要だと考えたためではなかった。

同様の破壊行為は都市でも起きた。ロンドンでは、駅舎を造るためにローマ時代や中世、そしてエリザベス朝時代のさまざまな建築物が取り壊された。歴史的景観も、高架鉄道によって遮（さえぎ）られるようになった。ストランド街から見るセント・ポール大聖堂はラドゲート高架橋（こうかきょう）に視界を阻まれてしまった。こうした破壊行為は一八六〇年代になっても続き、ロンドンに千四百キロ以上の新路線を敷設する許可を得るため、二百を超える法案が議会に提出された。風刺雑誌の〈パンチ〉などは半ば冗談・半ば本気で、いっそセント・ポール大聖堂を駅にしてしまえばいい、「すべての鉄道がロンドンに入ってくるのなら、これ以上ふさわしい聖堂の使用方法もないのではないか？」と書いていた。

歴史的遺物と同じように、スラム街も新しいターミナルを造るために破壊され、そのせいで何万人もの労働者が新しい家を探さなければならなくなった。鉄道ブームは確かに人々の移動をたやすくしたが、それと同時に人々に移転を強いることにもなった。

鉄道はまた、田園地帯に住む労働者をも敵にまわした。牧草地を疾走する鉄製のモンスターが吐きだす騒音や煙のせいで、雌鶏が卵を産まなくなり、羊の毛が黒ずみ、畜牛が暴走する、と農民たちは不満を訴えた。そして、蒸気機関車は家畜ばかりでなく、人間をも混乱させると考えられた。鉄道反対派は、列車の不自然なスピードは乗客の健全な心身に深刻な害を与える可能性がある、と警告した。一八三六年の〈ロンドン・サタデー・ジャーナル〉は、「重厚な足どりで歩いていた市民が、彗星のように飛びまわる……そのせいで考えも軽率になっていくことだろう。正直な人間がとんでもない嘘つきに変わっていくに違いない。距離の概念が桁はずれになったせいで、人々の考え方が大仰になっていく」と嘆いた。そんな事態を招きたくないのなら、みな自分がいまいる場所にとどまったほうがいい、という論調だった。

ジョン・ラスキン（一八一九年～一九〇〇年）をはじめとするイギリスの唯美主義者たちも、鉄道を利用すべきでないと考えていた。ラスキンの意見は、鉄道がもたらすスピードや便利さが人々から人間性を奪っていく、というものだった。

そもそも鉄道旅行のシステムは時間のない人のためにできているので、当面はみじめで、つまらないものである。しないでよいのなら、わざわざそんな旅をしたい者はいないだろう――のんびりと丘を越え木々のあいだを進んでいく時間があるのに、その代わりにトンネルを通ったり、土手に挟まれた隘路を通過したりはしたくないはずだ……鉄道は人を旅人から生きた貨物に変えてしまう……世界を移動する力を得るために、人間性の高貴な特質が捨てられてしまうのだ。

そんな人間に、美しくすばらしいものを敬えと求めても無駄なこと、風に求めるのと同じようなものだ。

だが、鉄道がもたらした新たな移動の自由が受け入れられていくにつれ、やがて鉄道への偏見も二義的なものになっていった。

鉄道がどんなチャンスを切り開いたのかは、一八四〇年代に有名になった「一日に二度ロンドンへ行った男」の逸話から見てとることができる。男の出発点がどの州だったのかは、旅の目的やこの男に関するほかの詳細と同様、逸話ごとに異なっている。相場師だったという話もあれば、重婚の罪を働いた男だとも言われている。重要なのは、どこの誰がしたことだったかというより、そんなことができるようになったという驚きにある。列車が登場するまで、大半の人は生きているうちにせいぜい二度ロンドンに行ければ幸運だと思っていたのだから。

一八三一年に驚異的なスタートを切ってから、イギリスの列車旅客数は、一八四〇年には延べ百万人に達した。その十年後には六千七百万人、一八六〇年には一億五千四百万人、一八七〇年には三億千六百万人となった。その多くが、鉄道旅客輸送が始まる前ならばとうてい長旅の動機にはならないような理由で――競馬場で一日を過ごしたり、郊外へ遠出したりするために――列車に乗った人々だったが、職場との往復のために使っていた人もかなりいた。〝通勤〟が始まったのである。

通勤者が主要な乗客となった最初の鉄道路線は、おそらくは一八三六年に開業したロンドン・アンド・グリニッジ線だろう。その長さはわずか六キロ。休日には大勢の人で混みあったテムズ川の蒸気船と競う形で建設された鉄道だった。機関車の動きが、身を屈（かが）めて前進するプロボクサーの姿を連想させたところから、この蒸気機関車には〝ボクサー〟というあだ名が付いた。非常に速い列車でもあり、試運転のときには時速九十七キロを記録した。車両は旅客向けに設計されていて、一八四四年ごろには年間二百万人以上の客を運ぶようになった。乗車運賃を分析すると、客の多くは職場に行くために利用していたものと考えられる。

そうこうしているあいだに、〈ＬＳＷＲ〉は通勤のための需要が非常に大きいということ、そして、駅を造りさえすれば、鉄道周辺の土地に通勤者用の居住圏ができあがることに気がついた。地元の馬車業者や景観保護者たちの反対で、キングストン・アポン・テムズの線路脇に駅を設ける許可がおりなかったため、〈ＬＳＷＲ〉は一八三八年に、そこから二キロ余り離れた場所に新駅を造った。

駅ができてから三年もしないうちに、この路線のそばに〝キングストン・アポン・レイルウェイ〟と呼ばれる新しい町ができ、「完成した家や建築中の家は八百にのぼった」と記録されている。キングストン・アポン・レイルウェイ駅は、その後、線路に沿っておよそ八百メートル移動することになるが、そのとき近隣の農場の名にあやかって〝サービトン〟（英国で最も古く代表的な郊外居住地となり、本書でもたびたび登場する）と改名された。彼らは一八五五年にサービトンは自治区となり、ラファエロ前派の画家たちが好んだたまり場となった。彼らは鉄道によって自然豊かな土地に出かけやすくなったために、それまでの高踏的な鉄道反対意見を捨て、ロンドンから郊外への逆方向の移動手段を歓迎した。

十九世紀半ばごろには、通勤はますます流行のライフスタイルとして認識されるようになった。一八四九年、〈サウスポート・ビジター〉紙によると、サウスポートの町は〈リヴァプール・クロズビー・アンド・サウスポート鉄道〉の開業によって、「毎日リヴァプールの職場に通い、夜になると健全なサウスポートに住む家族のもとへ帰ってくるビジネスマンたちの安息所になった」。科学の驚異を解明し大衆に普及させることに努めたダイオナイシウス・ラードナーは、一八五〇年の著書『鉄道の経済』において、〝移動力〟が新しい生き方を創りだしている、と述べた。

[ロンドンの]中心に仕事場を持つ人が、中心地から二十〜三十キロ以上離れた場所に家族と住むというのは、いまや珍しいことではなくなっている。にもかかわらず、彼らは店舗や会計事務所といった勤め先に朝早い時刻に着くことができ、たいした不便を感じることなく夜のいつもの時刻に帰宅することができる。こうして鉄道路線が延びる大都市の四方八方に住居が増えていく。

鉄道会社はこのような需要を背景に定期券を発行した——海岸地域の蒸気船業者が早期購入者に発行する「休暇シーズン中の値引き切符」をまね、利用者の要求に応えたものだった。たとえば一八五一年、レディング駅の駅員は、乗客からの圧力により、鉄道会社に五十ポンドの年間定期券の発売を要請しなければならなくなった。五十ポンドというのは平均的な労働者の一年分の収入とほぼ同じである。定期券は高額ではあったが、発売後まもなくたいへんな人気となった。〈ノース・イースタン鉄道〉では、一八六〇年から一八七五年のあいだに八〇〇パーセントの売上増を記録したほどだ。

定期券の値段の高さは、最初の世代の通勤者たちの社会的地位を伝えている。ラードナー教授や〈サウスポート・ビジター〉紙が記していたように、通勤者の多くはビジネスマンか知的職業の従事者であった。

ロンドンの中心から十六キロの位置にあるケント州ブロムリーは、一八五八年に初めて鉄道駅が造られた町だが、当時の国勢調査員の報告書からはもっと詳しいことがわかる。鉄道が敷かれてからブロムリーやその近辺に定住した人々のなかには、南アフリカの貿易商、株式仲買人、保険業者、建築家などがいた。初期の通勤者は教育を受け、みずからの意見を社会に発するのをためらわない裕福な層だった。彼らは列車のサービスが期待はずれだと思えば〈タイムズ〉に投書した。

一八六四年一月十五日付の次の投書は、通勤者の数がいかに急激に増えていったか、そして理由のない列車の遅れが（現代と変わらず）いかに彼らを憤慨させていたか、ということを示している。

拝啓――私は〈ミッド・ケント鉄道〉の沿線で何千人もの住民とともに暮らしている者です……ここはロンドン・ブリッジから十六キロ離れた場所で、住民の誰もが多かれ少なかれ、毎朝定刻どおりにロンドンに着かなければなりません。最近の「新路線の設備」と呼ばれているもののは、われわれの通勤状況をひどくするばかりです……私は帰宅しようとロンドン・ブリッジ駅にまいりました……しかしチャリングクロスへ向かう列車は、私を含む二、三百人の乗客をひどく危険な状態で置き去りにして出発し、私共はほかの列車が行き来するあいだも、吹きさらしの寒く狭いプラットホームで長いあいだ待たされたのです……そのかん列車は危険なほどわれわれの近くを走っていきました。

危険や時間の正確さに言及したこの手紙は、初期の通勤者がどんなことに憤慨し、何を心配していたのかを知る手がかりになるだろう。通勤者は何はさておき勇敢でなければならなかった――ヴィクトリア朝時代の鉄道は紛れもなく危険な乗り物だったのだ。切符売り場では、〈鉄道乗客保険会社〉の生命保険も一緒に売られていたほどだ。

蒸気機関車が人の生命や身体にどんな危害をおよぼすのかをこのうえなく鮮烈な形で知らしめたのは、一八三〇年九月十五日の〈リヴァプール・アンド・マンチェスター鉄道〉開業式での出来事だった。ジョージ・スティーヴンソンの蒸気機関車〈ロケット〉号が、著名な庶民院議員ウィリアム・ハスキソンの脚を轢（ひ）いてしまったのだ。ハスキソンはこの怪我で数時間後に死亡した。さらに、〈ストックトン・アンド・ダーリントン鉄道〉の開業祝典も、無茶なふるまいをした客が片脚を失うという事故のせいで台無しになった。まるで、列車が動けば誰かが脚や命を失っていくかのようだった。脱線や衝突、爆発事故などが起きれば、たいていは大惨事になり、なかでも、一八六五年にステープルハーストで起きた事故（死亡者十名、負傷者四十名）はよく知られている。ディケンズも巻きこまれたこの事故は、ロンドンに向かっていた列車が、補修のため線路がはずされていた高架橋への下り坂を時速八十キロで走っていったときに起きた。前の六両は高架橋下の川床に落ち、ディケンズが愛人とともに乗っていた七両目の車両は、高架からぶら下がる形となった。ディケンズは同じ車両の乗客を助けたあと、負傷者の手当をするため、フラスクに入った酒を持って、後続の車両まで這いのぼっていった。そこで頭蓋骨が割れた男性と顔が血まみれの女性に酒を飲ませたが、どちらもディケンズの目の前で息を引きとった。

列車事故の記録は人を惹きつけてやまないところがあり、マスコミもその暗い魅力を煽り、生々しい災難のぞっとするような記事を掲載した。列車の事故は、大西洋の真ん中で起きた沈没船事故や南米チリの炭鉱陥没事故とは異なり、なじみのあるイングランドの平原でも起きうるもので、読み手自身がいつ巻きこまれてもおかしくないという理由から、センセーショナルな報道も当然のごとく受け入れられた。

時間の正確さも初期の通勤者が特にこだわった点だった。彼らは死の危険に目をつぶっただけでなく、時間に対する考え方をも変えた。鉄道が登場する以前、時間の正確さを気にするのは高い地位にある人ぐらいだった。イギリス人の多くは、一日を時間単位や分単位ではなく、午前と午後に分けて捉えていただけだった。

そればかりか、グリニッジの東に行くか西に行くかで、町や村の時間そのものが異なった。たとえばリヴァプールの時刻はロンドン時刻より十二分遅れており、逆にノリッジでは五分早かった。それぞれの村では教会の時計に従っていたため、公式時刻が村によって変わることすらあり、周辺にいくつかの村落がある野原に立つと、同じ時刻を告げる鐘がずれてばらばらに聞こえてきたりもした。こうした時差は、〝驚異の馬車〟ですら最高時速にして約二十キロという鉄道前の時代には、たいした問題とはならなかった。しかし列車に乗るとなれば、時計の時刻を何に合わせるかは非常に重要なことになる。

それでなくとも、衝突事故を避けるために、鉄道は標準時刻で運行させる必要があった。一八三八年に〈ロンドン・アンド・バーミンガム鉄道〉が始めた慣例にならって、鉄道会社は「時刻表」を作成し、どの駅でいつ列車に乗れるのか乗客に知らせるようにした。最初のうち各社の時刻表に使用された時間に違いはあったものの、やがて大半の鉄道会社は、グリニッジ標準時（ＧＭＴ）を採用するようになった。

多くの時刻表には、ＧＭＴと各駅の地方時間（ローカルタイム）との時差が記されていて、主要駅の告知板にも路線全駅のローカルタイムが一覧にされていた。それでも、自分の村の時間を基準に時刻表を見ていたり、一分の違いに大きな意味があるという考えになじめなかったりして、列車に乗り遅れる客は少なくなかった。

鉄道会社は営業収入を最大にし、新しい習慣に抵抗する頭の古い人間を十九世紀の新世界に引っ張ってくるために、駅周辺だけでなく、国のあらゆる場所に〝鉄道時間〟を広めようとした。〈リヴァプール・アンド・マンチェスター鉄道〉の重役ヘンリー・ブースは、いまや「セント・ポール大聖堂の鐘が鳴って一時を告げるとき、すべての街の時計や村の鐘もいっせいに一時を告げる……どの時計も計時器も同じ時刻を指す」時代であることを、同胞たちに理解させようとした。ブースはまた、「一国がひとつの鼓動によって動くこと、すなわち、市井のどんな取り決めにおいても、ただひとつの合図が偉大なる国民の動きを統制することには崇高さがある」と主張した。

十三世紀の時計を使い、一八五二年までGMTより十四分遅い時を刻ませていたエクセター大聖堂の主席司祭をはじめ、変化に抵抗する人々もいたが、共通の時間というシンプルな良識は普及していった。そして、エクセターの主席司祭が抵抗をあきらめるころには、イギリスのほぼ全域で〝鉄道時間〟が採用されるようになっていた。

正しい時刻を知る必要性が生じると、時計の需要も格段に増え、時計製造にも革命が起きた。かつては船舶の船長、そしておそらくは間男だけが時計を持ち歩いていたのだろうが、いまや何百万人という人々が時間を気にし、列車に乗り遅れることを心配する時代になった。そして、人々の〝遅刻恐怖症〟を和らげるため、標準化された部品を使った安価な懐中時計が生産された。

時計は日常的に見られるようになり、とりわけ鉄道駅の周辺ではそうだった。『不思議の国のアリス』の白ウサギのように、旅客はつねにポケットから時計を出しては、「どうしよう、どうしよう、遅れてしまう」とつぶやいている。医学雑誌には、こうした人々の新たな不安感を危険視する意見が掲載され、心の平安に関するかぎり、遅刻するかもしれないという恐怖のほうが、列車事故に巻きこまれる恐怖よりも危険ではないのか、という議論も交わされた。さらには、予定に遅れる恐怖心から突然死する事例も報告された。〈アソシエーション・メディカル・ジャーナル〉にはロンドンに向かう通勤者の次のような死亡例が載っていた。「鉄道駅のプラットホーム上で男性が倒れて亡くなった。発車しようとしている列車に乗りこもうと過度に緊張したばかりに、その場で命を落としてしまったのだ」

　こうした偏執的な恐怖には何か理由があるのだろうか？　ヴィクトリア朝時代に蒸気機関車に乗って職場に行くというのは、二十一世紀に七時〇一分ボトリー発、ウォータールー行きの電車に乗ることと何が違っていたのだろう？

　当時の列車がいまよりも騒々しい車両だったことは間違いない。列車が駅に着くよりも前に、遠くからでも近づいてくる音は聞こえたし、間近に停まるときには轟音（ごうおん）が響き渡った。ブレーキをかけるときは、車両に乗っていた制動手が鉄のレバーを使って車輪の枠に木製の摩擦パッドを押しつけていたため、停まるときには甲高い音が響いた。線路からは金属音が鳴り響き、汽笛や逃がし弁（ボイラーの蒸気圧を調整する安全弁）は金切り声をあげる。停まろうとする客車は前後の車両とぶつかり、ガラガラゴトゴトとやかましい音をたて、蒸気が四散した。

　先頭の機関車は、近年の新しい機関車よりは小型だが、その姿はものものしい。火花や煙を噴きだす煙突は長い鼻をした悪魔かドラゴンを思わせ、その下の駆動輪や側棒は歯ぎしりする巨大なあごのようだ。運転室の円形の窓は眼球のように見え、火室のドアが開いているときはそれが赤々と輝いた。

当時も現在と同じように、列車のどのあたりに乗ればいいかを判断するにはちょっとしたテクニックが必要だった。安全面からも乗り心地からも、なかほどの車両が最も好まれた。衝突したりボイラーが爆発したりすれば、いちばん前の車両の乗客はまずひとたまりもないし、後方の車両に乗れば雨や火花や灰が降ってくるのに耐えねばならない。そのうえ、後部車両は曲がるときに激しく揺れる。ときには切り離されて荒野の真ん中に置き去りにされ、次の列車に衝突してくださいと言わんばかりになることもあった。

乗客はドアの下にある梯子(はしご)で好きな車両に乗りこんだ。座席には、一等・二等・三等と等級が三つあったが、一八七〇年代以降の通勤列車では、大半が一等と三等だけになった。

一等の客車は、木製と鉄製の台に箱形馬車式の車体を固定し、それを四つの鉄枠車輪の上に載せた構造だった。それぞれの小さな車体は、片側にドアが付いている以外はほかとは独立した空間になっていて、前後の客車にいる人と話をすることはできなかった。室内は、三人掛けの座席がふたつ向かい合わせになっていて、個々の席は肘掛けで区切られている。座席の椅子には詰め物がしてあり、客車の内部は板張りで、外側に開くガラス窓が付いている。頭上のくぼみに明かり用の灯油ランプがあり、寒いときは足温器を頼むこともできた。

各車両の天井の両端には制動手やポーターが坐る椅子があり、それらのあいだに鉄レール状の荷物棚が渡されていた。制動手やポーターは、クモ男のように車両の屋根や側壁を伝って車両間を行き来した。それはたいへんな危険を伴う仕事だった。車両を連結するときに指をなくしたり、トンネル内で頭や腕を失ったりすることは日常茶飯事だ。荷物に燃え移った火を消そうとして焼死した例もいくつかある。

通勤者は好きな車両に乗りこんだのちは、進行方向に背を向けた座席を確保しようとした。そのほうが列車の動きを不自然に感じずにすむと考えられていたためだ。それに、進行方向を向いた席に坐ると、窓から吹きつけてくる汚れた冷風を顔にまともに浴びてしまう。初心者は、鉄道に乗る際に役立つ知恵やマナーをまとめた本、『鉄道旅客の手引き』（一八六二年）を参考にし、「目を守るため、緑か黒の色が付いた眼鏡」や、あごの下で結ぶことのできる垂れひだ（耳覆い）の付いた帽子を身に着けていた。

鐘音と汽笛と旗とで出発を告げ、列車は航海に出る船にも等しい儀式を経て旅立つ。機関車が客車を引っ張りながら動きだすときの音はすさまじく、まるで巨人の重たい呼吸が大きなあえぎ声に変わり、速度が上がるにつれ、荒い息がますます小刻みになっていくようだった。ヴィクトリア朝時代の通勤者たちは、出発時の興奮がおさまると、窓から景色を眺めたり、座席の上の広告板や真鍮（しんちゅう）プレートに刻まれた注意書きや警告を読んだりして過ごした。

当時も現在もそうだが、乗客は会話をしたがらなかった。沈黙の作法はたちまち通勤者のあいだに広まった。最初のころはこれを嘆く者もあった。「考える頭脳と意見を表明する言葉を持っている数人の人間が、なぜ坐ったまま押し黙って互いの顔を眺めているのか？　イギリス人はなぜ、幽霊のように、話しかけられるまでは黙ったままでいようとするのか？」と。

だがそれは避けられないことでもあった。ヴィクトリア朝時代の人々は強い階級意識を持っていたが、列車は平等主義をもとに運行される。たまたま貴族と（一等客車の切符を買うことのできた）庶民が同じ車両に乗り合わせることがあっても、いったん列車を降りれば、貴族は庶民の存在など認知したがらないので、挨拶の言葉を交わすことも避けようとした。一方、中産階級の人々は、何か発言して恥をかくことを異常に恐れていたし、労働者は同じ階級の人々が相手でもないかぎり、みずから口を開こうとはしなかった。

それでも、ときには会話が始まることもあった。大半の鉄道会社は酔っぱらいの乗車を禁じ、強制力のない罰金をちらつかせていたが、ヴィクトリア朝時代の人々はしばしば朝食のときにも酒を飲んだため、気がゆるんで通勤途中でおしゃべりを始めてしまうこともあった。だがこうした場合にも自動的に安全装置が働くかのごとく、列車内の話は列車内だけの話として終わっていた。『鉄道旅客の手引き』には、「車両内で生じた知人は旅の途上のみの知人であり、たとえ二十年来の知り合いのように親しく会話ができたとしても、それを実生活においてまで続けようなどと考えるべきではない」とある。そればかりか、通勤慣れした乗客が口数の多い相手を黙らせ、関わりを避けるために使う「ぶっきらぼう、もしくは辛辣（しんらつ）な返答」や「不同意もしくは不満の表現」といった用語集まで載っていたくらいだ。

望まない会話を防ぐ最良の手段は書物と新聞だった。当時のことわざにあるとおり「鉄道の乗客は活字好き」で、鉄道はイギリス人の読み書き能力の急激な向上にも貢献した。プラットホームにはたいてい、新聞や旅のガイドブックを売る少年がおり、多くの駅には、ロマンス小説や冒険小説を売る店があった。まもなく、イングランドの〈W・H・スミス〉やスコットランドの〈ジョン・メンジーズ〉のようなチェーン店がこれに取って代わり、全般的に健全で知識人向けの商品を扱うようになった。出版社はこれらのチェーン店に鉄道特別版の書籍を供給した。大半は「マグカップ二杯分のエール」よりも安価で、古典や同時代の作品が多く含まれていた。当時の通勤者は、チャールズ・ダーウィンの『種の起源』やトーマス・マコーリーの『英国史』を列車に揺られながら読んだのかもしれない。

列車内の読書ブームは、称賛と同時に批判もされた。反対派が心配したのは、男女の乗客で満員になっている車内で、身体はつねに揺られ他人と接触している一方、読者の心は書物のわくわくさせる筋書きで高ぶってしまうことだった。「こうして心身ともに刺激を受ける状態は神経衰弱の原因になったり、道徳的な判断を鈍らせたりする可能性がある」と危惧(きぐ)された。

列車移動中に読むものがない、もしくは読む気がない乗客には、別の気晴らしがあった。『鉄道旅客の手引き』はハミングすることを勧めている。「動いている列車の音は、陽気であれ悲しげであれ、おのずと、なんらかの旋律に同調する。だから乗客が自分好みの雰囲気の曲をハミングすれば、いつのまにか格好の伴奏がついてくるというわけだ」。ハミングは特にトイレに行きたくなった乗客が気をそらすときに強く勧められた。イギリスの列車には一八九〇年代までトイレがなく、乗客は列車を降りるまで我慢できなければならなかった。自然の欲求を感じた乗客は、足を組んでそれに抵抗するか、〝シークレット・トラベリング・トイレット〟と呼ばれた、ズボンの内側に取り付ける「ゴム製のチューブと袋がセットになった簡易トイレ」を買っておくしか手立てはなかった。

初期の通勤者の大半は一等車両に乗れる裕福な層だった。だが、社会的階級が下の乗客も多少はいて、そういう人たちは三等車に乗り、三等だけで構成された列車があるときはそれを利用した。一八四四年に発令された「鉄道規制法」により、鉄道会社は「貧しい階級の旅客にも妥当な運賃で利用できる鉄道移動手段を提供し、彼らが〝天候〟から守られるような車両に乗れるよう配慮する」ことを義務づけた。これに従うため、鉄道会社は全路線に最低時速二十キロ弱で走る各駅停車を毎日運行させ、運賃は一マイルあたり一ペニー以上はとらないことになった。この法律によって、いわゆる〝労働者用列車〟が誕生した。この種の列車の運行スケジュールは、たいてい、その鉄道会社の収益率の高い列車のスケジュールに差し障りがないように組まれており、できれば貧しい人々にも労働者用以外の列車に乗ってもらい、より高い運賃を得ようとしていた。

線路や駅を設置するためにスラム街の住民を退去させたような鉄道会社は、退去の埋め合わせとして、さらに運行本数を増やさなければならなかった。たとえば〈グレート・イースタン鉄道〉は一八六一年にリヴァプール・ストリート駅の建設許可を得たが、その条件として「エドモントンとウォルサムストーから、往復二ペンスの労働者用列車を走らせること」を義務づけられた。これは需要から好結果が生じた例で、同社は労働者階級の旅客サービスを一路線に集中させ、大いに利益をあげたのだった。

とはいえ全体的に見れば、労働者階級の人々にはまだ鉄道は高嶺の花だった。およそ二十キロの旅を日に二回、週に五日も行なうには、平均的な肉体労働者の一週間分の収入の半分を費やすことになる。三等車両の乗客といえども、たとえば溝掘り作業員などではなく、仕立て屋や家具職人、（地位はそれほど高くはない）事務員などで、彼らが通勤を始めたのも一八五〇年代以降のことである。

三等の車両は、馬車というよりは畜牛貨車を模したような造りだった。議会の求める要件を考慮し、〝天候〟から乗客を守るため、堅牢（けんろう）な天蓋は付いていたが、両サイドは吹きさらしだった。座席はふたつずつ向かい合わせになった木製ベンチが三組で構成され、ひと組ごとに、胸の高さほどの仕切りで隔てられていた。ひとつのベンチに五、六人坐れたが、ベンチの幅は一等車両の三人掛け座席と同じぐらいだった。ベンチは布張りではなく、むきだしの木製で、痔（じ）持ちの通勤者のなかには、空気でふくらませるゴム製のクッションを持ちこむ者もいた。

三等車両の側壁から落ちて死んだ乗客があまりに多かったので、側壁の高さは最低でも約九十センチと定められたものの、急な揺れによる落下事故を防止するにはこれでも低すぎた。三等車両はたいていひどく混みあっていて、規定重量の数倍の乗客を運ぶ路線もあり、少年たちが荷物棚に乗っていることもあった。

三等車両は陽気で騒々しく、乗客は大声で会話を楽しんだり、声を張りあげて一緒に歌ったりした。閉めきられた一等車両で旅する余裕のある乗客でも、列車に揺られながら外の空気にあたる快感を求めて三等車に乗ることもしばしばあった——船に乗ったとき、船室でひっそりと過ごさずに、甲板に出ていくのと同じような感覚だろう。だが、こうした行動は階級制度への裏切りとして批判された。産業界の大物で大富豪のウィリアム・クローシェイは、煙突掃除人を雇って三等車両に忍びこませ、下層民と旅をしたがる上流階級の人々を脅して三等から追い払わせたらどうか、と地元の鉄道会社に提案したほどであった。

さらに、経済的余裕があるにもかかわらず三等車に乗ることで、鉄道とは関係のないところで社会的影響が生じる場合もあった。『鉄道旅客の手引き』にはまじめくさった寓話が載っている。一等車両で通勤する事務員と、その後ろの三等車両で通勤する〝しみったれた〟雇い主の話だ。ある日両者がプラットホームで偶然出くわしたとき、事務員は雇い主に対し、自分が三等に乗ったらその噂が肉屋や八百屋にまで広がってしまい、貧乏人だと思われ、つけがきかなくなってしまうからだ、と説明した。雇い主は、わずかの金のために自分の品位を落としていたことに気がつき、その後は一等に乗ることにしたばかりか、事務員にもそれなりに給料を上乗せしてやったということだ。

実際のところ、身だしなみを気にするような乗客は、三等に乗ったりはしなかった。乗客は季節の変化に伴い、にわか雨・ひょう・みぞれ・雪にさらされ、列車のスピードによって生じる強風にも煽られ、たえず降り注ぐ煤や蒸気の霧雨に耐えなければならなかったからだ。やっとのことで目的地に着いたときには、まるで極寒の海で難破した蒸気船の生き残りのような姿で降りることも珍しくはなかった。

ヴィクトリア朝時代には、通勤の途中で空腹を感じると、一等の通勤者も三等の乗客も等しく品位を試されることとなった。軽食堂を備えた駅はたくさんあり、駅の近くにはカフェも増えていたが、そういう場所で出される食べ物はとんでもなくまずかったからだ。ディケンズによれば、期待できるのはせいぜい「口に入れると砂に変わるかと思われるような古い」スポンジケーキや、「思考力を弱め、胃を膨張させ、顔色を悪くさせる」スープ程度だ。

また、鉄道網のいたるところで、サンドイッチが新たに登場し、ガラスの陳列ケースに並べられた。英国国有鉄道のサンドイッチは、その昔からきわめて評判が悪かった。一八六九年、作家のアンソニー・トロロープは「イギリスの真の恥は鉄道駅のサンドイッチである」と書き、鉄道改革者のウィリアム・ゴールトも、駅に陳列されている「化石のようなサンドイッチは紛れもなく国家的な恥辱だ」と述べている。そのため、多くの通勤者が自分の飲食物を持参するようになった。労働者たちは待合室でニシンを調理し、一等の乗客は（ディケンズのように）ブランディを入れたフラスクを持ち歩き、危険な列車移動中に心を落ち着かせようとしていた。

ロンドンに着いてもまだ空腹な人は、軽く何か食べることはできた。主要駅やその近辺にいる呼び売り人が、酢漬けの巻き貝、フィッシュフライ、羊の足肉、ベイクドポテト、茹(ゆ)でたグリーンピース、コーヒー、紅茶、ジンジャービア、ペパーミント水などを手押し車や荷車に積み、あるいはバスケットに入れて販売していた。商人たちは自分の風変わりな呼び売りの声を自慢にしていたが、そんな声も、ヴィクトリア朝時代の通勤者が職場に向かう途中に出会う不快な騒音のひとつだったのかもしれない。

駅の中央ホールは乗客のほか、出迎えや見送りの人々でいつも混みあっていた。ポーターは客の荷物や箱を抱え持って、人混みのなかをせわしなく行き来する。靴磨きの少年、スリや物乞いのほか、人々を改宗させようとする伝道師もいた。群衆のどよめきのような騒々しさのなか、列車は金属音をたて、轟音を響かせ、鐘が鳴り、汽笛の音が響いた。

一八六一年のパディントン駅の群衆シーンを描いたウィリアム・フリスの大作《鉄道駅》は、駅で見られるそんな混乱や喧騒をうまく捉えていた。この絵画はたいへんな人気となり、絵を見るためだけに多くの人が一シリングを払って構内に入り、そこに描かれている百人もの人々が演じる物語を読みとろうとした。

ヴィクトリア朝時代、初めての通勤を終えた乗客が、自分の踏みだした大きな一歩についてじっくりと考えることのできる静かな場所を見つけるとしたら、それは賛美歌を歌う伝道師のそばに行くことかもしれない。福音伝道者にとって、駅は贖罪(しょくざい)を必要とする罪人(つみびと)を見つけるための格好の勧誘の場であり、時代が進むにつれ、中央ホールに立つ伝道師の数も増えていった。

一八六五年に創設された福音伝道団体〈救世軍〉は「ハレルヤ切符」なるものを配布していた。これは、子羊たちを永遠に讃えてくれる〝栄光の地〟に至る片道切符、とされた。駅の壁面には旅客を啓発し教化するための聖書が鎖でつないであったが、訪れたフランス人は、(聖書が盗まれるのを心配するとは）キリスト教徒らしからぬ信頼心の欠如だと大いに驚いたようだ。

一八八一年には〈鉄道ミッション〉という特別団体が設立され、その定期刊行物『鉄道信号――もしくは沿線の光』は「信仰心のある通勤者になりなさい」と購読者に説いていた。この冊子には祈りの集会のスケジュールも掲載されていて、たとえば午前五時五十七分にロンドン北部、エンフィールド発の列車に乗る労働者には、都心のリヴァプール・ストリートで毎日行なわれている聖書クラスへの出席を勧めるなど、到着先で参加してもらいたいイベントを紹介していた。

鉄道の終着駅で活動していた福音伝道者たちは、自分たちのメッセージが古臭く聞こえないよう、さまざまな工夫を凝らした。この時代、鉄道用語はしだいに日常的な言葉となり、「脱線する」「頭から湯気がたつ」「正しい路線を行く」などの言葉も、最初は機関車の動きを表わしていたが、やがて人間の感情や心の状態を表現するものとしても使われるようになった。そのため、こうした言葉が新鮮な表現として、通勤者向けの賛美歌にも織りこまれた。サミュエル・ピーチの《汝の奉仕で、われらを信仰深くあらせよ》は、ラッシュアワーというものが形成されるようになったばかりのころ、朝夕の混雑する駅構内に朗々と響き渡っていた。

圧力を全開にし、火をかきたて
見守らせたまえ
いまだ燃えつづける上昇への野心に向け

その栄誉を勝ちとるまで
（コーラス）
汝の奉仕で、われらを信仰深くあらせよ
夜も昼も守りたまえ
最後の合図（シグナル）に備え
さあ、用意はいいか！

2　郊外の発展

新たな力、新たな渇望、新たな目的は、互いに作用しながら静かに表面下で蓄積されていた。それが突如として、目に見える形で現われたのだった。

――ジョン・リチャード・グリーン『イギリス国民の歴史』一八七四年

十九世紀後半の平均的な一等車両通勤者は、第一級の生活を楽しんでいた。移動力を手にし、豊富な安い宅地が利用できたうえ、土地に関する計画的な法律が事実上存在しなかったため、通勤者たちは夢のわが家を鉄道駅に近い田園地帯に建てると同時に、街で仕事をする時間も確保できた。

こうした移住は最初のうちはゆっくりと進み、一八五〇年代の半ばに郊外からロンドンに通う鉄道通勤者の数は、一日に二万七千人程度だったという。しかしこれは、イギリスにおける定住パターンが変わるプロセスの第一歩にすぎなかった。実際のところ、郊外の住宅地や郊外型ライフスタイルを生みだしたのは通勤であり、サービトン、ブロムリー、イーリングのような場所とロンドンを往復する通勤者がその先駆者であった。

彼らが先鞭(せんべん)をつけると、これに続く人々が続々と現われた。十九世紀が進むにつれ、通勤する理由が多様化していったのだ。

一七五〇年代の〝ジン狂いの時代〟にウィリアム・ホガース（十八世紀のイギリス画壇を代表する国民的画家）が描いたゾンビのような無気力な酔っ払いたちは、十九世紀の都会では現実的な脅威と捉えられ、再び禁酒運動が始まった。ロンドンのイーストエンドでそうした貧民を救済しようとする伝道師の数は、大英帝国のほかのどんな場所よりも多かった。不潔な場所、人口過密、伝染病などはこの土地ならではの問題だった。

保守党の政治家で三度首相を務めたソールズベリー卿は、一八六一年、首都ロンドンの状況は「わが国の文明の恥辱である」と議会で強く訴えた。その後の二十年で、十三万五千人が中心部から郊外へと移り住んだ。歴史学者のロイ・ポーターが言うように、「実質所得の上昇、ホワイトカラーの職種の拡大、労働時間の減少、金融システムの発達による新たな借入機会、社会的競争力、そしてその競争力の現われである〝最高の不動産と可能なかぎりステータスの感じられる住所を手に入れようという決意」が、勤労者の集団的移動をさらに促した。

人々は合理的だという理由からだけでなく、感情面からも通勤をよしとするようになった。田園生活への賛美と、都会は健康を守るためにも子育てのためにもよくない場所だという批判は、通勤に憧れる人々の心に訴えた。住居を構え、子孫を増やし、なおかつキャリアのうえでも妥協しないことが、とりわけ重要視された。そしてまた、ここにきておそらく歴史上初めて、〝愛〟が結婚に必須の要素とみなされるようになった。

そうなったのには現実的な理由もあった。十九世紀後半に都市で生活する恋人たちには、それ以前の人々よりもずっと広範な移動の自由があり、選択肢も広がった。彼らはもはや土地に縛られず、早々に親元から独立している。かつては年に一度の村の市（いち）くらいでしか初対面の人と出会うこともかなわなかったが、それが日常的に経験できるようになった。将来の配偶者候補が近隣に土地を持っているかどうかなど、もはや気にする必要もなくなった。こうした新しい自由を受け入れるために、慣習も変化していく。男たちは女性の父親にではなくその女（ひと）自身に、そして、彼女の持っている土地ゆえにではなく彼女に対する愛情ゆえに、結婚を申しこむようになった。結婚後は夫婦で家庭を作り、大家族よりも核家族のほうが主流になっていった。

こうして裕福な人々は通勤のチャンスをつかみとり、清潔な環境で、まじめに働き、かつロマンティックで父親らしくいられる生活（ヴィクトリア朝時代の通勤者はほぼ全員が男性だった）が確保できたのだ。〝町ねずみ〟の華やかさと〝田舎ねずみ〟の平穏さの両方を手に入れることができた。また、そんなふたつの人格のはざまで、日に二回列車に乗るというスリルも楽しめた。通勤の持つ価値は、一八五六年の〈ビルダー〉誌の記事に、こんなふうにまとめられている。

ロンドンっ子にとっては道徳的にも身体的にもよいことだ……一日の仕事を終え、町の騒音や人混み、汚れた空気から逃れるため、田舎や郊外に帰ることができるのだ。さらに少なからず有益だと言える点は、カジノやダンスサロン、そして（あえてここで文字にはしないが）そのほか幾多の〝現世の地獄〟がある場所から、自分の大切な家族を遠く引き離しておけることである。

初期の鉄道通勤者たちが駅の近くに押し寄せ、そこに住むようになると、人々が根をおろした場所の特質もたちまち変化していった。たとえばイーリングは、一八三八年に〈グレート・ウェスタン鉄道〉が開通するまでは原野に囲まれた小さな村だったが、その後、駅周辺に大きな戸建て住宅が建ち並ぶようになった。一八六一年には、そこに住む世帯主の六人に一人が「専門職・経営者」に分類される人々だった。対照的に、一八七一年まで鉄道が通らなかった近隣のアクトンでは、同様の上級職に従事する世帯主は、二十人に一人の割合でしかなかった。

土地所有者や建築業者はこの傾向に目をつけ、通勤に適した都市の周囲に投機的な開発を始めた。たとえばサービトンの村落では、〈ＬＳＷＲ〉が村の近くに駅を造った直後に（第1章参照）、地元の麦芽業者のトマス・プーリーが農場を買い取って、新たな町の基礎を設計した――幅広の道路や〝クレセント〟（英国に特徴的な三日月形の街路）に沿った広い区画に、立派な新古典主義スタイルの家を建てようとしたのだ。

しかしこの計画は、近隣のキングストン・アポン・テムズのビジネス界の怒りを買った。彼らは結託して自分たちの町に〈ＬＳＷＲ〉が駅を造るのに反対し、その開発事業が完成する前にトマス・プーリーを破滅させようとした。キングストン・アポン・テムズの馬車事業はすでに鉄道のおかげで危機に瀕しており、彼らは自分たちの裕福な客が競争相手の開発する土地に移住していくのを見たくなかったのだ。通勤は地図を書き替えてしまう――どこかひとつの場所が潤えば、ほかの場所が犠牲になることがある。

新たな通勤者の住宅建築様式は多種多様だった。投機家は『建築業者のための実用的指南』『紳士の住宅』『郊外および田園地方の建築』といった本に紹介されたデザインを採用したようだ。初期の住宅の大半は新古典主義スタイルだったが、時代が進むうちにデザインは大胆になっていった。

一八四〇年代の通勤者の理想的な住宅とされた「コモ湖（イタリア北部の湖）から奇跡的にサリー州に移動させたような大邸宅」は、一八七〇年代には「十七世紀オランダ農家」風の家に取って代わられ、一八九〇年代には「贅沢なバルコニーやベランダの付いた、〝絵のようなスイス様式〟と呼ぶべき木組みの建物」へと移り変わっていった。通勤者用住宅の多くは建築的には傑出したところはないが、平凡ななかにもいくつかすばらしい家があった。

一八七四年にフィリップ・ウェッブが設計したホルムベリー・セント・メアリーの〈ジョルドウィンズ〉邸は、アーツ・アンド・クラフツ運動（産業革命後の大量生産に対抗して十九世紀半ばに興った、中世の手仕事などを尊重するデザイン運動）の代表的な建築物だった。三階建ての八角形のホールを中心とし、対角線の一方に延びた研究室とビリヤード室のある翼が特徴的だ。

この家の持ち主はロンドンの仕事場へ通勤するのに、サリー州ギルフォードの近くにあるゴムズホール・アンド・シェア駅を使っていたが、駅の建設地は競争の末に決まったものだ。路線沿いにいくつか候補地があったため、定められた日に列車を待つ客の数がいちばん多い場所を選ぼうということになった。ゴムズホールには、線路敷設作業員のおかげで大いに儲かっていた〈ブラック・ホース〉というパブがあり、そこの主人が駅の場所を選ぶ日に無料で客にビールをふるまった。そのおかげでゴムズホールにたくさんの人が集まり、駅の場所も決まったというわけだ。

一等車両を利用する通勤者の家は、どんな様式であれ（あるいは複数の様式をミックスしたスタイルであれ）、通常は所有者自身の土地に建てられた。家主が欲しがったのは、隣人よりも庭だった。外国人の目から見ると、イギリス人のプライバシーへの執着は生来の特質であるようで、これが生活のほぼ全般に影響をおよぼしていた。ドイツの新聞〈ケルニッヒ・ツァイトンク〉は一八五三年に、イギリス人は概して「非群居性の動物である……コーヒーハウスや食堂にいるときでさえ、高い仕切りのあいだの狭い場所へ引きこもっている」と書いていた。

庭は家と家のあいだに距離をおくという便利な役割を持っているだけでなく、通勤者の夢の大切な要素でもあった。所有者はその緑の空間にインドの灌木やオーストラリアのユーカリの木を植えれば、庭を私有の公園や帝国の縮図として思い描くことができた。食べるための野菜を育てるよりも、趣味や鑑賞のために使う場で、芝生のほか、庭石としての岩石類はジャガイモ畑より優先された。また、良質な芝生は貴重な資産だった。ヴィクトリア朝時代の通勤者はスポーツを愛好し、芝生の庭ではクローケーやローンボーリング、アーチェリーなどのゲームが行なわれた。

初期の通勤者の多くがスポーツの楽しみを覚えた場所はパブリック・スクール（中等教育を行なうイギリスのエリート私立学校の総称）だ。パブリック・スクールの数も、鉄道や中産階級の数と同様、この時代に急速に増えた。一八六〇年代までに、イングランドのパブリック・スクールは三千校近くにのぼった。

そのなかには、中産階級の子息のために英国国教会の寄宿学校を作るという神の使命に応え、参事司祭ナサニエル・ウッダードが創設した学校もいくつかあった。ウッダードの学校は「キリスト教信仰を確固たる基盤とした、健全なる信念と健全なる知識」を生徒たちに教えこむことを目的としており、雄々しいたぐいのキリスト教精神を教育したと言えるだろう。古くからあるパブリック・スクールと同じように、ウッダードの学校でも、ラグビーやサッカーなどのスポーツを通じてチームワークを学ぶことを奨励していた。

パブリック・スクールの生徒は、卒業後もスポーツに強い情熱を持ちつづけた。通勤というものを始め、新しいベッドタウンに家を買った彼らは、その情熱を存分に発揮させるためにレクリエーション施設を造った。確かに通勤は、イギリスの定住パターンだけでなく娯楽生活をも変化させたのだ。彼らは、闘犬や牛攻め（犬をけしかけ雄牛と闘わせる遊興）など、動物を使った古来の田園スポーツを避け、球技を楽しんだ。狩りの代わりに、ゴルフやテニスに興じたのだ。

一八五〇年のイングランドにはゴルフコースが一カ所しかなかったが、一九〇〇年には約千カ所にまで増え、大半はできるだけ郊外の鉄道駅や住宅地に近い場所に造られた。サービトン、ブロムリー、イーリングといった郊外の住宅地ではどこも、十九世紀後半にひとつかそれ以上のゴルフコースが誕生した。一八九七年にはアクトンにも誕生した。同じように、芝（ローン）のテニスもまたたくまに人気スポーツとなった。平均的な邸宅にはたいていテニスコートがとれる広いスペースがあった。一八七七年から一九〇四年までのあいだ、ウィンブルドン・テニスの優勝者は全員がイギリス人で、その多くは通勤者の子どもたちだった。

やがて、郊外のベッドタウンと職場とのあいだの空間が、ゴルフコースだけでなく住宅でも埋められていった——大都市が衛星都市に向かって拡大していったと言えるだろう。都市の広がりを促進したのは、決まったルートを走り、距離で料金が決まる公共の乗合馬車だった。鉄道が初めて生まれた時期にイギリスに登場した乗合馬車は、サリー州にアーツ・アンド・クラフツ様式の邸宅と鉄道の定期券を買うことができない人々にも、通勤するチャンスを提供したのだ。

イギリス初の乗合馬車会社を創業したのは、パリで大型馬車の設計を学んだジョージ・シリビアという男だった。一八二七年にイギリスに戻ったシリビアは、おそらくは史上初の〝スクールバス〟となる二十五席の特別共同馬車の製作を〈ニューイントン女子アカデミー〉から依頼された。この仕事が刺激となって、シリビアは一八二九年にロンドンで乗合馬車サービスを開始し、パディントン駅とイングランド銀行とをつないだ。シリビアの馬車は一時間で八キロしか進まなかったが、馬車の設計としては画期的なもので、頑丈で広々として乗り心地もよかった。三頭の馬が馬車を引き、乗客は二十二人までだったが、全員が坐って移動できた。

この事業はすぐに成功をおさめ、競合する同業者も現われた。馬車どうしが乗客を奪いあい、競争に敗れたジョージ・シリビアは破産したが、彼がロンドンに導入したこの交通手段は、しばらくのあいだ乗合馬車(オムニバス)ではなく〝シリビア〟という名で呼ばれていたほどだ。運賃は一シリングで、普通の労働者が利用するには高すぎたし、ほとんどの乗合馬車の出発時刻は午前八時だったので、労働者階級が利用するには遅すぎた。つまり、ここでターゲットとされていたのはホワイトカラーの勤務者だった。

乗合馬車で職場へ通っている読者を意識した〈タイムズ〉紙は、一八三六年に、馬車移動中にやってよいことと悪いことのリストを発行し、乗合馬車でのマナーを伝えようとした。

> いさかいや議論は広い場所でやりましょう。あなたの声は、あなたの耳には音楽のように響くかもしれませんが、同乗者にとってはそうではありません。
>
> 政治や宗教の話がしたいときは、ほどほどにしましょう。誰にでも意見を持つ権利はありますが、同時に、気まぐれな発言に心を乱されないでいる権利もあるのです。
>
> 藁(わら)の上に唾(つば)を吐かないでください。あなたは豚小屋にいるのではありません、乗合馬車で田園地帯を旅するという高尚なことをしているのです。

乗合馬車は、その後何十年かのあいだに大きさも速度も増していった。一八四五年には屋根の上にも座席を設けた馬車が走るようになり、これがロンドン名物二階建てバスの先駆である。乗客は、馬車の前方から後方にかけて張ってある〝ナイフボード〟と呼ばれる背板を挟んで、背中合わせに坐った。馬車を引いたのは四頭の馬で、平均時速はよくても十二キロ程度だった。そのため、乗合馬車の乗客が住む範囲は新たな郊外として発展し、それは都市部と一等車両通勤者の住宅地とのあいだに誕生した。

一八六二年、作家のジョージ・ローズ・エマーソンは、『ロンドン――偉大なる都市の発展』において、プリムローズヒル（ロンドンのカムデン区にある小高い丘、現在は高級住宅地）から眺めた景色を描写しながらこう記している。「六十年前はこの丘も人里離れた田舎とみなされ、［イングランド南部の］サセックスやデヴォンシャーの小さな丘と同じように、大都市の雑踏や喧騒から完全に切り離された場所だった。いまロンドンの方向を望むと、そこから街の腕が伸びてきて、私たちを抱擁しているように見える。息もできないような抱擁ではないにせよ、不気味な親密さを感じさせる」

乗合馬車通勤者を受け入れるために開発された郊外の住宅地には、鉄道通勤者のそれと比べれば、広さも優雅さも欠ける家ばかりが建てられた。開発地は大半が小規模で、テラスをこっちに、クレセントをあっちに配し……と全体的な計画性なしに断片的に進められ、家々が完成する前に業者が破産してしまうこともしばしばあった。一八七二年には、「建設業者の八割が、六軒以下の建設工事しかしていなかった」というほど小規模で、行きあたりばったりの開発だった。

子どもが蝶（ちょう）を追いかけ小鳥の声に耳を澄ませる――そんな庭付き一戸建てで家庭を築くというの

は中産階級の人々の牧歌的な夢だったが、こうした新しい住宅地はそれよりはるかに現実的で凡庸だった。その違いをＴ・Ｍ・トマスという人物が記録している。トマスはマンチェスターに住み、鉄道を利用してロンドンまで通勤していたが、いずれは首都近郊に引っ越したいと望んでいた。

トマスは一八五一年発表の「おなじみの言葉」という随筆のなかで、列車に乗ると窓外を過ぎていくロンドン近郊の美しい沿線住宅地が好きだと述べている。彼は地図を買い、乗合馬車であれ列車であれ、自分の職場に通勤できる範囲内にあった、適度に牧歌的な住宅地すべてに印をつけていった。トマスが最初に見にいったと記しているのは、「アーガー・タウン」の「ソールズベリー・クレセント」という場所で、どちらも架空の名前だったが、読者にはそれらがセントパンクラス近くの新しくて小さな郊外住宅地だということがわかった。だが、「ソールズベリー・クレセント」はまったく期待はずれの場所だった。

家は薄っぺらな土台の上に建てられ、正方形に区切られた排水溝には傾斜がないため、汚水はいつまでたっても家の敷地から出ていかず、「幸運にも排水溝がドアの前にあり」汚水を運びだせるのでもないかぎり、床板の下で水が溜まっていくばかりだった。クレセントは舗装されておらず、雨が降ると、住民は黒い泥水のなかを渡っていかなければ玄関口までたどりつけなかった。家も道路と同じぐらいいいかげんな造りだった。新築の家でさえ、湿気が立ちのぼってきて、壁にかけた装飾品もすぐにずり落ち、窓枠のまわりの隙間からはたえず風が吹きこんできた。

安普請（やすぶしん）の家、名ばかりの排水溝や舗装路などは、乗合馬車が運行している新しい郊外住宅地に共通の問題で、そこに景観の悪さや近隣地域の貧しさが加わった。景観を台無しにしたのは、労働力を追って街を出てきた工場主であることも多く、おかげでこうした郊外の居住者は、窓から干し草用の畑や果樹園を見る代わりに、煉瓦(れんが)工場や石炭集積場、蒸気動力の製粉所や〝ゴミの山〟を見るはめになった。

〝ゴミの山〟はたいして害があるようにも思われないが、ここで言われているのはヴィクトリア朝時代のゴミの山のことだ。チャールズ・ディケンズはその典型的な例をこんなふうに描写している。「郊外のちっぽけな民家の近くに大きな丘がある。まるで雄大な黒い山のように、家々より高くそびえている」。そうしたゴミの山は、建築物から出た廃石、工場や商店や家庭からの廃棄物でできている。ヴィクトリア朝時代の人々は、前の時代なら使えると考えられたモノを大量に廃棄していた。もちろん現代の基準で考えればまだまだ物持ちのいい社会ではあったが、前時代の人々の目には、とんでもない浪費社会と映ったはずだ。こうしたゴミは、通勤という活動が生んだ新たな社会と、その移動力の象徴でもあった。

そのうえ、乗合馬車通勤圏にある郊外は、荒廃しやすい場所でもあった。ヴィクトリア朝時代の不動産価格は、ジェットコースターのような乱高下を繰り返していた。郊外のはずれの賃貸物件は市街地よりも安く、たいていの大家は借り手のない家を分割して貸したがった。ビジネスマンや医者を念頭に置いて建てられた比較的大きな住宅は、労働者階級の人々が家賃を節約するため大勢で住んだため、安っぽい共同住宅の様相を呈していた。当然ながら、隣にどんな人が住むのかなど、誰も知るすべがない。十九世紀末に出版された『郊外住宅、その裏をかく方法』によれば、「よほど大きな家を手に入れるのでもないかぎり、家を建てるために整備された区画上、私たちは隣人のそばに住まなければならない。それはかなり辛いものである」。いらだつ原因として「吠える犬、門を開け閉めする音、隣人の飼っている家畜」、そして「〝洗濯物を干し、ついでに自分の首を吊ってしまう〟使用人」などが挙げられていた。

こうして突如、新しい郊外が出現し、その混沌（こんとん）とした内情は、ヴィクトリア朝時代の識者に警鐘を鳴らし、通勤によって生まれた新たなライフスタイルは景観を損なうばかりか、そこに住む通勤者の人格をも損なう可能性があると考えられるようになった。たとえば、十九世紀の批評家ラスキンは郊外の生活を鉄道の旅と同じくらい悪（あ）しきものと考え、『建築の七灯』（一八四九年）で強く非難した。

> 私はわが国の首都周辺でこねくりまわされた野原のはずれにいて、黴（かび）のせいでたちまち亀裂が入った石灰や粘土の哀れな凝固物を眺めている――薄っぺらでぐらぐらし、まともな土台もない、裂けた木材や偽物の石材でできた小さな家々を。個性も親しさもなく、ほかと同じように寂しげで形式化された小さな建物の陰鬱な行列を。……私は、冒瀆（ぼうとく）された風景への悲しみだけではなく、偉大なるわが国の民が祖国の地でこんなふうに根を張り、地中深くで腐りつつあるのを痛ましくも予感している。この居心地の悪そうな、尊厳もない住宅は、人々の不満が大きく広がっている兆しであり、あらゆる人々の目的が、みずからの自然な身分より上の地位を求めるよ

うになった時代であることを伝えている。

それでも、十九世紀が進むにつれ、通勤する余裕のある人の数はますます増えていった。一八五〇年から一九〇〇年までのあいだに、実質賃金は七五パーセント上昇し、一人あたりの収入はほぼ倍増した。ロンドン近郊の住宅地は、一八六一年から九一年の三十年間で、十年ごとに五〇パーセントずつ増えていったが、この成長はひとつには地下鉄の登場によって促された。

ロンドンのみならず世界でも初めて開通した地下鉄は、〈メトロポリタン鉄道〉がパディントンとファリンドン・ストリートを結んだ路線で、一八六〇年から六二年にわたって建設された。〈メトロポリタン鉄道〉が敷いた最初の線路の長さは約一・二キロで、停車駅はエッジウェア・ロード、ベイカー・ストリート、ポートランド・ロード、ガウアー・ストリート、キングスクロスだった。

そもそも死者を遺体のまま埋葬する文化を持つ人々には（イギリスでは一八八五年まで火葬が禁じられていた）、地下へおりることに否定的な連想があった。地下鉄は、伝道師たちから「地獄の門に通じる道になるかもしれない」と激しく非難されたが、蓋を開けてみれば大いに人気を博した。開業日の乗客数は三万六千人で、一年目の乗客数は九百万人にのぼった。

〈メトロポリタン鉄道〉は蒸気動力の地下鉄で、地上を走る列車と同じく煤と火花の混合物をトンネル内やプラットホームに吐きだしていた。箱形の車両は一等、二等、三等に分かれ、車内はガス灯で照らされ、車両の屋根にあるガスボックスから燃料が補給されていた。

初期の地下鉄の車両は脱線しやすかったが、これは線路が地上のものと比べてカーブがきつかったためだ。というのも、地下鉄の運行会社は地下に線路を敷くとき、地上の土地所有者に金を払って許可を得なければならなかったので、できるだけ道路の下や、すでに権利を有していたルートをたどろうとしたからである（そのために線路のカーブが多くなったりきつくなったりすることは二の次とされた）。

初期の地下鉄は、地上の主要鉄道路線の駅と駅を結んだり、それらと中心地にある駅とをつないだりして、鉄道通勤者ができるだけ職場の近くまで行けるようにすることが目的だった。しかし路線網が広がり、ロンドンの外へと延びていくにつれ、地下鉄は地上路線と競合するようになった。

さらに地下鉄は電車を導入し、乗客が蒸気機関車の煤にさらされずに快適に移動できるようにした。初めての電気鉄道は、偶然にも初めて地下の深いところに造られる路線となった〈シティ・アンド・サウス・ロンドン鉄道〉で、一八九〇年にキング・ウィリアム・ストリートからテムズ川の下のトンネルを通ってストックウェルまで開通した。このトンネルは工学技術の偉業であると同時に、多くの作業員たちの墓場ともなった。ともあれ、路線が完成したあかつきには皇太子がストックウェル駅を訪れ、このときの版画には、快適な短距離通勤のための最新式の車両を眺める皇太子の姿が描かれていた。このルートは非常に人気が高かったので、ラッシュ時の車内は人がいっぱいで動く余地もなく、〈シティ・アンド・サウス・ロンドン鉄道〉は〝イワシの缶詰鉄道〟というあだ名を付けられた。

地下鉄、そして地上の鉄道の拡大によって、さらに多くの人が通勤の機会を得て、ロンドン周辺の田園地帯の郊外化もいっそう加速した。なかには、地下鉄通勤者が鉄道通勤者に取って代わった地域もあった。たとえば、一八四四年に鉄道駅ができたことで、少数の裕福な都市商人が移り住んだウィルズデンは、一八八〇年に〈メトロポリタン鉄道〉の地下鉄路線が延長されると、事務員や熟練職人が「週に百人の割合で急増するようになった」と記録されている。商人の大邸宅は売られて壊され、その庭にはテラスハウス（界壁を共有する複数の戸建て住宅が連なる集合住宅）が建ち並んだ。十五年のあいだに、ウィルズデンとその近隣のキルバーンの住民は八万人となった。

〝郊外の女王〟と呼ばれたイーリングも、〈メトロポリタン・ディストリクト鉄道〉が一八七九年に地下鉄リッチモンド線の支線を走らせるようになると、低所得者層向けの住宅地へとステータスを落とした。事務員が大勢住みはじめると、最初の通勤者世代の大邸宅は、まもなく幾重にも連なるテラスハウスの波のなかで孤立するようになった。

同様のパターンは、鉄道郊外の外側でも顕著に生じていた。実質所得が上昇し、定期券が手ごろな価格になると、そうした場所にも通勤者が定住地を求めて押し寄せてきた。たとえば、かつては美しい市場町だったクロイドンの人口は、十九世紀のあいだに五千七百四十三人から十三万三千八百九十五人にまで増えた。画一的で単調な通りや家並みが「またたくまに町を取り囲んだ」。最初に鉄道駅ができて、一八四〇年代に「快適で心地よく、絵のような」田園地帯を楽しみ、ロンドンまで楽に通勤するために移り住んできた人々は、新しい建物に景観を阻まれ、新参者に列車の座席を奪われてしまった。

一九〇〇年ごろまでには、列車であれ乗合馬車であれ地下鉄であれ、それらを利用した〝通勤〟という行為が、ロンドンとその周辺、半径五十キロ圏内の地域を変貌させていた。最初は裕福な層が、次には中産階級が郊外へと逃げ、それまでは野原だった場所に広大な定住地を生みだした。職場と家庭との分離、そしてそれらをつなぐ通勤が、英国社会の中産階級の新たな慣習となった。こうした変化のスピードは、そこに関わった人々をも驚かせ、その結果は嘆かわしいものとされた。このことは、〈ビルディング・ニュース〉の世紀末の社説でも採りあげられた。

この大きくなりすぎた首都ロンドンの北、南、東、西、どこへ行こうとも、キノコのように現われては増殖する家が、町から郊外へ、郊外から村へと広がっていく……どこを見ても、小さく慎み深い住宅が、同じように外へ向かって増えていく――たいていは、中産階級や熟練職人たちの要望に合うようなたぐいの家が連なっている。五十年前に見られた広く大きな住宅は、取り壊されるか、小さな家々の波に呑みこまれてしまった。大邸宅があった場所に、十軒、あるいは百軒の新たな家が建てられ、邸宅の庭や私有の庭園をも吸収してしまった。これはこの時代に起きた社会革命のひとつである。

だが、ロンドン周辺に「キノコのように現われては増殖する」家の住人は、自分たちの住まいに満足していたようで、その数が増えるに従って、彼らの幸福を擁護し、彼らが生みだしたとされる皮肉なユーモアのセンスをよしとする人々も現われた。平均的な郊外通勤者の生活は完璧ではなかったかもしれないが、少なくとも楽しそうではあった。

一方、批判派は〝新たな郊外〟に嘲笑（ちょうしょう）を浴びせつづけた――小説家で歴史家のサー・ウォルター・ベザントは、「社会というものがなく、社交的な集まりも施設もない郊外の生活」は「人間の生活としてはとんでもなく退屈」だと言い、作家のG・K・チェスタトンの見解によれば、「郊外の宗教は無神論」で、郊外は「ロマンスか盲信で美化されているのだろう。さもなくば天からの炎で焼かれるか、地上のたいまつによって破壊されるはずだ」ということになる。この時代、新たな郊外居住地に対する、こうした批判的意見と肯定的な意見は拮抗（きっこう）していた。

そもそも郊外はその需要があって生まれたもので、そこの住民には自由に使える金があり、健全な家があり、娯楽のための時間があった。彼らは活気あふれる人々で、スポーツを好み、ときには日曜大工もやる。その前向きな性質はさまざまな刊行物によって伝えられた。とりわけ〈パンチ〉誌は、郊外やそこの住民の欠点をからかい、彼らが自宅や庭に付けた仰々しい名前を風刺したりしたが、その一方で彼らの生活を称えてもいた。

通勤者の新たなライフスタイルについて書かれた最も滑稽（こっけい）な作品は、ジョージとウィードン・グロウスミス兄弟の『無名なるイギリス人の日記』（一八九二年）だろう。

これはチャールズ・プーターという人物の架空の日記形式で書かれた作品で、プーターは妻のキャリーとともに、アッパー・ホロウェイにある二戸建て住宅に住んでおり、列車で職場へ通勤している。

プーターは、この階級の人間が持つ小さな欠点をすべて備えた人物だ。何から何まで紳士気取りの俗物で、この作品に見られるユーモアの大半は、プーターがほかの郊外住民よりも、自分の趣味や行ないがいかに優れているかを証明しようとする言動から生まれている。だがプーターには大きな長所がある。彼は愛情豊かな夫で、友人や雇い主に誠実で、穀潰し（ごくつぶ）しの息子ルピンにまっとうな道を歩ませようと奮闘している。主人公にうぬぼれの強さと誠実さが混在することで、『無名なるイギリス人の日記』は文学の主流ではないながらも、古典としての地位を獲得している。

笑いに楽しみを見いだす郊外居住者の気質は、ヴィクトリア朝時代の舞台劇にも影響をおよぼした。通勤者は職場への行き来だけでなく、エンターテインメントを楽しむためにも〝移動力〟を活用し、そのおかげでロンドンの劇場は隆盛をきわめた。十九世紀後半に最も人気を博した出し物はオペラ喜劇や道化芝居で、これは新たな観衆の好みを映しだしたものだった。

通勤者たちはエンターテインメントの鑑賞力を磨いただけではなく、必ずしも道理にかなった意見とは限らないにせよ、当時の中産階級の代弁者として、社会の主流に入ってこようとしていた。政治や経済に影響力を持っていた評論家のウォルター・バジョットは、「乗合馬車の後部に坐っている禿（は）げ頭の男の意見」は、「教育を受けてはいるが、ごくありふれた平凡な大衆」の信念を率直に表わしたものだ、と述べている。

一九〇〇年ごろまでには、通勤と通勤が生みだした郊外居住地によって、イギリスの風景や文化、郊外住人の行動は完全に変貌を遂げていた。これは静かなる革命であり、人々の欲求に支えられており、反発したのは完全主義者や懐古趣味の人々だけだった。
〝移動力〟を手に入れる前、人々は自分たちの生まれた家から出て、よい仕事を見つけるために旅ができるようになることを夢見ていた。現実はすべて夢のとおりではなかったが、それに近いことは実現された。時代に取り残され、貧しい田舎で隔絶されたり、カオスと呼ぶべき大都市の狭い共同住宅で哀れに困窮したりするよりは、はるかに生活が改善されたのだ。

しかしながら、通勤が火をつけた社会革命が、人口の八五パーセントにもなるというイギリスの労働者階級全体に行きわたるまでには、時間がかかった。鉄道会社は議会の要求に従って、一八四四年から労働者用の列車を走らせていたが、大半は最低限の義務しか果たしていなかった。一八八二年に「労働者向け」に売られたロンドン行きの切符は二万五千枚に満たず、総売上の一〇パーセントにも届かなかった。ほかの都市ではもっと少なく、リヴァプールで列車通勤をする労働者はわずか千七百人だった。

実際、〝通勤〟という行為が始まって以降の労働者階級の状況は、まだほとんど改善されていなかった。労働者の多くは依然として街の中心部の非衛生的な住居にひしめきあって暮らすか、仕事場から徒歩圏内の共同住宅に住むか——そのどちらかしか選べなかった。

一八五四年と一八六六年にはロンドンで新たにコレラが流行した。各種の工場やテムズ川上流の郊外にある水洗トイレの排水口から流れこむ汚水のせいで、一八五八年の雨の少ない夏には「大悪臭」

が発生した。そのかん、ロンドンの下水システムはまったく役に立たなかった。一八六〇年代にロンドンの下水の精査が行なわれ、二十二万ある汚水溜めの大半が満杯になっていると報告されても、通勤する余裕のない普通の労働者の生活環境は劣悪なままだった。

労働者用住居のまわりの空気でさえ、有害とされた。救急処置と熱帯医学研究の先駆者で、著名な外科医のサー・ジェイムズ・キャントリーは、一八八五年の講演で、ロンドンの空気を吸うことがしばしば〝都会病（ウルボモルバス）〟を誘発すると訴えた。ロンドンっ子に特有のこの病態は、オゾンの不足から引き起こされている、というのがキャントリーの意見だった。オゾンは「新鮮な空気」にしか含まれていないものだが、彼はそれが街の中心地には少しも届いていない、と説いた。

問題がいよいよ深刻になってきたのは一八八〇年代のことで、国と地方の政治家たちは、住宅問題に取り組む際に重要な鍵となるのは、住民の〝再定住化〟と公衆衛生向上のための施策であると判断した。ついに労働者階級も交通革命の恩恵を受けるときが来たのだ。

その最初の一歩は、一八八三年に定められた「割引列車法」である。これは労働者用の列車の本数を増やすことを目的とした法律で、まずまずの成功をおさめた。なかには、義務化された数以上に、安い運賃で乗れる列車を増発した鉄道会社もあった。たとえば〈グレート・イースタン鉄道〉（ＧＥＲ）は、労働者向けの列車を五本導入するよう義務づけられていたが、毎日四十九本走らせた。〈ＧＥＲ〉はイースト・ロンドン線に労働者向け列車を集中させることで、利益のあがる事業に成長させた。ただ、こうした列車は完全に労働者向けのサービスだった。〈ＧＥＲ〉の総支配人ウィリアム・バートは、経済的に余裕のある乗客や、あらゆる階級の女性にとっては不向きな乗り物だとし、「労働者が乗っている昼間の時間帯に、私の家族と関わりのあるきちんとした女性が〈GER〉の三等車両で移動することがあれば、非常に気の毒と思わざるをえない」と発言した。

いずれにせよ、このようなサービスが始まったおかげで、通勤する労働者階級のための郊外住宅地がロンドン北部のトッテナムに生まれた。開発者はまったく同じ外観のテラスハウスを一エーカー（約四千平方メートル）あたり四、五十軒ずらりと列にして建て、それらはまるで「軍の観兵式で並んだ兵隊のよう」だった。トッテナムの人口は一八五一年には九千百人だったが、一八九一年には、十倍以上の九万七千人に跳ね上がった。もちろんここの通勤者たちは、余暇にゴルフやテニスをしなかったし、実際、ゴルフコースやテニスコートを造る場所もなかった。

〈GER〉より多くの労働者向け列車を増発した鉄道会社はなかったものの、法が求める以上の利用者サービスを提供した会社はいくつかあった。〈ロンドン・アンド・サウス・ウェスタン鉄道〉（LSWR）と〈シティ・アンド・サウス・ロンドン鉄道〉は、労働者向け列車の切符を、彼らの勤務時間に合わせて、午前七時半より早く売りはじめるようになった。〈LSWR〉は一八九三年までに、この種の切符を年間、二百万枚近く発行した。また、〈メトロポリタン鉄道〉は二本の早朝列車を労働者向けに走らせ、運賃は通常の九ペンスではなく三ペンスとし、帰りはどれでも乗客の好きな列車に乗れるようにした。

その一方で、この「割引列車法」に腹を立て、自分たちは政治家の気まぐれの犠牲者だと訴える鉄道会社もあった。一八九〇年の〈レイルウェイ・ニュース〉紙の社説は、こうした会社の言い分を代弁していた――「鉄道会社は全般に、議会制定法で求められている以上のことを果たしており、運営に大きな不都合を生じさせながらも、利益を最小限に抑えつつ、労働者階級が職場から離れて暮らすための列車サービスを提供してきた。これは、そうでもしなければ、とても実現しなかったことである」

運輸会社は労働者用の通勤サービスを提供すべきだとする政治的圧力は、一八九〇年代、特に各自治体レベルで強まった。一八八八年に制定された「地方自治法」により、選挙で選ばれた地方議会が運営する政府が置かれ、管轄区域のさまざまな問題――とりわけ住宅や衛生に関する問題――には地方政府が責任を持つことになった。

最初の選挙は一八八九年に実施され、進歩党が〈ロンドン市議会〉（LCC）の過半数を勝ちとった。進歩党は、自由主義者と、労働運動の指導者と、フェビアン協会（労働党の基盤団体で、イギリスの社会主義知識人によって十九世紀後半に創設された）のメンバーで構成されていたので、鉄道会社の要求よりも労働者の要求のほうを優先すべきだと考えていた。

一八九三年、〈LCC〉の公衆衛生住宅委員会は、「労働者階級の郊外への移住をさらに促進する、という緊急課題を考慮し」、商務省に「列車の運行本数を増やし、列車が走る時間帯を延長し、運賃の均一化に努め、より利便性があり統一化された切符販売システムを実現するためにその権力を行使する」よう要請した。しかし進歩党のなかには、このアプローチでは生ぬるいと考える者もいた。労働者階級の住宅問題に詳しい作家のジェイムズ・ホールは、「なぜすべてを労働者用の列車にしないのか、その理由がわからない」と公言した。

そこで、〈LCC〉は直接対応に乗りだした。一八九〇年の「労働者階級住宅法」により、住宅用地の強制買取の権限を獲得し、さらにこの法を改正して、労働者階級の共同住宅を建てるために、その境界を越えた土地をも買えるようにした。

また、一八七〇年の「路面鉄道法」により、トラムの運行サービスが二十一年を超えている場合、その路線を買い取れるようにもした。ロンドンのトラムは、公共交通としては変化に富んだ歴史を持っている。車両を馬で引いて固定線路の上を走らせるトラムは一八六〇年代から運行されていたが、ほかの交通の妨げになるため、大半は街の中心部では禁止され、不動産価値にもマイナスの影響を与える乗り物だと思われていた。それにもかかわらず、いくつかの路線は郊外で必要不可欠な交通機関としての地位を確立し、なかでもブリクストンとケニントンのあいだを走っていた〈メトロポリタン路面鉄道〉と、ボウとホワイトチャペルを結んでいた〈ノース・メトロポリタン路面鉄道〉は、労働者階級の通勤者を数多く運んでいた。

〈LCC〉はその後も強制買取の権限を駆使して、〈LCC〉のトラム路線でロンドン中心部とつながっている地域に、労働者向けの安価な新築集合住宅を建設していった。

通勤手段を提供し住宅を建てる、という〈LCC〉の決定は、公共政策における重要な変化を意味していた。これは国営化の初期の実験であり、進歩のためには通勤が不可欠だと認められたということでもある。産業国家における職場と休息の場との分離は、労働の分業と同じぐらい重要な課題となった。大量輸送業は公共的に経営するものとなりうるし、またそうなるべきものとされた。民間事業主や市場の力に任せておくには、重大すぎる国家的課題だったのだ。

ロンドン以外のほかの地方自治体もこれにならって、同じような施策を講じた。グラスゴー市も一八九四年にトラムを所有して運行させ、その後六十年にわたってグラスゴーの交通システムにおいて最も重要な役割を担(にな)った。一九〇〇年には通勤者の半数以上が自治体のトラムを利用しており、これに対し民間の列車を使う通勤者はわずか一〇パーセントだった。

このような著しい変化は国家レベルでも認められた。一九〇〇年五月、保守党内閣閣僚のA・J・バルフォアは、労働者階級の住居をどこに、どのように提供すべきかという議論の際、庶民院議会に向けてこう発言した。

> 人口過密という深刻な病の救援策は、いかに徹底したものであれ、非衛生的な地域の改善に取り組むことだけでは実現できないと私は確信しています。建物を高く造ることで、ある地域の住人をより多く住まわせられるのならば結構なことだ。しかしそれができないのなら、人が密集する狭い地域の外へ移住させ、近代になって時間を短縮するために発明・改善された交通手段に頼らなければならないだろう。

かくして通勤は近代生活に欠かせない要素となり、通勤行為は一部の恵まれた階級だけでなく、すべての階級の人々に開かれているべきだとされた。

3　スネークヘッドと美食

アメリカ合衆国では、街の流儀や社交生活より自然や家庭生活のほうがすばらしい。かくして分別ある人間は、遅かれ早かれ、部分的にまたは完全に、都会の騒乱から嬉々として逃げていく。

――アンドルー・ジャクソン・ダウニング、一八四八年

空間（スペース）は鉄道によってなきものとされ、われわれには時だけが残された。

――ハインリヒ・ハイネ、一八四三年

通勤は鉄道の普及に応じて世界中に広がっていった。アメリカではイギリスとほぼ同時期に根付きはじめた。アメリカで最初の鉄道通勤者が乗ったのは、〈ニューヨーク・アンド・ハーレム鉄道〉だった。一八三七年には、いわゆる普通列車でニューヨークからハーレム（マンハッタン北部。十七世紀にオランダ人が開いたためこの名が付いた）

まで旅客を運んでいたが、その後まもなくクロトン・フォールズ（ニューヨーク州ウエストチェスター郡にある駅）まで延長された。当時の資料を見るかぎり風光明媚（ふうこうめいび）な鉄道だったらしく、窓から「緑豊かな草原、森林、野趣あるごつごつとした岩、美しく澄んだブロンクス川」など魅力的な田園地帯の眺めを楽しむことができた。ほかの路線も各方面からニューヨークに向けて敷設され、ニュージャージーや、さらにその南部・西部からも列車が運行された。

　アメリカで通勤が始まった理由は、イギリスの場合とほとんど同じだった。アメリカの主要都市も、ロンドンなどと同様、人口過密で不衛生だった。たとえばニューヨークでは、市の〈貧困層改善協会〉が調査したところによると、市民は「暗く狭苦しく、造作も粗末で換気も悪く、不愉快なほど汚い」住宅に住んでいた。そのうち一万八千人は地下室で寝起きし、部屋に悪臭のする泥が流れこむこともしばしばだった。

　ニューヨークで初めてコレラが発生したのは一八三二年で、その後一八四九年、五一年、六六年にも大流行した。また、チフスの流行も、一八四七年、四八年、五一年、六四年に起きている。十九世紀半ばにニューヨークで生まれた子どもの二割近くが、一歳の誕生日を迎える前に亡くなっていたのである。

　家庭を作ることも通勤を促す動機のひとつとなった。《埴生の宿（ホーム・スウィート・ホーム）》（一八二三年）はこの時代の愛唱歌で、それが表現していた情感は多くの人々のマイホームへの憧れをかきたてた。牧師のウィリアム・G・エリオット・ジュニアによれば、そうした感情に触発された家作りへの執着こそが、アメリカという国の健全さを守る最も大切な要素であった。「われわれの自由な制度を支えている基礎は、人として〝わが家〟を愛する気持ちに根ざしている。わが国の強みは、すべての人間が自由で平等だと宣言したところにあるのではなく、家庭の持つ静かな影響力や、家族の輪をつなぐ絆にある。われらが共和政の礎石(そせき)は暖炉の石でできているのだ」

十九世紀の代表的な詩人ウォルト・ホイットマンも同じく、家屋の所有は一人前の人間になるのに必須の条件だと考えていた。「自分の土地とそこに建つ家を持たずしては、人として完全とは言えない」と書いている。

アメリカ人が通勤を始めたのは、過剰な税金を払わないようにするためでもあった。都市の住民税は高いが、その外に出れば税額はかなり下がった。イースト川を越えて〝美しきブルックリン〟に入れば、ニューヨーク市民は税金を九割ほど減らすことができた。そのため彼らは、頻繁に運行していたフェリーで通勤した。大手の〈ユニオン・フェリー・カンパニー〉は、一八五四年には毎日千二百五十便のフェリーを運航させていた。

鉄道がじわじわと田園地帯へ延びていくにつれて、フェリーはますます乗客を増やしていった。通勤者の数が急増し、ニューヨーク市の税収が減ったことがいよいよ深刻な問題になるときが来た。一八四七年、〈ニューヨーク・トリビューン〉紙の社説でもこの問題を論じていた。

重い税を逃れるため、不動産物件はニューヨークの外へと広がりつづけ、この街で財をなした多くの人が、その金を使って楽しむためにここを去っていく。ニューヨークで仕事をする大勢の人が街の外で暮らし、住んでいる土地で税金を払う……その結果、ニューヨーク近郊のあらゆる住宅地が急激に成長した。都心から三十~五十キロ離れた村々はニューヨークで稼いだ人々に支えられているというのに、ニューヨークがそれらの地域と同じように成長する様子はまったく見られない。

イギリスと同様、アメリカの通勤者の最初の世代も中産階級か裕福な層だった。一日あたりの平均賃金が一ドルだった時代に、割引のある定期券を使ったとしても、ニューヨークやボストンへ通う毎日の運賃はおよそ二十五セントになり、これでは平均七人の家族を養うのに充分な給料は残らなかった。また、労働者向けの列車というものもなかった。通勤者の多くはホワイトカラーの専門職についていた。弁護士、貿易商、土地の投機家、産業家……。この時期の漫画には、こぎれいな服装をして分厚いほおひげを生やし、自信に満ちた若い男が、車内というよりは会員制クラブにでもいるかのように列車の座席でくつろぐ姿が描かれている。

最初にアメリカのラッシュアワーを経験した人々も、イギリスの場合と同じように、列車に乗る前には恐怖心を克服しなければならなかった。列車はしょっちゅう衝突や爆発事故を起こしていた。初のアメリカ製蒸気機関車〈ベスト・フレンド・オブ・チャールストン〉号は、一八三一年に爆発し、そのとき自分のスカーフで安全弁を縛りつけようとしていた火夫が命を落とした。十九世紀が終わるころまで、似たような重大な事故は少なくとも平均して月に一回は起きていて、アメリカの新聞雑誌はつねに事故を報じるための紙面を残しておかなくてはならなかった。

アメリカの列車は、十九世紀によく事故を起こしていたイギリスの同種の列車よりも、さらに危険だった。大半の機関車が石炭の代わりに木を燃やしており、火の玉や渦巻く燃えさしが、奇妙な形状の煙突から吐きだされる。夜になるとまるで筒型花火のように見えたので、列車に慣れたイギリスの乗客でさえも、恐れおののいた。

一八四二年にアメリカを訪れたチャールズ・ディケンズは、初めて現地の列車に乗り、畏怖の念に打たれ、こう書いた。「進む、進む、進む――一連の車両を従えた怒れるドラゴンのような機関車が、燃え盛る薪の火花を四方八方に撒(ま)き散らし、金切り声をあげ、憤怒(ふんぬ)の息を吐き、叫び、あえぎながら突き進む。喉が渇いた怪物がようやく水飲み場の屋根の下で停まると、人々が群がってくる。乗客もここでようやく安堵(あんど)の息をつくことになる」

そのうえ、アメリカならではの危険もあった。特に恐れられていたのは〝スネークヘッド〟(蛇の頭)と呼ばれるものだ。アメリカの初期の路線には、木のレールの表面に帯状の鉄を留めつけたストラップ・レールが使われているところがあった。ストラップ・レールは鉱山や石切場で、馬が引くトロリーを走らせるためのレールなので、重さ八十トンの機関車に耐えられるだけの強度はなかった。重みに耐えかねた木のレールが割れ、機関車の車輪によって、留めつけてあった鉄の帯を上向きに湾曲させてしまうと、そり上がった鉄の先端(これを〝スネークヘッド〟と呼んだ)が車両の底に突き刺さり、乗客に危害をおよぼすこともあった。一八四三年、アイザック・スターツという人物がニュージャージーの列車に乗ったとき、「列車が数キロも行かないうちに〝スネークヘッド〟が車両を切り裂き、鉄の帯がスターツのあごの下を直撃し、彼は即死した」という。

初期のアメリカの通勤者は、身体的な危険に加え、精神的な危機にも立ち向かわなければならなかった。鉄道建設の最盛期は、先験主義（直観や超感覚的なものを重視する、エマーソンなどの超越主義）が流行した時代でもあり、先験主義者たちは列車の旅を魂（たましい）に有害なものとみなした。彼らは鉄道の揺籃（ようらん）期にはこれを称賛していただけに、列車に対する敵意はことさら苦々しいものだった。

『自然』の著者として有名なラルフ・ウォルドー・エマーソンは、一八四四年、「若きアメリカ人」をテーマにした独創的な講演で時代の思潮を明らかにしようとし、鉄道は「水陸の眠れるエネルギーを呼び起こさせる〝魔法の杖〟であり、時間を圧倒してこの国を不思議の国へと変えた」と肯定していた。しかしその十年後に、エマーソンは再び同じテーマを採りあげ、いまでは多くのアメリカ人があまりに多くの時間を列車に乗ることに使っており、このような受け身の活動は精神にとってよいものではなく、「物が権力を握り／人間を乗りまわしている」と表現した。

エマーソンを師と仰いだヘンリー・デイヴィッド・ソローも、同様の気持ちの変化を感じていた。最初のうちは「一日に五回でも［街に］行ける。私はたったの一時間でボストンに行けるのだ！」と、鉄道による旅の可能性に魅惑されていたが、やがて正反対の意見を持つようになった。「われわれが鉄道に乗っているのではない、鉄道が人間を乗りつぶしにかかっているのだ」

だが、列車災害の記録にも先験主義者の警告にもひるむことなく列車を利用した勇敢な人々は、充分な見返りを手に入れた。アメリカの列車は、ほかの国のものと比べても飛び抜けて豪華だった。一等も三等もなかった。紳士または淑女の専用車として設計された客車はあったが、ディケンズによれば「両客車の大きな違いは、男性用車両では全員がたばこを吸い、女性用では誰も吸っていない」ということくらいで、どちらのタイプの設備も贅沢に造られていた。一八五二年に初めてアメリカの鉄道で旅をした〈イラストレイテッド・ロンドン・ニュース〉誌の記者は、記事の大半を費やして車内の設備を褒め称え、座席は「充分な詰め物が施され、上質のフラシ天で覆われ」ており、「磨かれたクログルミかマホガニー材を使用した」肘掛けが付いていた、と記している。

アメリカの旅客車両はイギリスの客車よりずっと長く、通路は端から端まであり、その通路を挟んだ両側に二人掛けの座席が並んでいた。イギリス人とは反対に、アメリカ人は進行方向の逆を向いて坐ることを嫌ったので、座席には通常、前後が可動式になっている背もたれが付いていた。通勤者はこれを調節することで、いつでも進行方向に向かって坐ることができた。四人グループで和やかに過ごしたいと思ったら（そして進行方向と逆向きになるのをいとわなければ）、二人掛けの座席を向かい合わせにすることもできた。

冬には車両内に木炭ストーブが置かれ、火を絶やさないよう見張る者がいた。イギリスの冬の車内は凍りつくような寒さだが、アメリカの場合は、暖房がききすぎたり、蒸したり、風通しが悪くなったりすることもあるので、必要に応じて見張りが窓の開閉を行なっていた。

夏は冷水タンクとチェーンの付いた共同のコップが設置されたが、コップはいつも汚れていて、十九世紀の終わりに公衆衛生がうるさく言われるようになると取りはずされた。冷水を入れたケトルを運び、乗客のために水を注いでまわる〝ウォーター・ボーイ〟が同車し、一部の列車では無料のコールドドリンクも提供された。ボストン・ウスター線のウォーター・ボーイは、銀の水差しとゴブレットを用意していたという。

さらに、アメリカの鉄道車両で忘れてならないすばらしい点が、トイレである。車両の片端に囲いの付いた押し入れほどの空間があり、木製の便器の底が開いていて、排泄物を直接、線路に落とすようになっていた。

それでも、イギリスとアメリカの車両の違いは、両国の通勤者のマナーの違いに比べれば、ささやかなものだった。イギリス人は沈黙を選んだが、アメリカ人はしゃべるほうを選んだ。見知らぬ相手にも声をかけ、イギリスの乗客にはタブーとされた政治や宗教についても議論しあった。外国からの訪問者のなかには、この親しげな態度に我慢できない者もいた。十九世紀の著名な鉄道ライター、サー・ウィリアム・ミッチェル・アクワースはイギリスのマナー以外はありえないと述べる。「イングランドでわれわれが〝孤独で風通しの悪いコンパートメント〟を保持しているのは、単にそれが気に入っているからにすぎない……プルマン社製の最高に贅沢な客車で〝一般大衆との会話を楽しむ特権〟を手に入れるよりも、私自身は〈ミッドランド鉄道〉の三等車両に押しこまれているほうがましだと思う」と書いている。

移動中のおしゃべりに加えて、アメリカの通勤者はさまざまな娯楽やゲームを楽しんだ。ニューヨークの風刺雑誌〈トゥルース〉に掲載された漫画には、当時の様子として、通勤者たちが読書をし、パイプや葉巻をふかし、ウェイトリフティングをし、トランプをするさまが描かれている。通勤者が四人組になり、毎日仕事帰りにホイスト（トランプゲームの一種）をやるのも珍しいことではなかった。可動式の背もたれを動かして向かい合わせになり、各自のひざにボードを載せ、列車の揺れをうまくかわしながらゲームに熱中する。勝負の重要な局面では下車駅を乗り過ごすこともしょっちゅうだった。

アメリカの通勤者のなかには、客車が車輪の付いた社交クラブにもなるという概念をさらに深め、車両を共同で購入、またはレンタルし、会員制客車にする人たちも現われた。こうした客車には革張りの肘掛け椅子、カードゲーム用のテーブル、図書室、バーが設けられ、喫煙区画と禁煙区画が分けられていた。会員制客車は、指定された日の朝と夕に走る列車に連結され、乗客が仕事と家庭というふたつのコミュニティを行き来するあいだに、ちょっとしたビジネスの話をする機会をも提供してくれた。

こうした贅沢は、原則として、そうするだけの経済的余裕のある人なら誰にでも利用できた。しかし実際には、制動手か使用人でもないかぎり、黒人は会員制車両の内部を見ることすらできなかった。アメリカの列車は人種によって分離されていたのだ。

南北戦争（一八六一年〜一八六五年）以前の南部には奴隷用の特別車両があり、ディケンズによれば、「できそこないの巨大で不格好な」収納箱のようで、まるで家畜貨車だった。それ以外の地域では、南北戦争以前も以後も、列車に乗りたい黒人専用の〝ニグロ車両〟が走っていた。このような差別に外国人は不快感を抱いた。一八五七年の〈イラストレイテッド・ロンドン・ニュース〉には、「フィラデルフィアでニグロが鉄道から追いだされる」というタイトルの付いた漫画が掲載されている。しわだらけの服を着た白人が、彼よりはるかによい身なりの黒人を怒鳴りつけ、車両から追いだそうとしている様子を描いたものだった。

イギリスと同じようにアメリカでも、〝通勤ブーム〟は郊外住宅の需要拡大へと発展した。とはいえ、アメリカのベッドタウンの評判は、はるかに陽気なものだった。郊外はいわば〝新たな社会の田園詩〟で、都市と近しく触れあえる距離に位置しながら税金の安い理想郷であり、鉄道が通っているあらゆる場所で発達していった。

アメリカ人は自分たちの郊外住宅地に誇りを持ち、孤立する小規模な住居が集まっただけの場所ではないコミュニティを築いた。当然のことのように教会や図書館を積極的に建設し、それらの施設を維持できるだけの数の住民が揃うまで待ったりはしなかった。

こうした新しい場所には、しばしば〝旧世界〟の地名が付けられた。アメリカに流れこんだ何百万という移民たちは、自由だけでなく懐かしさや親しみやすさも求めたのだ。たとえば、ウェールズ出身の地主やクエーカー教徒は、十七世紀にフィラデルフィア近郊の通勤可能な一等地に定住し、自分たちの農場や町に故郷ウェールズの地名を付けた。このため、世界で最も裕福な通勤住宅地であるペンシルヴェニア・メインライン（フィラデルフィアの郊外エリア）には、駅名として、母国各地の地名が地理的な順番を無視して並んでいる。

新植民地様式の住宅とともに、学校や社交クラブも鉄道路線近くに建てられた。評判のいい学校の近くに住むとか、新しい学校を創設する機会ができるということも、十九世紀のアメリカ人が通勤を決心する動機となった。アメリカ人もまた、イギリスの通勤者と同じように球技を愛好した。一八五五年に創設されたアメリカ最古のカントリー・クラブ〈メリオン・クリケット・クラブ〉は、ペンシルヴェニア・メインラインにある駅から二百メートルも離れていないところに造られたし、メリオンの住民はクリケットのほかにテニスも楽しみ、一八九六年にはふたつのゴルフコースの建設も計画された。

だが、通勤者の流入がつねに歓迎されていたわけではない。ロングアイランド（ニューヨーク州南東部に位置する大西洋に浮かぶ島）では、蒸気機関車が初めて畑を通ったとき、農民が石を投げたという。〈フラッシング鉄道〉は通勤者の数を減らそうとして、一八六二年に定期券を廃止した。鉄道が通勤者に利用されることによって、同社の長距離路線や貨物事業の発展が妨げられると考えられたためだ。だが、これは性急な判断だとわかり、二年もしないうちに通勤者用の割引料金が復活した。ロングアイランドにはすぐに新しい路線が参入して、ニューヨークで働く人々を（通勤によって）ニューヨークの外に導き定住させようとした。

一八六九年、アメリカの大富豪アレクサンダー・T・ステュアートは、ニューヨーク近郊のヘンプステッド・プレーンズの土地およそ三十五平方キロメートルを購入し、中産階級の住宅地〝ガーデンシティ〟を造り、そこの住民をニューヨーク市へ通勤させるために〈ロングアイランド・セントラル鉄道〉を敷設した。しかしこの計画も、初めはスムーズにいかなかった。ガーデンシティの住民になる資格には複雑な決まりごとがあり、家屋の所有権も転入者に即座には与えられなかった。だがスチュアートの死後、住宅所有権に関する制限が廃止されたため、多くの通勤者がヘンプステッド・プレーンズに移ってきて居を構えるようになった。

ガーデンシティは最初、受け入れる通勤者のタイプについてさまざまな制約があったが、ロングアイランドのほかの地域では、税金が払えて新たな共同体を築くことのできる人であれば誰でも歓迎された。ニューヨーク近郊の田園地帯の大半でも同様だった。そのため、鉄道会社も鉄道が通っている地域も、こぞって著名人に自分たちの土地の美点を活字にして宣伝してもらおうとした。

郊外エリアの宣伝ブームは、適任とは思えない人々をも広報活動に巻きこんでいった。たとえば、オペラに造詣（ぞうけい）の深い音楽評論家として知られるグスタフ・コッブは、〈ニュージャージー鉄道〉から報酬を得て、路線周辺の土地について叙情的な文章を書いた。何ページにもわたって綴られた華麗な文章によって、郊外に住んで鉄道を利用するよう、ニューヨーカーたちを誘っていた。コッブは通勤を始めればエリートの仲間入りができるという点を強調していた。

ニューヨークで最もすばらしい市民のうち、実際はこの街の市民でない人々は大勢いる。朝、彼らはこの巨大都市のビジネス地区に押し寄せ、夕刻には引き潮のように去っていく……最も知的にして最も進歩的な「市民でない市民たち」は、〈ニュージャージー・セントラル鉄道〉によって街にやってくる――彼らがわが家として選んだ魅力的で健全な環境を思えば、さらには、家と職場との往復に使う鉄道が最高の速さとそれに見合った安全性と乗り心地を備えていることを思えば、そうするのも納得がいく。

コッブが謝礼をもらって描写した郊外とは、キリスト教徒の楽園と巨大な遊園地が混じりあったような場所だった――コッブはそこにある教会や競馬場、カントリー・クラブなどを列記し、都市の外で暮らすからといって都市を完全に去るわけではないことを指摘した。通勤者の妻であっても変わらず街で買い物はできるし、妻どうしでランチを楽しみ、ブロードウェイのマチネーを観ることもできる、と。

誇張されてはいたものの、コッブの文章はアメリカ全体の水準からすれば、まだ抑制がきいていた。国中いたるところで、新たな転入者を惹きつけるための美辞麗句が並べたてられ、そうした活動は〝ブースタリズム〟(宣伝屋の売り込み)と呼ばれた。

特に熱を入れていたのは、オハイオ州、イリノイ州、ウィスコンシン州、ミネソタ州など、東海岸地域より西に広がる各州で、こうした土地の人々はみな、鉄道が近くに敷かれれば自分たちの農場も活気ある町になると期待し、畑を売ってひと財産築きたいと考えていた。人口の少ない僻地(へきち)の村は、鉄道会社に対しては鉄道敷設を求め、連邦政府には鉄道会社に土地を売って線路を引かせるよう陳情した。彼らは競って、自分の村の魅力や将来性を大げさに語った。たとえそこが熱病はびこる沼地のど真ん中であろうとも、宣伝力を駆使すれば、環境に恵まれた「未来の大都市候補地」に見える、というわけだ。

一八六九年、定住者が十四人しかいないミネソタ州ダルースが、その中心地からセントポールまで鉄道を走らせようとして行なった活動は、〝ブースタリズム〟成功の典型例である。現在この町は人口二十八万人の港町となっている。

〝逆ブースタリズム〟という手法もあった。郊外の候補地が自分たちの美点を語る代わりに、大都市生活の欠点を強調する方法だ。とりわけ、一八七一年の大火が起きたあとのシカゴ周辺では、この戦術が功を奏した（シカゴ大火では、街の中心部が七・八平方キロメートルにわたって焼け、十万人以上が家を失った）。火災が起きたのは、「第二次大覚醒」と呼ばれる福音主義信仰の復興運動や、米国初の禁酒運動が盛んだった時期でもあり、どちらの運動の支持者も、都会は罪人や酔っぱらいが集まる場所だと信じていた。街なかでは酔っ払いの姿が目立ち、アメリカ人はかつてないほどアルコールに耽溺した。百年前のロンドンの〝ジン狂いの時代〟に似て、通りには疫病の犠牲者と同じほどの数の泥酔者や死体が転がっていた。

シカゴ周辺の新たな衛星都市の多くは、一部のキリスト教宗派によって建設された。そうした宗派の大半が〝筋肉的プロテスタント〟（肉体の健全さと敬虔な行為を重視するキリスト教の一派）に属しており、街では酒の販売が禁じられた。東部州におけるのと同様、こうした宗派の人々は大学や学校も創設した。なかには、文化や教養を重んじる空気を前面に出した街もあった。シカゴ大火のあと急速に発達したオークパークは、「文学好きや宗教人たちの気に入りの集会地」として知られた。建築家のフランク・ロイド・ライトは一八八九年に最初の自宅をオークパークに建て、シカゴへ通勤していた。彼はオークパークで多くの住宅を設計し、生涯にわたって郊外住宅の設計に尽力した。

シカゴやミルウォーキー、ニューヨークといった都会で仕事をする人々が郊外に住みはじめた一方、ヨーロッパ大陸では、都市の住民が通勤するようになるまでにはあと数十年かかった。鉄道そのものは、イギリスからたちまちヨーロッパの国々へと広がった。フランスでもドイツでも、最初の鉄道敷設が行なわれたのは一八三〇年代だったが、その後の発展はかなりゆっくりしたものだった。これらの国で通勤の発達が阻まれたのは、主として、輸送業に民間企業が参入できないためだった。

多くのヨーロッパ諸国で、鉄道は程度の差こそあれ、国が所有し管理していた。しかし、ヨーロッパ大陸の鉄道国有化は、ロンドン市議会（ＬＣＣ）の公営トラム（第2章参照）の場合とは区別する必要がある。ＬＣＣは労働者が自由に移動できる手段を確保することを目的としていたが、ヨーロッパの政府はそうした移動を制御したがった。各国政府は鉄道にそれぞれ異なる期待を寄せていたが、家庭と仕事の場を分ける手段を市民に提供する、という使命は優先されなかった。

〝ドイツ鉄道の父〟と呼ばれ、『政治経済学の国民的体系』の著者として知られるフリードリヒ・リストは、自国における優先事項をまとめている。フリードリヒ・リストは、（a）国家の防衛、（b）自国の文化の発展、（c）食料の分配、（d）国家的一貫性の構築、という観点からドイツ統一を主張し、自由貿易には強く反対した。「鉄道は国の神経系統となるものであり、市民や世論の力を強める働きもあるが、その一方で、治安および統治目的のために国家権力を強大にする効力も有する」と述べた。

フランス政府の姿勢も同様で、ブルジョワ階級に移動の自由を与えることよりも、国防などの戦略的懸案事項のほうが優先された。フランスの水上輸送業者もまた、イギリスで起きたように、鉄道に貨物輸送事業を奪われることを恐れ、その発展を望まなかった。このような事情で鉄道輸送はゆっくりとしか発達せず、地域ごとに半官半民の独占運行団体がいくつもできていた。

ヨーロッパでは政府が鉄道を所有していたためだけでなく、都市設計や計画規制によっても通勤の発達が阻まれていた。都市は外側よりも上に向けて発展し、住民は複数階層の集合住宅（アパートメント）に住んだ。都市のすぐ外縁に邸宅や何列もの二戸建て住宅を建てることは非合法で、ましてや郊外居住地の宣伝（ブースタリズム）など論外だった。さらには、ヨーロッパ大陸の労働者はイギリスやアメリカよりも低賃金で長時間働いていたため、移動には金と時間がかかるという思い込みがあり、通勤への需要は生まれようもなかった。

それでも時代が進むにつれ、ヨーロッパにも通勤者が現われはじめた。大陸の人々の通勤にもイギリスやアメリカの通勤と共通する特徴はあったが、国によって違いも見られた。最初のころは、大陸の通勤者も英語圏の通勤者と同じように、鉄道の安全面には不安を感じていた。

フランスでは一八四二年に、「記録されたうちで最も有名な鉄道大惨事」と呼ばれたヴェルサイユ鉄道事故が起き、鉄道を利用しようと考えていた人々の心に大きな衝撃を与えた。ヴェルサイユでルイ＝フィリップ王の誕生日を記念する祝典が催され、その後、酔って浮かれ気分の客が列車でパリへ帰ろうとしたとき、機関車の車軸が折れて脱線したのだ。客車どうしが衝突して炎上したばかりか、客車のドアがロックされていたため、想像するだに恐ろしい惨劇が繰り広げられた。この事故で少なくとも五十名、おそらくは二百名ほどが死亡したと思われるが、遺体の多くが灰になるまで焼かれ区別がつかなくなっていたため、正確な死亡者数は把握できなかった。のちに、客の乗った車両をロックするという慣習は撤廃されたが、事故の記憶はその後何十年にもわたって、旅客に恐怖の戦慄(せんりつ)をもたらしたのである。

フランス人もイギリス人と同様、鉄道の旅では平等主義を歓迎した。たとえ貧しい労働者でも、倹約して金を貯めていれば、最も裕福な乗客と同じ列車で旅をすることができた。車両は四種類の等級に分かれてはいたが、鉄道旅行はつねに平等と友愛についての教訓を思い起こさせてくれる場となった。ただしフランス人は、アメリカ人のような移動中の自由な会話を選ぼうとはしなかった。一等と二等の乗客はイギリス式の沈黙のしきたりのほうを採用し、多くの人は読書にふけり、おしゃべりな他人を寄せつけないようにしていた。

当時パリで頭角を現していた出版業者のルイ・アシェットは、乗客が会話よりも活字を好んだことに目をつけ、一八五二年にフランスのすべての主要鉄道会社に連絡をとり、自分が出版する本を駅で売る計画を持ちかけた。車内で手持ち無沙汰な乗客は単調な旅に退屈し、その退屈心から「自分が一個の荷物にでもなったように機械で運ばれていく」ことへの怒りが触発されれば、不満は鉄道会社に向けられるだろう、とアシェットは主張した。彼はその解決策として、「手軽な判型と手ごろな値段の、興味深い内容の作品だけを選んだ鉄道図書」を販売し、乗客の精神を選りすぐりの書物で落ち着かせることを提案したのだ。

鉄道会社はこの発案を受け入れ、それから何年もしないうちにアシェットの店舗が各駅の中央ホールにでき、その数は六十を超えた。アシェットの「鉄道図書」はジャンルによって色分けされていて、たとえばフランス文学には茶色が、歴史と旅行の本には緑色が使われた。「道徳的に疑わしい」作品や、「政治的情熱をかきたてるか、そうした内容を含むもの」はひとつもなかった。「鉄道図書」で初めて出版された海外文学も数多くあった。列車に揺られながら、同時代のアメリカの作家エドガー・アラン・ポーやロシアの作家ニコライ・ゴーゴリの作品を初めて味わったフランス人読者もたくさんいた。

アシェットの本は、当時の労働者が一日に稼ぐ平均賃金の三分の一から二倍という高い値段がついていたが、ほかの国と同じようにフランスでも、最初のころ、通勤は裕福な人々だけの特権だった。フランス人もアメリカ人と同じく、労働者向けの列車を走らせたり専用の客車を設けたりすることを望まなかった。そのため、ラッシュ時のプラットホームで、シルクハット集団のそばにベレー帽の労働者を見ることはほとんどなかった。その代わり、毎日運行している列車の三等や四等車両は、市場へ向かう農民の妻や休暇で家に帰る兵士など、毎日異なる顔ぶれの貧しい市民で満杯になった。そうした光景が、この時代の芸術家や作家にインスピレーションを与えていたのは事実である。

フランスの画家オノレ・ドーミエ（一八〇八年〜一八七九年）は、労働者たちの姿を《三等客車》という作品に描いた。肉づきがよく聖母のような顔をした田舎者の女が赤ん坊に授乳し、その背後の座席には、思い思いの方向を眺めている他の乗客たちがいた。

自然主義文学の作家アルフォンス・ドーデ（一八四〇年〜一八九七年）は、ありのままの現実を求めて三等客車で旅に出た。ドーデは、小説とは「なんの歴史も持たない人々の歴史」であるべきだとし、そうした人々に出会うためには列車ほど適した場所はないと考えていた。「三等列車でパリへ旅したときのことはけっして忘れられないだろう……酔って歌を歌う水夫、死んだ魚のように口を開けて眠る太った農民、かごを持った小柄な老婦人、子ども、ノミ、乳母の姿。貧しい人々の乗る客車全体に、パイプたばこの煙、ブランディ、ガーリック・ソーセージ、濡れた藁のにおいが漂っていた。思いだすと、いまも自分がそこにいるような気がする」とドーデは書いている。

フランスとイギリスにおける鉄道旅行の決定的な違いは、食べ物だ。

嬉々として鉄道を迎えたフランス上流階級の人々は美食家だった。鉄道が開通したことにより、パリの贅沢なレストランは遠く離れた土地から新鮮な食材を調達できるようになった。食通たちはその日の朝、レ島（パリの南西、大西洋に浮かぶ島）で獲れたカキや、パリに届いたときでもまだぬくもりの残る新鮮なヤマウズラを食べていた。ワイン愛好家も水路をのんびりと運ばれてくるワインを待つのではなく、日帰りでボルドーにある気に入りの城へ行き、産地でワインを味わえるようになった。食に対するこうした飽くなき探求心と完璧主義は、鉄道駅の食べ物にも発揮された。

フランスを訪れたイギリス人は、食べ物の質に驚き、自国の努力不足を恥ずかしく思った。ディケンズはこうした両国の違いを、小説『マグビー・ジャンクション』において風刺していた。小説では、給仕係の女たちが「カエルを食う国」の同業者はどんな料理を出すのか見てみようとフランス国内を旅し、その際、鉄道駅で売られているサンドイッチにも目を奪われる。駅売りのサンドイッチはまさに芸術作品だった。自分たちがイギリスで出す「おがくずが詰まったようなサンドイッチ」とは大違いだ、と感想を述べる。最高級の小麦粉を使ったパンは皮がぱりぱりして焼きたて。それが真ん中で縦に切られ、ほどよい量のハムが挟んである。パンの真ん中はリボンで結ばれ、全体はきれいな白い紙につつまれている……と、世界に名だたるフランス風サンドイッチが、登場人物たちの驚きとともに描写されていた。

鉄道時間に関しては、フランスはイギリスとは事情が異なっていた。ローカルタイムと鉄道時間の時差は、イギリスよりもヨーロッパ大陸でのほうがずっと深刻な問題となった。国によっては暦（こよみ）も異なっていて（たとえばロシアでは、一九一八年までグレゴリオ暦ではなくユリウス暦が使われていた）、十日ほど日にちが前後する場合もあった。また、地図上のある境界線をほんの少しでも越えるだけで、時刻が変わったりした。それでも最終的に、時間はフランス全土でもそのほかのヨーロッパ諸国でも標準化されていった。

鉄道時間に関する基本方針が受け入れられてからは、その実施方法が検討された。電気的に配信するシステムが発明されると、街にあるすべての公共の時計が、基準となるひとつの時計に合わせられるようになった。初めて電気配信システムを導入した街はドイツのライプツィヒで、その後フランクフルトやスイスのベルンもこれにならった。ベルンでは「一八九〇年に百の時計が同時に動きだした」と言われる。

この時代、ヨーロッパ各国の政府は〝完璧な時刻〟というものを研究し、どの国の時刻が最も正確か、国の誇りを賭(か)けてしのぎを削った。やがて、理論物理学でも〝時〟の問題が扱われるようになる。アルベルト・アインシュタインも鉄道時間と物理学を結びつけた学者の一人である。特許事務員としてベルンの仕事場へ通勤していたアインシュタインは、あるときふと、時間とは不変のものなのだろうかと考えはじめる。彼の乗ったトラムがタウンホールの塔に近づいたとき、時計は八時を示していたが、トラムが次の停車場へ向かって塔を通過するときも、時計の針はほとんど動いているようには見えなかった。では、トラムがもっと速く走ったらどうなるのだろう？　トラムが光の速度で移動したなら、時計はつねに八時を指しているように見えるのではなかろうか？　もしそうなったら、私たちはどんな世界にいることになるのだろう？

アインシュタインは、もし自分が高速で移動したなら時間は止まるはずで、ひょっとしたら逆戻りすることさえあるのかもしれないと考えた。つまり、アインシュタインの相対性理論に従えば、私たちは絶対に——理論上は——仕事には遅れないことになる。

4　自動車の発達

この新式の乗り物にはどこか不気味なところがある。たとえようがないほど不格好で、まともな名前、もしくはどうにか我慢できるような名前すら与えられていない。フランス人は、ほかのものはともかくとしても言葉や語源においては正当派とされているので、なんとか〝自動車(オートモービル)〟という名称を考えだした。だがこれは半分はギリシャ語、半分はラテン語という不体裁な言葉で、活字にするのもためらわれる。

――〈ニューヨーク・タイムズ〉一八九九年一月三日

異星人との遭遇を扱った初めての英語小説『宇宙戦争』が成功してからほどなく、H・G・ウェルズは一九〇一年にサイエンスフィクションの執筆を中断し、人類の未来を予測する『予想――機械と科学の進歩は人間の生活や思想にどんな影響をおよぼすか』を著わした。ウェルズはこの作品をとおして、世界は西暦二〇〇〇年にどのようになっているのかを予測し、読者に提示した。

たとえば空を飛ぶことが可能になるとは考えていなかったなど、ウェルズが見逃している重要な点はいくつかあるが、見事にあたった予想もある。未来社会では交通手段が重要な鍵となるが、もはや鉄道は主流でなくなっている、という予想もそのひとつだ。鉄道がヴィクトリア朝時代の同胞にとって大きな意味を持つことをウェルズは理解していたし、蒸気機関車は十九世紀の発展の象徴であったにもかかわらず、いずれは新たな移動手段——そしてもちろん新しい通勤形態——がこの世に出現する、と述べていた。

二十世紀の平均的な通勤者は、列車で仕事に行く代わりに、「適度にコントロールされた速さで、通常の道路や道を通って、どこへでもすばやく簡単に旅ができる、高い移動能力を有する乗り物」を使うようになるだろう、とウェルズは予想した。この「発動機付きの乗り物」は、「一等車両の鉄道旅行にあったあらゆる便利な設備に加えて、人が個として独立しているというすばらしい感覚」を与えてくれるはずだという。未来の通勤者はそうしたいと思えば、急ぐことも停まって花を摘むこともできるし、「朝のベッドで寝返りを打ちながら、出発を少し待ってくれるよう、その乗り物に命じる」こともできるが、それでもなお、遅れずに職場に着けるだろう、と書かれている。

『予想』の出版から二十年もしないうちに、自動車は欧米全土に普及した。ウェルズの予言がまたたくまに現実になったことに驚いた人々も多かったが、いまにしてみれは、明らかな予兆はあった。一七六九年以降、発明家たちは自動推進式の乗り物を試作し、その設計は、速度の出ない不格好な蒸気自動車から、小型で敏捷で、内燃機関の動力を持つものへと進化していった。

だが、進歩は断続的に、突発的にしか起きなかった。イギリスでは一八六〇年代前半にいくつかの自動車法が制定されたが、それらは著しく速度を規制していたり、「自動車の運転もしくは案内は少なくとも三人で行ない」、馬車や荷馬車を引く場合はそれ以上の人数が必要……など、運転者の人数を厳しく定めたりしていた。そのため、こうした法律は、はからずも発展の重要な段階にあったイギリスの自動車を道路から閉めだす結果となってしまった。

それとは対照的に、アメリカでは自動車は農場で役立つ可能性があるとみなされ、国家レベルで使用が奨励された。たとえば、一八七一年のウィスコンシン州では、「二百マイル（約三百二十二キロ）にわたって平均時速五マイル（約八キロ）を維持できる自動車」を作った者に、一万ドルの報奨金が出されることになった。これだけの能力を有した車なら、馬などの動物の代用として、公道や農場で安く働かせることができるからだ。地元の町にちなんで〝オシュコシュ〟と名付けられた自動車が平均時速六マイル（約九・七キロ）を記録し、報奨金を勝ちとった（もっともこのあと、オシュコシュが馬より役に立つかどうかは疑わしいとされ、賞金は州議会により半額の五千ドルに減じられた）。

一方、ヨーロッパ大陸では、ウェルズが思い描いていたような「発動機付きの乗り物」の発明に向けて大きな進歩があり、いずれは旅客輸送において鉄道に匹敵し、さらにはこれを凌駕（りょうが）するような手段になるかもしれない、というところまで来ていた。

ドイツのカール・ベンツとゴットリープ・ダイムラーは、どちらも一八八〇年代に内燃機関によって動く乗り物を作った。一八九一年にはフランスのエミール・コンスタン・ルヴァッソールが「近代的な自動車の試作品」——車体の前部に搭載したエンジンと四つの車輪を持つ「馬なし馬車」を設計した。

一九〇〇年ごろには、フランス、ドイツ、イギリス（このころには先述した自動車法が廃止になり、制限速度も引き上げられた）で自動車が商業生産されるようになったが、実用的な乗り物というよりは、まだ金持ちの玩具（がんぐ）の域を出なかった。少数の人々のための贅沢品から、大衆のための乗り物とする動きは、その後の八年にわたってアメリカで起きた。

オシュコシュの輝かしい時代以降のアメリカは、技術的な進歩という点では他国をリードするというより、そのあとを追いかけるほうだった。それでも一九〇〇年から一九〇八年にかけて、年間自動車生産台数は四千百九十二台から六万五千台にまで伸び、その後も増えつづけた。一九一二年ごろには百万台の自動車が走るようになっていた。

自動車産業の爆発的な発展は、アメリカに潜在的な需要があったことと、大量生産の手法が発明されたことが重なった結果だった。需要の大きさは、自動車の生産を始めていた自転車メーカー〈アメリカン・バイシクル・カンパニー〉の会長、アルバート・A・ポープ大佐が一九〇〇年に発行したプレスリリースからもうかがえる。

ポープ大佐は、やがて自動車が「世界的な移動手段」となり、「十年以内にはアメリカの大きな街で、現在、使われている馬よりも多くの自動車が走るようになるだろう」という予想を述べた。また、すでに通勤用の乗り物としての可能性も認識されていた。列車やトラムや乗合馬車では通勤距離のすべてを移動することはできないが、自動車ならそれができる。さらに、肉体労働者層も職場と自宅とを分ける利点を享受することができるだろう。「明るく清潔な仕事場で働く健康な労働者の姿を想像してみてほしい……夕刻に快適な自家用車に乗り、仕事場から数十キロ離れた田園や海辺のささやかなわが家へ戻ることのできる彼らの幸福を！　過密な都会ではなく、田舎の草原や花々のあいだで暮らせるおかげで、彼らはより健康に、幸福に、知的になり、自尊心のある市民となるだろう」と大佐は述べた。

唯一の問題は自家用車を持つことのコストだった。そこに、ヘンリー・フォードと〝フォード・モデルT〟が登場する。ヘンリー・フォードは、技術的にも進歩した、信頼性が高く安価な車を作りたいと思っていた――「いい給料をもらっている人間なら誰にでも買えて、神の偉大なる広い空間で家族と一緒に喜びの時間を過ごすことができる」ような車が求められた。

フォードは流れ作業と標準化された部品の使用による生産ラインを考案し、一九〇八年八月に最初の〝モデルT〟を完成させる。初めの一カ月はわずか十一台しか完成させられなかったが、その後、生産台数は飛躍的に伸び、一九一五年までに合計百万台が製造された。一九二一年には、〈フォード・モーター・カンパニー〉の一年間の生産台数が百万台となった。

農作業に使われたモデルTもあった。後輪のひとつを取りはずし、車軸をのこぎりや揚水ポンプの駆動軸として使えるよう設計されたものだ。また、所有者が自分の車をカスタマイズし、明るい色に塗り替え(モデルTは黒しか生産されていなかった)、トラクターや耕作機械として使うこともあった。もちろん、フォードが思い描いたように、神の偉大なる広い空間を楽しみ、別の場所を訪れるために車を使った人々もたくさんいた。

しかしいちばん多かったのは、仕事場と家庭の行き来に車を使った人々だった。自動車通勤が始まったのだ。一九二〇年の自動車所有者を対象にした調査によれば、その九〇パーセントが車を「多かれ少なかれ仕事のため」に使い、走行距離の六〇パーセントが「仕事のための移動」だった。調査対象には、早くから自動車を使用していた医師や弁護士、土地の投機家などが含まれていて、こうした職業の人が町の外で働く場合はかなり長い距離を走らなければならなかったが、「仕事のため」に運転する人々の大半は、決まった場所の往復(いわゆる通勤)に車を使っていた。

人々が自動車通勤を選んだいちばんの決め手は、自動車が与えてくれる自由な感覚だった。モデルTは列車と比べてスピードは遅く、乗り心地も劣っていた。広い道の下り坂でさえ時速六十五キロ程度(アメリカの急行列車の平均速度の半分)しか出せず、固定された屋根もなく、騒々しくガタガタ揺れる車はけっして快適とは言えなかった。

それでも自動車は、たとえいっときとはいえ、乗客が公共交通に支配されるという状況から人々を解放する手段となった。列車に閉じこめられ、鉄道会社の気まぐれに従う代わりに、自身の小さな船の船長となり、(現実にするかしないかは別として)理屈のうえでは、本来の道筋を逸れ、次の交差点で曲がりたいと思えば曲がることもできたのだ。

自動車通勤は、初期のころからアメリカの都市で奨励されていた。当時はまだ街の交通の主流であった馬車輸送は衛生上の大きな問題となっていて、自動車は馬車に取って代わる手段として期待されていた。

一八九八年にニューヨークで開催された〈国際都市計画会議〉でも、馬車による汚染問題は最優先の議題となった。ホスト都市であるニューヨークを走る馬は、一日あたりの概算で「千トン以上の馬糞（ばふん）と、二十二万七千リットルの尿」を街路に排泄していると報告された。特に夏場の汚染は深刻だった――農民は収穫で忙しく、畜糞を集めて肥料にする時間がないときには、空き地に山と積まれたまま二十メートル近くになることもあった。馬の数がこのままのペースで増えていけば、一九三〇年までに馬糞が街の通りを埋め尽くし、建物の三階の窓に到達してしまうだろう、という試算結果も出された（同じころ、ロンドンでも大量の馬糞の問題が議論されていた）。

また、旅客輸送中に死亡する馬の数は年間一万五千頭ほどあり、死体が渋滞を招くこともあった。ニューヨークには馬の死体を処理する特別チームがあったが、「楽に切り刻んで運べるよう、死体が腐るまで待つ」こともしばしばだった。

自動車はこうした問題の救済策にもなると目（もく）された。〈サイエンティフィック・アメリカン〉誌は一八九九年、馬車輸送と比べた自動車の利点を次のようにまとめている。「街全体で自動車を使用すれば、どれだけ効率的に環境が改善されることか、評価してもしきれない。通りは清潔になり、ちりも悪臭もなくなる。軽いゴム製タイヤで、すみやかに、騒音もなく広い場所を移動できる車は、近代的な大都市生活者の不快感や緊張をずいぶんと減らしてくれるはずだ」
一方、都会の仕事場へ自動車で通勤しようという人々は、新たな技能をマスターしなければならなかった。最初の試練は運転を学ぶことだ。当然ながら、一九〇〇年代のアメリカには自動車教習所はなかった。現代のマニュアル車の運転ができる人なら、短期間の練習でモデルTの運転を習得できるかもしれないが、当時の人々は手足の協調動作というものになじみがなかったうえ、それをしながら道路から目を離してはならないということにかなり苦労した。ジョン・スタインベックは『エデンの東』でこんなふうに書いている。

車の発進、運転、走行維持の方法を学ぶことの難しさは、いまとなっては想像しがたいだろう。すべての手順が複雑だというばかりでなく、まったくのゼロから学ばなければならないのだ。こんにちの若者たちは幼いころから自然に、内燃機関の理論や習性、特質などに触れてきているが、当時の人々は、車が走るわけはないと信じこんでいたところから始めなければならなかったため、さらに困難だった。

お抱え運転手を雇って対処する人も多かった。ニューヨーク州では一九一〇年にアメリカ初の運転免許試験が実施されたが、受験の必要があったのは雇用される運転手だけだった。運転経験一年未満の運転手は、実地試験と筆記試験に合格することが求められた。

自動車通勤を始めようとして、通勤者自身が運転を覚える、もしくは運転を任せる人を雇うことができても、職場に行けるようになるまでにはさらなる障害が待っていた。まずは慎重な燃料補給計画ができていなくてはならない（たとえばモデルTの場合、ガソリンが少ないとリバースギアでしか坂をのぼれないため、つねに充分な燃料が必要だった）。

車がまだ少なかった時代、ガソリンは貸し自動車屋からバケツで買うことになっていた。需要が増すと、貸し自動車業者は古いボイラーを上下逆さまにし、のぞき窓と栓（せん）を付けてガソリン給油機にした。やがて、曲げ伸ばしのできるホースが付いた「自己計量式のガソリン貯蔵ポンプ」が登場し、これは一九〇五年にシルヴェーナス・フリーラヴ・バウザーによって特許登録された。発明者の名にちなんで〝バウザー〟と呼ばれたこのポンプは、すぐに全米の新たな標準機器となり、ガソリンスタンドはアメリカの風景を代表するものとなった。

ガソリンスタンドのオーナーは通りすがりの運転者の目を惹くため、巨大な看板や「植民地様式の家、ギリシャの神殿、中国の仏塔、アールデコ調の宮殿」を模した奇妙な建築物を造った。こうしたガソリンスタンドは、給油そのものの稚拙（ちせつ）な機能と比べれば非常に凝っていて、田舎にあるこの種の建物は地域のランドマークとなり、その地の人々の誇りともなった。

自動車通勤が始まって最初の十年ほどは、ガソリンの品質も不安定だったため、通勤者には自分のタンクに不純で危険な燃料を入れてしまうというリスクもあった。だが、石油会社の化学者たちが燃料パフォーマンスを最適化するために骨身を削った結果、ガソリンは規格化された。より洗練された精錬方法を使うのみならず、燃焼を安定させたり遅らせたりする添加剤の実験を行なうことで、ガソリンの品質を向上させたのだ。一九二〇年代以降に、有効なアンチノック剤がガソリンに加えられ、エンジンがスムーズに動くようになった。

初期の自動車通勤者が車の運転を学び、安全な燃料を確保し、郊外に設けられたスピード違反監視区域を首尾よく通過して都市に入ってこられたとしても、次に待っていたのはどこに駐車するかという問題だった。一八九六年に〈サイエンティフィック・アメリカン〉誌は、馬車交通より自動車のほうが都市の渋滞を減ずることができると予想していたが、それは希望的観測にすぎなかった。自動車通勤が増えるにつれ馬の数は激減したが、路上の乗り物が増え、街の駐車場はすぐに足りなくなった。

初期の自動車は、カスタムメイドで建てられた車庫に保管された。たとえば〈シカゴ自動車クラブ〉は一九〇五年、会員のために、ファサードに古典的装飾を施した六階建ての建物を造った。仕事のある日、クラブの会員は自分の立派な車をそこに停めておき、帰宅前にはカクテルをたしなんだりした。それから十二年後、この建物は大幅に増築された。「男根像のような」と評された十七階建ての建物には六フロアの駐車場が造られ、「男盛りの、恐れを知らぬドライバーたちの組織」の価値と威厳を具現化しようとしていた。このクラブに入会できないシカゴの自動車使用者は、街のいたるところにできていた有料の駐車場を使った。

通勤者のための駐車場建設は儲かるビジネスだった。宅地業者は住宅を建設する代わりに街の空き地を駐車場にしたり、既存の建物を取り壊して駐車用のスペースを作ったりした。自動車を収容するだけで一日十セントのビジネスになるということが刺激となって、発明家は工夫を凝らし、最小限のスペースにできるだけ多くの自動車を収容するためのさまざまな新案を生みだし、特許が与えられた。はさみの動きやエレベーターや回転木馬をヒントにしたもの、ゴンドラの代わりに架台が付いた小型観覧車式の駐車場もあった。しかし、それらのアイデアの多くは実現しなかった。

一九三三年、ボストンに最初に登場した〝ケージ・デッキ・ガレージ〟は、駐車場事業者の求めるものを完全に満たしており、広く模倣され、国内のあらゆるところに建てられた。ケージ・デッキ・ガレージは、鉄の梁（はり）の骨組のなかに何層ものコンクリート板を傾斜路でつないだ構造で、壁がないため、わずらわしい防火規制に従う必要がなかった。建設費も安いうえ、同じ規模のほかの都市建築物に比べれば利益をあげるのが容易だった。

事業家だけでなく市当局も駐車場経営という金脈に群がり、歩道に沿って料金メーターを設置した。コインで作動する初のメーター式駐車設備は〝ブラック・マリア〟と呼ばれ、一九三五年にオクラホマシティで最初に使用された。料金は一時間に五セント、現在の価値で換算すれば、およそ一ドル五十セントというところだ。

自動車所有者の急増は、市街地の馬にまつわる問題を解決し、駐車場経営者を豊かにしただけでなく、免許取得料やガソリン税などにより、州に重要な収入源をもたらした。オレゴン州は一九一九年にガソリン一ガロン（約三・八リットル）につき一セントの税金を課したが、一九二九年ごろまでには全州がこれにならった。税収は道路の建設に使われたが、自動車を欲しがっている人は多かったし、すでに所有している人々もよりよい道路を求めていたため、課税法案はほとんど異議なしで成立した。ガソリン税の徴収官でさえ、異例とも言うべき大衆の黙認には驚いていた。「人気のある税金など、これまで聞いたこともない」とテネシー州の徴収官長は言った。

ハンドルを握る自由への憧れ、馬車の時代を終わらせる文明の魅力、課税への容認などが相まって自動車通勤は増加したが、その陰でアメリカの公共交通機関は犠牲になった。

一九二九年にハーバート・フーヴァー大統領が招集した委員会は、「一九二〇年以来、鉄道旅客数は着実に減って」いるとし、自動車との厳しい競争から起きている「列車の運行削減、あるいは支線の廃止」を懸念した。これに対しなんらかの対処をすべきか否かという問題は残されたままだったが、フーヴァーは大統領選の選挙運動時に、「すべての人々に車とガレージを」と約束した。自動車産業は「アメリカ経済の牽引役」となり、年間五百三十万台の車が製造された。これは二〇一二年のドイツの生産台数と同程度である。自動車製造業者は、鉄鋼・石油・ゴム産業の主要な顧客であり、ほかにも多くの中小企業がこれに依存していた。そんなわけで、巨人の通る道に、わざわざ障害物を置く理由はない、とされたのだ。

この巨人は単に強力なばかりでなく、誇大妄想癖もあったようだ。時代の流れや政府を味方につけていてもなお、アメリカの自動車製造業者はそれまでの成功で充分だとは考えていなかった。車はすみやかに道路から馬を追いやり、鉄道から通勤客のシェアを奪ったとはいえ、自動車にはまだ——

少なくとも短距離移動においては——路面鉄道業者との競争が残されていた。

　人々が運転することに飽き、公共交通機関に回帰しようと考えたらどうなるだろう？　それを危惧した〈ゼネラルモーターズ〉は、〈ファイアストン・タイヤ〉〈スタンダード石油〉〈フィリップス石油〉〈マック・トラックス〉ほか、自動車普及による直接の利益や既得権益のあるさまざまな企業と協力し、公共交通を根絶し、自動車通勤を勝利に導こうともくろみ、競争相手そのものを買収し、閉鎖するという策をとろうとした。

　これらの自動車関連企業によって、表向きは路面鉄道会社を装った〈ナショナル・シティ・ラインズ〉という会社が設立され、その時間と資金の大半は路面電車の路線買収と閉鎖のために使われた。存続が心配される交通手段そのものがなくなれば、政府にはその救済責任もなくなるからだ。

　一九二三年の時点で、路面電車は延べ百五十七億人の旅客を運んでいたが、一九四〇年ごろまでにその数は八十三億人に落ちこみ、当時まだ残っていた路線の大半も廃れていった。〝ストリートカー・スキャンダル〟と呼ばれるこの出来事（自動車関連業者による路面鉄道の買収と廃線）はいまだ謎につつまれているが、〈ゼネラルモーターズ〉は第二次世界大戦時の特需を経て、より良質で速い車を安く製造する方法を学んだのは事実である。

　自動車はすでにアメリカ人の心の奥深くにまで入りこんでいた。初期のころ、自動車の魅力は、危険を伴うスリルにもあった。小説家は、自動車が人を一瞬にして新しい生活に招き入れる力と、人を破滅に追いこむ力の両方を持つさまを描こうとした。〝狂騒の二〇年代〟におけるアメリカ文学の最高傑作、F・スコット・フィッツジェラルドの『グレート・ギャツビー』（一九二五年）は、自動車通勤や軽率な運転というものを軸に物語が展開する。

しかし、唐突に登場して強引に物語の筋を動かす道具であった自動車は、それからまもなく希望の象徴へと変わっていった。ジョン・スタインベックの『怒りの葡萄』（一九三九年）に登場するジョード家のおんぼろ車は、アメリカを横断して〝約束の地〟をめざす家族を乗せた、いわば四輪の〝箱船〟として描かれる。そこには、アメリカ人が自家用車に対して育んできた愛情や敬意が表現されていた。

確かに、大恐慌のどん底の時期にあっても、人々は車にしがみついていた。インディアナ州で行なわれた長期的な社会学的研究によれば、自動車の所有は「〝アメリカン・ドリーム〟のかなり大きな比率を占める」ようだ。人は「自尊心にしがみつくように」車にしがみついていた。一九三五年の救援物資供給場でも、一家が食料をもらうために自家用車でやってきて列に並ぶ姿が見られた。彼らは食べるために車を売る、ということは選択しなかったのだ。

一九三九年ごろには、自動車はアメリカの通勤者の主要な交通手段となっていた。これほど迅速に自動車通勤を好んで採り入れた国はほかにはない。

それは、自動車所有者数で当時世界第二位だったイギリスと比較しても顕著である。路上を走る車が二百万台（アメリカでは二千五百万台）であったのに対し、通勤で自動車を使っているイギリス人の割合は九・一パーセントにすぎなかった。二二・五パーセントが徒歩で、一九・一パーセントが自転車、残りの人々は公共交通機関を使って通勤をしていた。

実際のところ、二十世紀最初の二十年間、イギリスで最も目立った増加を示したのは自転車通勤だった。始まりは一八八〇年代で、〝安全自転車〟と呼ばれた、ジョン・ケンプ・スターリー発明の最初の大量生産モデル〝ローバー〟が出まわってからのことだ。ローバーの車輪は前後ともほぼ同じ大きさで、サドルの下にスプリングを付け、さらに一八九〇年からは空気タイヤが採用された。ペダルを踏むとチェーン経由で後輪を動かす仕組みになっている。現代の上体を起こしたままこぐスタイルの自転車と変わらない外観で、応用科学の進歩のたまものだった。

それまでの自転車の決定版はペニー・ファージング型（前輪と後輪の大きさの極端な違いをペニー硬貨とファージング硬貨になぞらえてそう呼ばれた）で、乗り手は地上一メートルから一・五メートルほどの高さのところにある前輪上のサドルに坐らなければならなかった。ペダルは前輪のハブに装着されていて、それをこいで前輪をまわすようになっていた。ちっぽけな後輪はそのあとについて動き、安定装置としての役割を果たしていたが、この自転車そのものが不安定で乗り降りも面倒なうえ、こぐのも危険だった。

そんなわけで、安全自転車が登場するまで、サイクリングは冒険的なスポーツとみなされており、当然ながら、実用的な個人の移動手段ではなかった。大胆な若者たちは娯楽としてこの自転車を乗りこなすことに興奮していた。ペニー・ファージング型は驚くほど速い自転車で、一八九一年に一時間の走行距離、二十三・七二マイル（約三八・二キロ）という記録が作られて以来、いまだに破られていないが、通勤にはとても使えないしろものだった。

逆に〝ローバー〟やその模倣品は乗降も簡単で乗り心地がよかったし、道路のコンディションさえよければ、一八九〇年代から一九〇〇年代ごろの職場までの平均距離（六キロから八キロ）を移動するには、完璧な乗り物だった。自転車は工場労働者にはとりわけ人気があった。

しかし、〝ローバー〟の発明者であるスターリー自身は、先述したアメリカのアルバート・ポープ大佐と同じように、乗り物の未来は自動車にあると信じていて、一九〇一年に亡くなる前には電気自動車やオートバイの実験を行なっている。スターリーの後継者は一九〇四年に自転車の生産を打ち切り、〈ローバー〉ブランドで自動車の製造を開始した。

イギリスの自動車通勤者は、全体としては少なかったものの、それでもすぐに増加し、一九〇四年から一九三九年のあいだに九倍になった。これに対し自転車通勤者は二倍に増えただけだった。

このかん、自動車通勤者と自転車通勤者とのあいだには緊張関係が生じていた。ドライバーたちは、自転車専用道路を造るべきだと主張していた。しかし自転車乗り（サイクリスト）のほうは、そんなことはまったく意に介さなかった。〈サイクリスト・ツーリング・クラブ〉のG・H・スタンサーは、一九三四年四月、〈タイムズ〉紙にこの件について怒りの手紙を書いている。特別な道路が必要なのはサイクリストではなくドライバーのほうだ、というのがスタンサーの意見だった。自転車用の道路など、偽善的なスピード狂が公道を自分たちのものにしようとして画策した悪事にすぎない、と彼は考えていた。

サイクリストに分離道を使えと要求するのは、自動車に乗る人々（モータリスト）が公道を独占的に使用するための宣伝活動です。サイクリストは自動車に轢き殺されないよう道を譲らなければならないというのに、そのうえこんな条件を受け入れろと言うのでしょうか？　公道での行動基準はすべての使用者の安全を期すことであり、モータリストたちがそれに従いたくないというのであれば、公道の使用をあきらめるべきなのは、私たちサイクリストではなく彼らのほうです……止める者はありませんから、どうぞ自分たちの金で専用道を造り、誰にも邪魔されることなく猛スピードで飛ばしてください。

自転車と自動車のどちらを優先すべきかという論争は、決め手のないまま一九三〇年代になっても続いた。

自動車通勤をするイギリス人の数は十年単位で倍増していったが、アメリカと同じような自動車ブームが起きるのを望んでいた自動車製造業者たちは落胆せずにはいられなかった。一九一一年、〈フォード〉社はイギリス、マンチェスター郊外に初の海外工場を設立し、〝モデルT〟の生産を始め、一九一三年までにイギリスの自動車市場で三分の一近くのシェアを占めるようになった。だが、工場では年間わずか六千台の自動車しか生産されなかった。その後しばらくして生産台数は急伸したものの、アメリカの工場が達成した伸び率には遠くおよばなかった。

〈フォード〉やそのほかの自動車メーカーは、イギリス人が自動車を持つには、物理的・経済的・文化的な障害があることに気がついた。

物理的障害の最たるものは、インフラの整備不足だった。鉄道はイギリス各都市の中心地を走るために道路状況を一新したものの、それでもまだ道路は入り組んでいた。なかには中世からの道もあり、通行人や馬車で渋滞し、農道よりも不潔なところもあった。電化されたトラム、すなわち路面電車（その多くは公営だった）も、サイクリストの数と同程度の乗客を運んでいたが、線路や停留所、それに大きな車体そのものが交通の流れを著しく妨げていた。

市街地の外辺にある道路も自動車向きではなかった。ロンドンに隣接するサリー州の邸宅から一等車両に乗って仕事場に行くのではなく、車を運転して出勤しようと思ったとしても、所有地のまわりをくねくねと曲がりながら続く細い道や、自然の障害物、教会区や行政区による境界を無視するわけにはいかなかった（そうした直線的でない道や屈曲こそ、英国の田園風景に欠くべからざる要素ではあったが）。

イギリスの画家で詩人のウィリアム・ブレイク（一七五七年〜一八二七年）は『天国と地獄の結婚』で、「ねじ曲がり、整備もされぬ道は精霊の作品である」と称えている。例によってロマン主義者たちも、自然のままのこうした風景を愛していた。G・K・チェスタトン（第2章参照）は一九一三年に反禁酒運動の詩において、曲がりくねった道と千鳥足のイギリス人を賛美していた。

ローマ人がセヴァーン川を越え、ライにやってくる前、
イングランドの千鳥足の酔っぱらいはくねくねと曲がる道を造った。
ぐるぐるまわり、くねくねと曲がる道が、とりとめもなくわが地を縫う。

一九二〇年代、自動車交通を促進するために道路がまっすぐに整備されたときは、嘆きの声さえあがった。〈タイムズ〉は一九二七年、道路が「むきだしであけっぴろげで、陰影も恥も外聞もなく、鉄のように輝き、商いのように厳格」なものになってしまった、と不満を表明した。

イギリス人の自動車利用において経済的障害となったのは、自動車の購入費と維持費だった。車の値段はどんどん手ごろになってきており、一九二四年から一九三五年のあいだに実質半額にまで下がったが、それでもイギリスでの値段はアメリカと比べて三分の一ほど高く、中産階級（以上）でなければ手が届かなかった。

〈自動車製造販売協会〉は一九三八年に、少なくとも年収が二百五十ポンド以上でなければ車を買うことはできないと算定した。この数字は「一般に、中産階級とそれより下の階層のあいだを分ける経済的なラインとみなされ」、全世帯の七五パーセントがこのラインより下の層に該当した。また、イギリスで車を走らせるには諸経費も高くついた。道路利用税とガソリン税に加え、自動車のオーナーは一九二〇年から馬力に応じた税金を支払わなければならず、一九三〇年からは第三者賠償責任の保

険加入も義務づけられていた。

ある計算結果によれば、「一九三〇年代後半の概算で、平均八馬力の自動車にかかる固定費は三十二・三五ポンド、年間維持費は二四・七五ポンド。総額五十七・一〇ポンドで、自動車購入費用の三分の一以上」になった。さらに、自動車通勤をしようと思えば、夜間は路上でない場所に駐車させるよう法で定められていたため、ガレージも借りなければならなかった。そうでなければ、車の明かりをつけておくよう求められたが、これは現実的な方法ではなかった。

イギリスでは、自動車利用に対する文化的な障壁も大きかった。自動車メーカーがターゲットとする中産階級の人々は、社会的地位を鋭く意識していた。彼らは厚かましく見られたり、身のほど知らずの野望を持っていると思われたくはないものの、みずからを低く見せるようなことをするのも嫌っていた。

確かに、自動車購入にあたっての〝ステータス不安〟は中産階級の行動に大きな影響をおよぼしていて、自動車産業に従事する人々もそれを認識していた。一九二〇年、〈オートカー〉誌のライターは、中産階級のこうした過敏さに警鐘を鳴らし、野心のある自動車好きは、『ハムレット』でレアティーズ（ハムレットの恋人オフィーリアの兄）にその父ポローニアスが与えた助言に従うべきだと書いていた。

財布が許すかぎり身なりには金をかけろ、
しかし派手にやりすぎるな、贅沢ではあっても、けばけばしくない程度にしろ、装いはしばしばその人物のことを伝えるものだからな……

それゆえ、中産階級に自動車を売る際にはいろいろと複雑な問題があった。メーカーは「技術、美しさ、そのほか、紳士気取りの人間に訴える魅力を備えた」製品を売り、それによって買い手に「真実であれ空想の所産であれ、自分はひとかどの人物なのだとひけらかすチャンス」を与えなければならなかった。中産階級は、車の外観や性能だけでなく、その車が市場でどう売られているのかにも敏感だったからだ。

イギリスの自動車メーカー〈モーリス〉社が一九三一年に〝マイナーSV〟モデルを発表し、価格はたった百ポンド、ということを大々的に宣伝したとき、この車種そのものの売れ行きは非常に悪かったにもかかわらず、ほかのモデルには注文が殺到した。〈モーリス〉社の当時のセールス・マネージャーは、「消費者の嗜好（しこう）を知るよい勉強になりました。百ポンドで買うことができる〝モーリス・マイナー〟が注目を集めたことに疑う余地はありませんが、買い手が実際に欲しがったのは、自分たちがいちばん安い製品を買わなかったということが示せる車だったのです。そして誰もがハッピーになりました、誰だって他人には負けたくないものですから」と語った。

とはいえ、自動車文化はイギリスでも徐々に発展していった。

現代人が《トップ・ギア》（イギリスBBCの人気自動車番組）に熱狂するように、二十世紀初頭の人々もモーターショーに熱い視線を送った。一九〇三年、〈自動車製造販売協会〉がハイドパークの水晶宮で開催した初めての英国モーターショーは、その後、ウエスト・ケンジントンにある見本市会場に場所を移して毎年開かれるようになった。一九三〇年代には年間百万人以上の人々がモーターショーに足を運び、メディアもこれを広く報じた。

多くの自動車専門の記者がモーターショーを取材したが、なかには、一九三一年のショーについて二ページを割いた〈ブリティッシュ・メディカル・ジャーナル〉のような、あまり車とは関係のなさそうなメディアも含まれていた。この医学誌の記者は、ショーで見た〝モーリス・マイナーSV〟や、〈ローバー〉社の新車〝スカラブ〟や、そのほかいくつかの小型車にたいへん感銘を受けた。そして、医療従事者のための自動車として、「これらのベビーカーは、医師の求める必要条件を充分に満たしてくれるに違いない」と推奨していた。

このころには、医師以外の専門職の人々も自動車を個人の移動手段として使うようになっていた。一九三〇年代半ばに実施された調査によると、自動車は「重要な仕事の道具」であり、四〇パーセントの人が通勤のために車を購入していた。幅広いホワイトカラー職種の勤務者が自動車通勤を行なっていて、「会計・保険業務、建築、エンジニアリングや測量コンサルタント……教育、産業・商業関連、法律、芸術、文学、音楽、医学、政治関連、宗教、社会福祉関連」など、さまざまな分野の職業が列記されていた。

もちろん、通勤に車を使う人々のリストには、自動車メーカーや、タイヤなどの関連製造業、そして自動車工場の従業員も加えなければならないだろう。

そのかん、インフラのほうも向上した。一九一三年から一九一六年のあいだに〈グレーター・ロンドン幹線道路会議〉によって策定された壮大な計画が、少しずつ動きだしていた。「ローマ時代を含めてもイングランドで最長となる新しい道路」と謳われた、約六十キロにおよぶサウスエンド幹線道路（現在はA一二七道路と呼ばれている）が、一九二五年三月に開通した。初の都市外周道路となるロンドンの北環状線は、一九二二年に利用開始となり、その十一年後に全道が完成した。現在はA四〇六道路と呼ばれ、その混雑ぶりからロンドンで最も通勤者に嫌われている道ではあるが、一九三〇年代の交通はスムーズに流れていた。

一八四〇年代の初期鉄道通勤者が路線沿いに住んだように、自動車通勤者は新しい道路沿いに住むようになった。サウスエンド幹線道路沿いにあるエセックス州のレインドン村では、一九〇一年の人口が四百一名だったのに対し、一九三一年には四千五百五十二名と、十倍以上に増えた。

半世紀以上前の乗合馬車通勤者の住宅地と同じように（第2章参照）、イギリスの新たな自動車通勤者の住宅地にも不必要に見苦しい家が並び、漫画家で評論家のサー・オズバート・ランカスターはこうした住宅をことのほか嫌った。安っぽい建材と滑稽な装飾、お粗末な造りという組み合わせが特徴の家には、自家用車をおさめる「ほのかにロマネスクの雰囲気を漂わせた」赤煉瓦のガレージがあった。ランカスターの見解では、家はそれ自体がみっともないばかりでなく、周囲の風景に対しても破壊的で、互いが侮辱しあっているようにさえ見えたという――「それら［家］の配置が、最低限の費用でできるだけ広範な田園地帯を確実に破壊している巧妙さを見てほしい。しかも、それぞれの家から隣家の屋外便所がはっきりと見えるような設計になっているのだ」

いつか神がロンドン近郊の通勤者用住宅地に火の雨を降らせてくれないかと願ったチェスタトンのように（第2章参照）、ランカスターも「空爆を期待し」自動車通勤者用の住宅地が早々に消えることを夢想していた。桂冠詩人のジョン・ベチェマンもまた、自動車が招いた田園風景の変化に同様の苦々しさを感じており、一九三七年の詩にこう綴っている。「来たれ、ありがたき爆弾よ、スラウ（ロンドン中心部から西約三二キロの自治区）に落ちよ！／そこはもはや人間のための場所ではない」

最終的にランカスターやベチェマンの望みはかなえられた――イギリスでも自動車通勤が広く行なわれるようになったが、その後十年ほどにわたって、通勤行為そのものが第二次世界大戦によって麻痺（まひ）し、一九四五年までに、ドイツの空爆によってイギリスの住宅の二十万軒以上が失われ、三百五十万軒が損傷を受けたのだ。爆撃はベチェマンが詩にしたスラウにもおよび、新しい道路ばかりでなく、ランカスターが嘆いていた多くの安っぽい家屋も一掃された。

5　中間地域

現代の郊外は自動車社会の産物であり、自動車なしでは存在しえなかった。

——ジョン・B・レイ『アメリカの自動車』一九六五年

アメリカでは第二次世界大戦中もあまり停滞せずに自動車が普及し、住宅地のパターンも大きく変化した。鉄道の発展によって誕生した郊外は、鉄道路線に沿って都市の中心部から周辺の農村部へと広がっていったが、放射線状に伸びる線路と線路のあいだには手つかずの広大な土地が残っていた。自動車通勤者たちは、こうした土地にも夢のマイホームを建てるようになる。彼らはハイウェイから左右に分かれ、鉄道ブームの時代にはまだ農業地帯だった地域に住みはじめた。

ヘンリー・フォードは、デトロイトから十数キロ離れた二千エーカー（約二百五十万坪）の土地を開拓して、そのような移住を可能にした。「都市には望みがない」とフォードは述べた。「都市の問題は都市を離れることで解決する」。一九三九年までに、何百万もの人々が彼のあとに続いた。〈米連邦住宅協会〉のスチュアート・H・モットは、〈アメリカ都市計画協会〉に対し、「分散化が起きている。これは政策の結果ではなく、現実である。この傾向をわれわれが変えられないのは、よりよい場所へ移動しようとする渡り鳥の習性を変えられないのと同じだ」と勧告するほどになった。

自家用車の利用による都市部から未開発地への移住は、第二次世界大戦後に加速していった。国が進める復員者対象の住宅購入プログラムと、郊外建設に対する減税がこの傾向を後押しした。一九四六年から一九五一年のあいだに四百万戸近い新築住宅が建設されたが、大半は自動車通勤を前提として建てられたものだ。この時代の一世帯向け新築住宅の九七パーセントが戸建てで、自動車通勤を象徴するかのように、ほぼすべての家にガレージが備わっていた。

ガレージは、一九二〇年代からアメリカの建築物に登場する。初めは馬小屋と同じく、家屋の裏側に別棟として設けられていた。一九二八年の「住宅建築」というカタログには、馬の代わりに自家用車をおさめる場所を求めたオーナー向けに、多彩なデザインのガレージが数十種類も掲載されていた。

初めてガレージを住居部分と融合させた例は、建築家ノーマン・ベル・ゲッディーズが一九三一年に発表した〝明日の住宅〟という設計だろう。フランク・ロイド・ライト（第3章参照）も、一九三〇年代に設計した郊外住宅にカーポートを組み入れている。やがて住居と融合したガレージやカーポートが標準となり、一九三七年の〈アーキテクチュラル・レコード〉誌には「ガレージは住宅にとって絶対に欠かせない一部となった」と書かれた。まるで自動車も家族の一員で、ほかの家族と同様、部屋をあてがう必要があるかのような表現だった。第二次世界大戦以降、ガレージはいっそう重要なものとみなされ、一九六〇年代までには住宅の三分の一のスペースを占めるようになった。

自動車通勤者用郊外の原型とも言えるのが、ニューヨーク州の〝レヴィットタウン〟で、そこには広い駐車場付きの一戸建てが建ち並んだ。レヴィットタウンは、不動産開発業者のウィリアム・ジェアド・レヴィットが〈フォード〉の大量生産方式を住居の建設に応用した住宅地である。一九四七年から一九五一年にかけて、以前はジャガイモ畑だった敷地に一万七千戸の住宅が建設された。レヴィットタウンの住宅は〝ケープコッド様式〟と呼ばれる一種類に限られ、〈タイム〉誌はこの住宅地をさまざまな特集で扱って称賛し、一九五〇年の「マン・オブ・ザ・イヤー」にレヴィットを選出した。〈ウィークリー・マガジン〉もまた、人口動態に大きな変化が起きていることを察知し、レヴィットタウンを「革命の縮図」と呼び、全米にこれを模倣する街ができるだろうと予測した。レヴィットはこの成功を皮切りに、それから十年以内にペンシルヴェニア州とニュージャージー州にも住宅地を作った（どちらも〝レヴィットタウン〟と呼ばれている）。

一万二千戸の住宅建設が計画された三番目のレヴィットタウンは、「約千二百戸ごとの区画に分けられ、各区画に小学校と児童公園と水泳プール」が造られた。社会学者の草分けであるハーバート・ガンズは、この新たなるフロンティアに住む平均的な自動車通勤者の暮らしを体験してみようと、潜入調査を試みた。彼は百ドルの頭金を払って寝室が四つあるケープコッド様式の住宅を購入し、家族ともどもそこへ移り住んで新住宅の分析を開始した。

ハーバート・ガンズによると、レヴィットタウンに住む人々の多くは自動車通勤をする男性の稼ぎ手に扶養されていた。通勤者は片道平均三十七分かけて職場まで車で通っており、レヴィットタウンに移住してくる前——都市に居住していたとき——の通勤時間よりも短くなったという。ほとんどの住人が新しい通勤スタイルに満足していると述べ、通勤は「疲れる」と感じていたのは、運転時間がかなり長い住人だけだった。カープール方式（隣近所の自家用車を輪番で使用し、相乗りすること）で通勤している人々も、自動車通勤はおおむね楽しいと答えている。

これとは対照的に、バス通勤を余儀なくされていたレヴィットタウンの住人の大多数は、通勤は退屈、あるいは苦痛だと述べていた。

レヴィットタウンの住人たちは、通勤だけでなく地域活動にも意欲的だった。彼らは数多くの活動に「熱心に参加」した。こうした積極性は、自動車を通勤に利用したほかの地域の郊外型住居で暮らす人々のあいだでも認められた。たとえば、シカゴ郊外の住宅地として有名なパーク・フォレストは、地域活動の参加者が突出して多く、アメリカのどの地域社会よりも大量の市民エネルギーが注がれている場所、と言われた。

実際、自動車通勤者用の郊外住宅（あるいは、自動車通勤型郊外）の成長は、アメリカの市民参加活動の黄金時代と時を同じくしている。投票率も、ボーリング・リーグやリトルリーグなどへの参加者数も、一九四〇年代から六〇年代にかけて着々と増えていった（一九六〇年のリトルリーグ・ワールドシリーズではレヴィットタウン・チームが優勝した）。人口動態の変化も有利に作用した。レヴィットタウンや類似の新興住宅地の住民は、「[若さを尊ぶ社会における] 若年層であり、新しい技術職やサービス業でアメリカ経済を変えていく人々」だった。通勤時間を考慮に入れても（多くの人は通勤を娯楽とみなしていた）、自由な時間はふんだんにあり、そうした時間を使って、単なる居住地を共同体（コミュニティ）へと変化させていったのだ。

新しい郊外居住者は第一級の消費者でもあった。安定した職と潤沢な現金を持ち、祖父母の時代には望めなかった借入枠をも手に入れることができた。彼らの家にはテレビ、掃除機、冷蔵庫、トースター、ズボンプレッサー、ヘアアイロン、洗濯機が置かれ、その多くはクレジット払いで購入されていた。店もそうした消費者を追って都市から離れていった。のちに大衆向けのデパート・チェーンとなった〈シアーズ〉は郊外型小売店の先駆けである。一九二五年に、同社の副社長ロバート・E・ウッドは「自動車の登録台数は、もはや都心の駐車場に停めることのできる数より多くなった」と述べ、車でしか行けない人口密度の低い地域に新店舗を作る戦略を進めていった（小売店としてもそこは賃料が安く出店しやすかった）。

同じく自動車でないと行けない場所にある〝デスティネーション・モール〟も郊外住宅地の周辺や内部に登場した。その第一号は一九二三年に開業したカンザスシティの〈カントリー・クラブ・プラザ〉で、いまでもよくにぎわっている。ここには、シンボルとなるスペインのセビリア大聖堂（ヒラルダの塔）の二分の一レプリカや、多彩な商品を扱う店舗とレストラン、それに何千台分もの駐車場が造られた。

これをまねたモールが次々と誕生し、ドライブイン・モールは人々が郊外に住もうとする動機のひとつともなった。それはまた、駐車場のない時代遅れの都市部へ行かなくなる理由がひとつ増えた、ということでもある。すぐ近くにモールができたのなら、わざわざ遠くのデパート〈メイシーズ〉まで行く必要はないだろう。清潔さと安全を強調したことでもモールの特長は注目を集めた。ここで買い物をすれば、街なかのように歩道にいる酔っ払いや物乞いをよけて歩かなくてもすむし、大きな荷物を抱えてバスや電車に乗って帰ったり、配達を待ったりしなくてもよい。その場で自家用車のトランクに荷物を積みこむことができるのだ。

どのレヴィットタウンにもショッピングセンターが造られた。最初のレヴィットタウンにできた〈ショップ・オ・ラマ〉は「ミシシッピ川以東で最大の歩行者専用ショッピングモール」となった。〈ポメロイズ〉〈ウールワース〉〈シアーズ〉といった有名店の支店も入っており、収容台数六千台の駐車場が用意された。ここはまた、単なるショッピングセンターを超えてコミュニティの役割も果たしており、美人コンテストやイースター・パレード、政治集会なども開催される場所となった。一九六〇年にはジョン・F・ケネディがレヴィットタウンの〈ショップ・オ・ラマ〉の駐車場で選挙演説を行なった。民主党支持者の多いレヴィットタウン居住者の票は、その年の大統領選で明らかにケネディの勝利に寄与したと言える。

自動車通勤者に続いて企業も郊外へと移っていった。

商品を郊外にある工場から市場に輸送するにはトラックを使えばいいし、従業員は自家用車で通勤させることができる。一九五四年に〈ゼネラルフーヅ〉がマンハッタンからニューヨークの北、ホワイトプレーンズへ移転して先鞭をつけると、企業移転のトレンドが広がっていった。〈IBM〉〈ペプシコ〉〈テキサコ〉など多くの大企業がこれに続いた。興味深いことに、企業の幹部は自社の郊外移転が決まると、従業員が自家用車で通勤するのは当然のことと考えていたようで、「企業の移転先を決める際、最も重要な決め手となったのは、［CEOの］居宅とカントリー・クラブのある場所だった」という。

アメリカのベビーブーム世代（広義には一九四六年から一九六四年の十八年間に生まれた世代）の多くが自動車通勤型の郊外で育った。父親はアンバサダーやキャデラックやフォードで通勤し、週末には父か母の運転する自家用車に乗り、家族みなで買い物に出かけ、ハンバーガー・チェーン店に寄って持ち帰りの食べ物を買ってからドライブイン・シアターへ行ったりした。

こうした社会の流れは、あらゆる階級のアメリカ人に恩恵をもたらした。賃金は上がり、物価は下がり、工場の組み立てラインで働く労働者も自家用車が買える時代になった。そうして都会から郊外への人口流出は少しずつ進んでいく。一九六三年までには、アメリカの人口の三分の一が郊外に居住するか、勤務するようになっていた。

当時のテレビのホームコメディを見るかぎり（郊外はそんな番組の舞台となり、自動車通勤者は番組の視聴者となった）、郊外住宅地は幸福で健全な場所である。《奥さまは魔女》や《ビーバーちゃん》などの名作ドラマは、レヴィットタウンで予見されていた「革命の縮図」を新たな幸福像として描き、そこに魔法や子どもの要素を加えたものだった。

この時代のファミリー向けアニメ番組も、自動車通勤者用の郊外住宅地とそこに住む核家族を新たな基準として描いており、それに歴史や未来の味付けが施された。《原始家族フリントストーン》シリーズでも《宇宙家族ジェットソン》シリーズでも、主人公は通勤をし、家族を養っている。《原始家族》のフレッド・フリントストーンは石の車輪と木材で組まれた乗り物に乗り、ハンドル操作で運転をして採石場の仕事に出かける。《宇宙家族》のジョージ・ジェットソンは笑顔でスペースカーを運転して空を飛びまわり、息子と娘をそれぞれの学校へ、妻のジェーンをショッピングモールへ送り届けてから、勤め先へと向かう。スペースカーから降りたら、スイッチひとつで車は自動的に折りたたまれ、アタッシュケースにおさまる。これを見るかぎり、二〇六二年には駐車場の問題など存在しないようである。

《宇宙家族ジェットソン》では、自動車通勤にまつわるさまざまな場面が題材にされており、最新モデルを求めてジェットソン夫妻が「最高時速数千マイル、加速能力は弾道ミサイル並み」の新車を購入するエピソードがあったが、これは現実の生活とも呼応していた。当時、新車を買おうとする自動車通勤者には、気が遠くなるほど多彩な選択肢があった。車のデザインや宣伝は、一九五〇年代から六〇年代のあいだにどんどん進化していった。機能よりも見た目が重視され、〝計画的旧式化〟あるいは〝計画的陳腐化〟という業界戦略に基づいて、新奇であることを強調する宣伝が行なわれた。計画的旧式化／陳腐化と聞くと、耐久年数の短い製品を作るように想像されがちだが、実際には、壊れやすくすることではなく、前の型が流行遅れに見えるように作ることを意味している。

この言葉が初めて登場したのは一九二〇年代で、そのころから主要自動車メーカーはどこも、毎年新しいモデルを発売しはじめた。〈ゼネラルモーターズ〉のアルフレッド・P・スローンによると、その年の新モデルにおけるデザイン変更は、「新旧を比べてみると、旧型ではどうしてもある程度の不満が生じてしまうように」意図して行なわれた。

一九五〇年代半ばには、この原則はすっかり自動車市場に浸透していた。たとえば、一九五五年型シボレー・モトラミックのテレビ広告は、「高級感漂うジェット・スムーズな外観が注目の的」と謳い、「単なる新しい車ではありません。これは新しいコンセプトです！　乞うご期待！」と宣伝していた。

一九五八年型フォード発売時の「新しい車が新しい理由」と題するテレビ・コマーシャルは、冒頭六秒間を除けば三秒に一度は「新しい」という言葉を使い、ほとんどすべての単語に「新しい」という言葉を付けていた。「新しいスタイリング、新しいパワー、新しい性能、新しい操作性、新しい乗り心地、新しい走り、すべてが新しい五八年型フォード。世界でこれほど新しいものはありません！」。五八年型フォードの最も新しい点は「マジック・サークル・ステアリング」と呼ばれるもので、「指差しと同じくらい簡単なハンドル操作」が売りだったが、実際は旧型の焼き直しにすぎなかった。宣伝では、これを驚異的な機能、アメリカ最高の頭脳の賜物だと絶賛していた。

競合他社も同じように、特に新しくない機能をあたかも画期的な大発明であるかのように人げさに宣伝したが、誰もそれを恥じなかった。いずれにせよ、彼らは夢を売っていたのだ。

自動車メーカー各社は、外観のデザインばかりでなく、革新的な車内装備においても他社と競争しつつ、より高い市場シェアを求めた。一九五四年、〈ナッシュ・モーターズ〉は旗艦モデルのアンバサダーにエアコンを導入。一九六〇年には乗用車の二〇パーセントにエアコンが装備され、一九六九年にはその割合は五四パーセントにまで上がり、コンバーチブル車もエアコン装備の対象になった。ドライバーは運転中に涼みながら、ラジオを聴き、くつろぐこともできるようになった。世界初の商用カーラジオは一九三〇年発売の〈ガルヴィン〉社の〝モトローラ〟（この製品名がのちにメーカー名ともなる）で、かさばるうえに価格も非常に高かった。だが一九五〇年代にはカーラジオはダッシュボードにおさまるくらいに小型化し、上位モデルの乗用車では標準装備になる。自動車本体と同様、カーラジオも毎年新型が登場していた。

相対的に、効率や実用性よりも夢を見るのにふさわしい自動車が求められたため、一九五〇年代のアメリカではサイズも重量もどんどん大きくなっていった。一九五八年には、フォードの中間サイズの車でも、一九四九年のフルサイズのフォードより大きくなっていた。また、必要以上に高出力になった――自動車を利用する目的の七五パーセント以上が通勤であり、移動距離の九〇パーセントは四十キロ以下だったにもかかわらず、平均的な自動車通勤者が所有する車は四～五リットルのＶ８エンジンを備え、大量のガソリンを消費したため、燃費効率は低下していった。

ほかの業界なら無駄の多い商品の製造は商業的自殺行為であるはずだが、自動車業界は違った。この傾向に反発する運動を起こした同業者は、〈アメリカン・モーターズ〉のジョージ・ロムニーただ一人だった。ロムニーの志向は興味本位で受けとめられ、〈ライフ〉誌では「小型車に賭ける大勝負師」と題したインタビュー記事で採りあげられた。戸惑う記者にロムニーは問いかけた――「体重が五十キロもない女性がドラッグストアでヘアピン一箱を買うために、重さ千八百キロの自動車を運転する必要がありますか?」と。それでも、車は大きければいいというものではないことをアメリカ人に納得させるのに、ロムニーは苦戦した。一九七三年の第一次オイルショックで石油価格が一夜にして四倍に跳ね上がったときまで、燃費効率が求められるようになるという彼の予言は受け入れられず、平均的なアメリカ製自動車の燃費はリットルあたり五・七五キロにまで低下していた。

出力過剰の派手な車と大量生産される住宅で彩られた自動車通勤者の生活を、おぞましいものと見る人々もいないわけではなかった。ジャーナリストから社会評論家に転じたジョン・キーツは、『傲慢な四輪車』という著作で一九五〇年代の自動車メーカーを痛烈に批判した。また、『開かない窓のひび割れ』ではアメリカの現況を延々と嘆き、それに関わる人々を蔑視していた。たとえば、エンジンに比べて小さすぎるタイヤの付いた車を買うやつは愚かだ、そんな車ではカーブを曲がったりブレーキをかけたりするときに横滑りしやすい。車体の大きさに比べて室内空間が狭い車は、しゃれた流線形の外観をしていても基本的に危険である……という具合だ。朝鮮戦争（一九五〇年～一九五三年）の死者数よりも多くのアメリカ人が毎年交通事故で命を落としていても、デトロイトの自動車業界は依然として「スピードと高級感と、セックスと馬力の夢を売っている」つもりでおり、キーツは

「デトロイトは車を売ると同時に安全性を売ろうという気がさらさらない」と批判した。

キーツは自動車通勤型の郊外についても、次のように酷評した。「アメリカの都市の周縁部に建設される空気のきれいなスラム街には、誰でも頭金なしで自分の巣を買うことができる……そこには、年齢や所得や子どもの数、悩み、習慣、会話、服装、所持品、そしてたぶん血液型まで自分にそっくりな人々が住んでいる」

歴史家で社会学者のルイス・マンフォードも手厳しい言葉を並べて、自動車通勤型の郊外を批判した。そこは「樹木のない荒野の集合住宅地に、均一な道に沿って均一な間隔に規則正しく建ち並ぶ、画一的で見分けのつかない大量の家屋の集まりだ。同じ階級で所得も同程度、同じ冷蔵庫から同じ出来合いのまずい料理を食べ、内面も外面もあらゆる点で同じ金型にはまった人々が住む」ところだと述べた。マンフォードは「郊外への脱出をめざした最終結果」は、皮肉にも「脱出不可能な、画一的低級環境」になるだろうと予測した。

さらに、新興郊外住宅地はアメリカが誇る小農地の破壊につながる、という批判もなされた。国民が農村というルーツを失えば、アメリカ国民は覇気を失って軟弱になる、と考えられたのだ。一九五〇年代から六〇年代には、自動車通勤式の生活は人間を弱くするのではないか、という懸念も広がった。一般的なアメリカ人男性の精力が失われつつあると警鐘を鳴らした書物や記事も数多く書かれた。かつてのたくましい独立精神が、郊外生活で消えていくように思われた。反骨精神から誕生した偉大な国にいながら、従業員に調和と服従を求める企業も非難の的となった。たとえば、〈ＩＢＭ〉は従業員の服装規定を設け、推奨されるシャツとネクタイの組み合わせから髪型まで、細かく定めていた。

しかし、自動車通勤型郊外にはそれ以上に深刻な問題があった。アメリカの人口動態と建築物において均一化が進んだことよりももっと重大だったのは、人種差別の復活が助長されたことである。一九六〇年のロングアイランドの〝レヴィットタウン〟には、黒人の住人が一人もいなかった。

人種差別は偶然起きたこともあったが、積極的に推進されることも多かった。開発業者の多くは、宗教や肌の色によって住宅の購入や賃貸を制限する条件を設けた。ユダヤ教徒を拒否した場所もあれば、有色人種を排除したところもあった。そのうえ、人種混合居住地では、白人居住地よりも住宅ローンを組むのが難しかった。最高裁判所としては一九四八年の裁判以来、制限的不動産約款（やっかん）を違法としていたが、現実にはこうした約款は残っていて、さらには〝ブロックバスティング〟という狡猾な手口をとおして人種分離（セグリゲーション）が既成事実化されることもあった。

例を挙げよう。まず悪徳不動産業者が一軒の住宅を黒人世帯に売り、近隣の住宅所有者にその居住区が有色人種たちのゲットーになる、と言いふらす。それを聞いた白人住人はあわてて家を安く売り払って、郊外へ引っ越す。そこで不動産業者は、安く手に入れたその家を転売し、大儲けするのである。

この問題は自動車産業が盛んな都市、デトロイトで深刻になった。自動車メーカーは雇用機会均等を促進しており、地方から多くのアフリカ系アメリカ人が流入してきた。ところが、住宅地に相当数の黒人が移住してから、悪質な〝ブロックバスティング〟を行なう不動産業者が現れ、白人住民が郊外へ移住していった。その結果、デトロイト市の税収が減少するという悪循環に陥ったのである。

　自動車通勤の全盛期に発生したこの問題は現在も解決されていない。二〇一三年七月、デトロイト市は破産申請をした。一九五〇年のピーク時に百八十五万人であったデトロイトの人口は、二〇一三年には七万一千人に減少しており、税収が落ちこんで負債返済不可能に陥った。皮肉なことに、企業も労働者も、自動車による移動性を利用して別の土地へ移っていったのだ。

　ドライバーの観点から見れば、二十世紀半ばにアメリカで自家用車の所有が急拡大したために発生した最大の問題は、渋滞だった。せっかく見栄えのいい車を所有し、テキサスの牧場主にも劣らぬ〝馬力〟を手に入れたというのに、渋滞にはまってしまえば自動車を持つ喜びも半減する。道路には車がひしめき、ラッシュ時のラジオから流れてくる交通情報は、先に待ち受けている苦痛を予告するだけだ。やがて自動車通勤者は自問しはじめる。ほかの車に囲まれて、のろのろと進むしかないのだとしたら、パワー過剰でブレーキの甘い大型車を運転して朝から仕事へ出かけることの楽しみは、いったいどこにあるのかと。

　都市部の渋滞は古代ローマの時代から問題となっていて、当時も馬車と歩行者の動きを規制する勅令が発布されていた。たとえば、ユリウス・カエサル（紀元前一〇〇年～前四四年）は日中、荷馬車がローマ市内に入ることを禁止した。これは中世暗黒時代まで続き、（十七世紀後半から十八世紀にかけての）啓蒙時代には、歩行者と馬車の流れは血液循環にたとえられ、合理的な都市とは「健康な血球のごとく、人々が都市の動脈と静脈内をとどこおりなく流れている街」だとされた。

しかし、十九世紀になるとその血液は固まり、動脈と静脈が馬糞で塞がってきたため、理論的かつ実用的な交通規制が必要になった。最初に実施された具体策はジョン・ピーク・ナイトによる〝交通信号灯〟で、一八六八年にロンドンの交差点に設置された。赤と緑のガス灯で止まれと進めを示すものだったが、使用開始から一カ月で爆発し、これを操作していた警察官も重傷を負ったという逸話が残っている。

　交通計画における次の発明は停止標識だった。一九〇〇年にニューヨーク在住のウィリアム・ヘルプス・イーノによる「道路交通改革の急務」という記事のなかで、ニューヨークの交通整理に役立つものとして提案された。交通量の多い交差点に停止標識を設置することで、路面電車と辻馬車と乗合馬車を一時停止させ、前進する前に確認させるという案だ。この記事は大いに注目され、イーノの提案はニューヨークとロンドンとパリで採用され、彼は交通整理策の生みの親として成功をおさめた。イーノは一方通行の制度も提唱し、交通標識と交通信号灯とも相まって、それらは都市部の渋滞問題を、解消しないまでもコントロールするのに貢献した。

　だが、一九五〇年代ともなると、都市部のみならず、都市部に自動車を送りこんでくる郊外やその奥の地方部も含めて、より抜本的な対策が必要とされるようになってきた。渋滞の解決策は交通規制によるのではなく、都市中心部へ直結する〝新世代スーパーハイウェイ〟の導入によるべきだ、というのが自動車メーカーの総合的な見解だった。アメリカの自動車業界は一九三〇年代以来、政府と国民の支持を得ようと、この働きかけを続けてきた。

一九三九年に開催されたニューヨーク万国博覧会の目玉となった展示アトラクション《フューチュラマ》は、〈ゼネラルモーターズ〉（GM）の出資で造られた一九六〇年のアメリカの未来予想図だった。オートメーション化された都市を縮小した約四千平方メートルの壮大なジオラマだ。ミニチュアの模型（五十万個の建物と百万本の樹木）が並べられ、五万台のミニチュアカーが走っていた。入場者はコンベヤーシステムで運ばれ、十八分間かけて未来社会を鑑賞する。原野と郊外と都市を貫通する十四車線のハイウェイ、さらには、未来的な〝自動無線制御〟システムによって一定の車間距離を維持しながら走りつづける流線形の自動車群を見て、来場者は驚嘆した。

フューチュラマとともに上映された宣伝映画《ニュー・ホライズンズ》では、アメリカ人は各地へ移動するための新たな道路を求めているとして、いま考えれば現実のスーパーハイウェイでも実現不可能だと思われる数と規模の道路を造るよう提案していた。「これこそ、高度に発達した近代的交通システムを中心に再計画されたアメリカの都市です」というナレーションが流れ、カメラは吊り橋から市街地の道路へ向かう空想上の自動車やバスを追っていた。「かつての旧市街地は、緑豊かな道路や摩天楼（まてんろう）や〈GM〉の未来の工場」に変わり、「古い商業区域や好ましくないスラム地区は撤去され、人類は可能なかぎり、古いものを新しいものに置き換える努力を怠りません……」と続く。要するに《ニュー・ホライズンズ》は、新しい道路を設けるには都市の中心部に穴をあけ、一から作り直すしかないと訴えていたのだ。

ニューヨーク万国博覧会で注目されたこのテーマは一九五〇年代に再考され、アメリカでは新しいハイウェイ法が検討された。自動車メーカーは、自動車販売に劣らぬ熱意をもって宣伝活動を行ない、持てる力をすべて注いで政府に働きかけた。〈GM〉は〈全米道路建設業者協会〉を設立し、〈フォード〉は三十分のPR映画を何本も製作しては、地域や州や全米レベルで、これまでより規模が大きく使いやすい道路の建設を後押しするよう呼びかけた。

自動車メーカーは、新たな循環系によって生まれ変わるアメリカの未来像を示すと同時に、視聴者の安全意識にも訴えかけた――道路を増やして拡張すれば、渋滞問題が解消されるばかりでなく、交通事故も減ると主張したのだ。PR映画《アメリカの道路の自由》では、サンフランシスコのベイショア・フリーウェイを紹介し、以前の狭いフリーウェイではたびたび死亡事故が起きていたが、新しく道幅を広げてから事故がなくなったことが示された。

安全性を強調したことは新たなハイウェイ・プログラムの推進につながり、一九五六年には「連邦州間高速道路法」が成立した。これによって、約六万六千キロの道路整備計画が進められ、資金の九割が国家予算でまかなわれた。アメリカの主要な道路が部分的に国有化されたことは、自動車利用、とりわけ自動車通勤というものがアメリカの文化と景観に変化を与えたことのあかしでもある。自動車は人々の主要な移動手段になるとともに、よきにつけ悪しきにつけ、どんな場面でも自動車輸送が可能であることを大前提としたライフスタイルを、アメリカという国に定着させることとなった。

6　山高帽とミニクーパー

昔から通勤という営みが好きだ。このささやかな旅のあらゆる過程が私には喜ばしい。習慣を尊ぶ者にとっては好ましく心地よい規則正しさがあるうえ、穏やかながらも着実に、日常業務という大海へ進水するための船架の役割も果たしてくれる。

——ロアルド・ダール「ギャロッピング・フォックスリー」一九五三年

アメリカでは一九四〇年代から五〇年代に自動車通勤によって景観が作り変えられていったが、イギリスでの変化はもっとゆっくりだった。第二次世界大戦が勃発してガソリンの配給制度が始まり、自動車通勤ができなくなったことがこうした遅れにつながった。公共交通機関を利用した通勤も戦争の影響を受け、四大鉄道会社と〈ロンドン・トランスポート〉（ロンドン旅客運輸）は国の管理下に置かれた。

ロンドン大空襲が始まると、住民を都市部から避難させるため、あるいは爆撃による被害を避けるために、通勤列車の運行も影響を受けた。運休になってもたいていは短期間で復旧したが、何週間も運転中止が続く場合もあった。列車自体も、一等車は廃止され、客車の灯火管制が実施されたので、通勤中に読書を楽しむことはできなくなった。ドイツ軍が侵略してきたとき位置確認のために利用されてはならないと、プラットホームなどに設置されていた駅名標識が撤去された。灯火管制と不規則な運行に加え、標識が消えたことで、長年の通勤客も大いに混乱させられた。

ロンドンの北、ポッターズバーから通勤していた市の女性職員は「困り果てました……愛するロンドンの街で、よそ者になったような気分だったわ」と語った。彼女の通勤路線にあった郊外の駅の大半は外観がそっくりだったため、駅名表示が撤去されたのは照明が暗いことよりも問題だった——何度も乗りすごしたり、手前の駅で降りたりしたようだ。

だが、通勤しなくてはできない仕事があることは政府も認識しており、不要不急の鉄道利用を控えてもらうため、「その旅は本当に必要ですか？」というメッセージが入ったポスター・キャンペーンを開始した。そのポスターのひとつには、犬を連れた裕福そうな身なりの男女が切符売り場の前でためらう姿が描かれていた。大事な仕事をする労働者のためには、有閑階級も道を譲らなければならなかったのだ。

キャンペーンの内容は一九四三年に変更された。そのころには食糧の買い出しにいく主婦たちが列車を使うようになっていたのだが、物資の配分は不安定で、ある地域で何かの品が足りないことがあっても、沿線の別の地域へ行けば手に入ったりした。そこで、必需品を求めて移動するこうした人々を対象に、新たなスローガン「その旅がどうしても必要なら、十時から四時のあいだに」が作られた。

このポスター・キャンペーンと同時に映画館で上映された短いニュース映画では、荷物を持った女性たちが通勤者の流れを妨げている様子が映しだされ、「朝の十時前と午後の四時以降は、大事な仕事をする人たちの通勤時間です。買い物は十時から四時のあいだにすませましょう。ラッシュ時の乗車はお控えください」と呼びかけていた。強制するよりも協力を求めたのは効果的だった。同じシリーズのその後のポスター「列車が遅れようが混雑しようが、気にしやしないさ」は、個人的に不便であっても公共の利益のために我慢する英国民の精神に訴えかけ、これも押しつけがましくなく、好意的に受け入れられた。

政府はまた、〈BBC〉ラジオのドキュメンタリー番組《ジャンクションX》をとおして、なぜ列車の通常運行が困難であるのかを利用者に説明しようと努めた。この番組は、一九四四年のある日の接続駅(ジャンクション)での様子をドラマ化して追い、「戦時中のきわめて困難な状況のなか、イギリス国有鉄道が重要かつ膨大な業務をいかに的確に遂行したか」を示すものだった。

《ジャンクションX》は大衆からも批評家からも評判がよく、一九四四年六月には台本が出版された。当時の〈サンデー・タイムズ〉紙は、「すばらしいラジオ番組だ……偉大なエンターテインメントであると同時に、鉄道員の最高のプロパガンダである」と評した。

冒頭シーンでは、舞台となる鉄道駅の朝のラッシュ時に、ラジオの〝リスナー〟を代表していると思われる二人の通勤者、ミスター・スミスとその友人のミスター・ブラウンが会話をしている——ナレーターはそれを横で聞いているという設定だ。二人は列車が遅れていること、遅れがますますひどくなっていることをこぼし、当局は通勤客が困っていることなんか「ちっとも気にかけてくれない」と嘆く。そこでナレーターは、〝リスナー〟(ミスター・スミス)を駅の薄暗い階段のほうに連れてきて、さらに階上の駅員室へと導く。そこでは路線ごとに列車の動きが監視ならびに調整されており、車両も職員も不足しているなか、管区長が石炭や兵士、物資、そして通勤者の輸送を必死でさばいていた。

管区長　実のところ、状況は厳しいです。操車場はどこもいっぱいですよ。五つの運転区が機関車を待っている状態です。出発の遅れは避けられません——路線によっては運行間隔が詰まりそうです。一運転区だけでも、機関士と機関助手が十五人、車掌が十二人足りません。病欠という報告を受けていますが、人員不足はまさに深刻です。

ナレーター　[顔を寄せ、ひそひそ声で]深刻そのものですね。なにしろ鉄道員が十万人も軍に入隊しているのですから、ミスター・リスナー。

ボイル　上り線のどれかを運休にしてはどうかね?

管区長　[悲しげな笑みを浮かべ]どれを運休にと?

ボイル　三時三十分発はどうだ？
管区長　無理です。あれは機関車用の石炭を運搬することになっているので、運休にしたら操業できなくなってしまいます。
ボイル　しかし、何か手を打たねばならんだろう、フェアバンクくん。四時四十分と、六時十五分と、六時三十五分の列車はどうだ？
管区長　やってみましょう。しかし、それ以上、間引くことになれば、貨物の積み込みのほうを止めていただかなければなりません。
ナレーター　[ひそひそ声で] いま何が問題になっているか、わかりますか？　すでに列車がとどこおっている線路に、波止場や工場や操車場から荷を積んだ貨物列車が入ってくるのです。貨物の積み込みを止めてもらうことさえできれば、対策が講じられるのに……という意味です。
管区長　なんとかならないでしょうか？　三日間ストップしていただければ、一万二千両の貨物車は半分になります。そうすれば少しは楽になるのですが。
ボイル　考えておこう。だが、ほかにできることをすべてやってみてからだ。旅客列車をどれか運休にできないのか？
管区長　それで客から抗議を受けろとおっしゃるのですか？
ボイル　[ややむっとした声で] いいかね、フェアバンクくん！　貨物車はどうしても動かさねばならん。それで待たされる乗客が増えたとしても……やむをえんことだ。
ナレーター　［意地悪く］待たされるって、あなたがたのことですよ、ミスター・リスナー。

あの戦時に、ロンドンの鉄道は健闘したと言えよう。一九四四年には、「一九三八年と比べて、週に約百万人多い乗客を運んだ」と記録されている。だが。その見返りとして待っていたのは一九四七年の国有化だった。

新しい労働党政権は一九四五年、「未来に目を向けよう」という綱領を掲げ、「産業の国有化」を推し進めると宣言した。この政策には「国内輸送手段の国有化」も含まれていて、その理由は「鉄道、道路、航空、運河による輸送サービスの連携は、統合なしには成し遂げられない。また、国有化せずに統合しようとすれば、利益の偏りや独占企業の支配と戦いつづけることになり、他の事業者にとって脅威になると考えられる」ため、とした。

国が鉄道会社を買収したときの条件は、政府に言わせれば充分に手厚く、戦争で被害を受けた線路やぼろぼろの車両、「みすぼらしい駅舎」や「貧相なレストラン」に九億二千七百万ポンドが支払われた。だが、鉄道会社側からすれば没収も同然だった。〈ロンドン・アンド・ノース・イースタン鉄道〉の会長だったサー・ロバート・マシューズによれば、「厚顔無恥のバルバリア海賊（北アフリカ、地中海沿岸を根拠地とした海賊）ですら赤面する」ような買収条件だったようだ。

国有化された直後は、通勤列車にもあまり変化が見られなかった。時刻表はほとんど変わらず、ロゴなどの変更も徐々にしか行なわれなかった。車両のエンブレムもしばらくは元の鉄道会社のものが付けられていて、国有鉄道のしるしである、〝車輪にまがたり、後ろ足で立ち上がったライオンの紋章〟が初めて機関車に登場したのは一九五〇年のことだった（これは一九五六年に別の紋章――王冠の上で車輪を抱えているワイバンの意匠――に変更になった）。

郊外の一部の路線は電化されたが、機関車の大半は一九六〇年代まで蒸気動力だった。だが、インフラの整備状況はひどかった。設備はつねに修理待ちで、輸送時間が長くなる原因ともなった。駅は手つかずで放置されたが、財政難のなか〝新たな都〟を作ろうとしていた労働党政権にとって、駅の整備は優先順位が低い案件とみなされた。

鉄道職員と乗客の関係も変わった。一九四八年一月一日に〈ブリティッシュ・レイルウェイズ〉（英国国鉄）が発足すると、六十三万二千人の従業員は公務員になると同時に、客と対等の立場にもなった。鉄道で働く人々（切符やサンドイッチを売る者、機関士など）と通勤客とのあいだにあった戦前の階級意識は消滅するはずだったが、実際にはなくならなかった。通勤客はあいかわらず階級差があると考えていて、職員が思いどおりに動かないと腹を立てた。国有化後の鉄道職員にはぞんざいな態度が見られ、のちに英国の桂冠詩人ジョン・ベチェマンはこれを風刺する詩を書いた。

職場はディドコット（イングランド南東部の街）の食堂車
乗客を嘲笑うのが私の仕事

私が髪を直しているというのに
性急にドアノブをまわす客がうるさい

通勤客どうしの偏見もまだ根強く残っていた。一等車と三等車の乗客は依然として交わろうとはせず、その場にふさわしくない者は見下された。

一九五〇年代から六〇年代のイギリスにおける鉄道通勤者の一般的なイメージは、虚栄心の強い俗物というより、まじめで尊敬に値する人だった。山高帽（もとは御者や商人の帽子で、イギリスの通勤客がかぶるようになったのは一九四〇年代に入ってからだ）に黒い上着、縞のズボン、片手にブリーフケース、もう片方の手にきっちりとたたんだ傘、という通勤者のイメージは、このころから始まって長く定着した。こうした服装は公務員（通称〝山高帽団〟）と、ロンドンのシティで働くホワイトカラー勤務者の非公式の制服であり、実際に広く着用されていたのは三十年ほどだったが、その後も、しきたりを守ろうとする英国人の象徴として使われた。それと同時に、凡庸さや、社会的通念のために想像力を犠牲にすることの象徴ともなった。アーサー・シーモア・ジョン・テシモンドによる詩「山高帽の男」（一九四七年）でも、哀れな人物として描写されている。

私は誰にも気づかれず、目立つことなく
朝の列車できみの隣の席にいそうな男……

生活に忙しく人生を味わう暇がなく
急ぎ悩むばかりだ。五感を働かせ
じっくり見たり嗅いだり触れたりする時間のない男
あまりに根気よく、あまりに従順で控えめで
淡い望みもめったに抱かぬ男

典型的な通勤者は笑いの対象にもなった。一九六一年の映画《反逆者》では、トニー・ハンコック演ずる山高帽の男が、自分と同じ服装をした通勤客だらけの満員電車のなかで突然アイデンティティの危機に陥り、事務員の仕事を辞して芸術家になろうとする。

一九七〇年代になると、山高帽団はコメディアンや漫画家が揶揄する定番ネタにもなった。《空飛ぶモンティ・パイソン》の冒頭場面では、お決まりの通勤者の服装をした男がおかしな歩き方で〝バカ歩き省〟へと出勤していく。一九七一年のアニメシリーズ《ミスター・ベン》では、通勤者スタイルの主人公が、原始人や甲冑の騎士や宇宙飛行士に変身し、仕事へ出かける代わりに冒険に挑む。

一九七〇年代に通勤者を滑稽に描いた作品のなかで最も有名なものは、一九六七年に放映が始まった連続テレビ番組《レジナルド・ペリンの転落と再生》だろう。各エピソードはどれも、中年の中間管理職ペリンが職場に「十一分遅刻して」来るところから始まる。「ニューマルデン駅の配電盤をアナグマがかじったから」など、いつもありえないような理由で電車が遅れるためだ。回が進むにつれ、

遅刻は十七分に、二十二分にと、遅れる時間もそのばかげた理由もどんどんエスカレートしていく。だが、レジナルド・ペリンがテレビに登場したころ、列車通勤は二十年のあいだに大きく減少していた。旅客鉄道利用者は、ピーク期だった一九五九年の十一億人超から、一九八〇年の約六億五千万人にまで数を減らした。

このように大きく減少したのは、一九六三年と一九六五年に鉄道に関する報告書をまとめたリチャード・ビーチング博士の名に由来する〝ビーチング・カット〟が実施されたためだ。博士はふたつの報告書で、〈ブリティッシュ・レイルウェイズ〉は幹線と主要支線以外の路線を廃止すべきであると勧告した。通勤列車としても利用されていた多くの路線が廃止されたが、〝ビーチングの斧〟がふるわれたのは、主として利用者が少なく収益性の低い地方駅だった。

〝ビーチング・カット〟は国民の怒りを買った。なかには、自分の利用する地方駅がなくなるという目先の不都合を超えた、より大きな問題点を指摘する人々もいた。たとえば、〈ガーディアン〉紙は一九六四年四月、マンチェスターの通勤路線の廃止計画に反対するバーバラ・プレストンの文章を掲載している。「これは本当に、いまここで必要な施策なのでしょうか？　数年後にマンチェスターの交通量がいやおうなく増え、あのとき廃止しなければよかったと後悔しながら、通勤路線の再建に多額の費用を負担することになりはしないでしょうか？」

とはいえ、鉄道利用者が減少した原因は廃線のためだけでなく、自動車利用者が増えたためでもあった。一九四九年には自動車を利用する通勤者はわずか六パーセントで、公共交通機関の利用者は五三パーセント、自転車が約二〇パーセントだったが、一九七九年には、半数以上の人が自動車通勤をするようになっていた。

最も急激に減ったのは、ブルーカラー労働者が利用していた自転車、路面電車、バスなどの交通手段だった。作家のピーター・ベイリーは自分の育った一九五〇年代初めを回想して次のように書いている。「自転車とバスは町の忘れがたい光景を思い起こさせてくれる……一日の終わりに、ペダルをこぎながらいっせいに工場から出てくる大勢の労働者、職場や学校、買い物帰りに行列を作ってバスを待つ人々」。自転車は安価なうえ、それさえあれば公共交通機関の経路から離れた場所に住んでいても通勤ができた。公共交通機関が運行していない時間帯に出勤しなければならないシフト勤務者にとっても自転車は便利な手段で、従業員用に駐輪場を用意している工場も多かった。

ノッティンガム出身の作家アラン・シリトーは、自転車メーカー〈ラレー〉のノッティンガム工場で働いたことがあり、一九五八年に『土曜の夜と日曜の朝』という小説を発表している。この作品は一九六〇年に映画化され、そこには多くの観客になじみのある一場面が登場した——仕事を終えた大勢の工員たちが競いあうように駐輪場へと向かい、次々と工場の門から出ていく光景だ。だが、一九六〇年代になると、イギリスの自転車通勤者の数は三分の一になり、自転車産業は衰退した。五〇年代の絶頂期には百万台にもなった〈ラレー〉の年間販売台数は、一九六二年に半減。しかも、生き残るためには、他のメーカーとの合併を幾度か受け入れざるをえなかった。

道路を自動車や自動二輪車が数多く走るようになり、サイクリングが快適ではなく、危険になったことも販売量の減少につながった。一九四八年に「特殊道路法案」が提出されたとき、国による自転車専用の導入も検討されたが、そうしたインフラ整備は地方自治体に任せることになった。だが、このとき地方は地方なりに、自転車以外に優先すべき公共交通の課題を抱えていた。

自転車とは対照的に、路面電車は通勤者のニーズよりも運営側の都合で消えていった。かつて公営事業の先駆けだった〈ロンドン市議会〉（LCC）の路面電車（第2章参照）は、第二次世界大戦後に国有化された。しかし、電力事業が国有化され、それまでのように低価格で電力を利用できなくなると、維持費も新車両購入費もまかなえず廃線となった。その路線を代替したのはバスだった。

同じパターンがイギリス各地で見られた。マンチェスターもまた、LCCなどと同様、戦前に路面電車をバスに置き換えはじめていた。一九三六年に六〇パーセントだった路面電車の利用者は一九四六年には二一パーセントにまで減少し、一九五〇年には路面電車は廃止され、完全にバスに切り替えられた（その後、一九九二年に一部の路面電車が復活する）。

スコットランドの大都市グラスゴーでは、市営の路面電車がしばらく存続していた。一九五七年にはまだ千二十七両の路面電車が運行しており、「総営業距離は約四百十二キロ、年間利用者数は延べ三億人以上」だった。それも、次の五年間で徐々に減少し、やがて消えていった。一九六二年九月四日、路面電車の最終運行日には、ダルマーノックからコプローヒルまで、二十両の電車が市民に別れを告げた。集まった人々はグラスゴーの人口の約四分の一。軌道に一ペニー硬貨を置いて電車につぶさせ、その日の記念にした人も大勢いた。路面電車は混雑したうえ、むさくるしい乗り物だったが、グラスゴー市民は愛着を感じていたのだ。運賃が安く、本数も多かったので、好みの型の車両に乗ろうと、先に来た電車に乗らず次を待つ者もいた。

路面電車の代わりに導入されたバス路線は、一九五〇年代にイギリスで最も利用された通勤手段となった。通勤のための乗車距離は全般に短かったが、乗車時間は比較的長かった。たとえば、マンチェスターのバス路線の平均距離は約七・五キロで、平均乗車時間は三十分強だった。十九世紀ロンドンの乗合馬車利用者が〈タイムズ〉紙を読む中流階級だったのとは対照的に（第2章参照）、戦後のバス利用者は主として肉体労働者であった。

社会史家のデーヴィッド・キナストンは、バーミンガムの八番路線は「この時代を最もよく象徴するバス路線であることはほぼ間違いない」と述べる。走行地域には多くの工場があったため、人々から〝ワークマンズ・スペシャル〟という通称で呼ばれていた。路線上にガス工場、ビール工場、ソース工場などがあり、「八番バスに乗ると、においで現在地がわかった」と言われた。このバスは非常に混みあい、特に混雑する停留所では車掌を増員し、ラッシュ時に列に並んでいる客に切符を売っていた。車内の状況もむさくるしかった。当時の通勤者の話では、「バスはいつも労働者でいっぱいで、窓の内側は水蒸気で曇り、いまにも水滴となって垂れてきそうだった。ロンドンのスモッグさながらに煙草の煙が立ちこめ、おまけにいつもとてつもなく寒かった」

路面電車のあとを追うように、バスの全盛期もやがて終わった。一九六五年には延べ四億一千九百万人だったグラスゴーのバス利用者は、一九七〇年には二億六千四百万人に減った。イギリス全国の路線バス利用者数も同様で、一九五五年の延べ百五十五億人に対し、一九七五年には七十五億人にまで半減した。その主な要因は、自家用車の普及だった。

第二次世界大戦が終わったころ、その後の二十年でイギリスの主要な通勤手段が自動車になるとはほとんど誰にも想像できなかった。一九四〇年代には、イギリスの市民が車を運転して仕事に行く機会はまださほど増えなかった。多くの自動車が国内で製造されていたが、ほとんどが輸出用で、新車を買いたい客は入荷まで一年から二年半、待たなければならなかった。

一九四八年には戦後初のモーターショーが開催されたが、〈デイリー・エクスプレス〉紙はこれを「史上最大の〝お手を触れないでください〟展覧会」と呼んだ。それでも五十万人以上が会場に集まったのだから、たとえ満たされなかったにせよ、国内需要がいかに高かったのかがわかるだろう。イギリスはアメリカにつぐ世界第二の自動車輸出国だったが、国内の自動車台数は一九五〇年になるまで戦前よりも少なかった。

運よく自動車を手に入れた人々も、通勤に利用することはできなかった。ガソリンの配給制は一九五〇年まで続き、その量では週に五日、職場と往復するのには不充分だったからだ。配給制が廃止された一九五〇年五月二十六日、ドライバーたちは大喜びで配給手帳を破り捨て、最寄りのガソリンスタンドへと殺到した。この日は〝ガソリン勝利の日〟と呼ばれ、ガソリンの流通が産業や商業活動のみならず、地域生活にとっても画期的な効果をもたらすだろうと期待された。実際、そのとおりになった。それから八年でイギリス国内の自動車台数は四倍に増え、自動車通勤者の数は三倍になった。

自家用車の所有が急増した大きな要因のひとつは収入の上昇である。ハロルド・マクミラン首相は、一九五七年、ベッドフォードで開催された保守党集会で「多くの国民がこれほど豊かであったことはかつてなかった」と述べたが、それは事実だった。実質所得は一九五〇年代に三〇パーセント近く上昇し、六〇年代にはさらに二〇パーセント上がった。クレジットなどの信用販売も爆発的に増加した。自動車を買える人が増えただけでなく、自動車の実質価格と維持費も安くなった。ガソリン価格も、一九五六年後半から五七年初頭のスエズ危機の際の高騰時を除けば、一九五三年から七三年まで、下がりつづけていた。

第二の要因は利便性だ。自動車は公共交通機関の比にならないほど自由がきいた。一九五〇年代のグラスゴーの通勤者は自動車の魅力をこう語った。「自動車を買ったのは……通勤がとてもたいへんだったからです。公共交通機関を使うなら、バス、地下鉄、そしてまたバスと乗り換えなければなりません……とても便利とは言えないので、お金を貯めて自動車を買いましたよ」

イギリス文化における意識や態度の変化も、自動車通勤を選択する際に影響を与えた。それまで中流層が抱いていた、あまり安っぽくもなく派手にも見えない車を選びたいという考え方（第4章参照）は、一九五〇年代にはなくなっていた（ただし、一九七〇年代と八〇年代には、社用車の税額控除などの影響でこうした意識が一部復活し、自動車のメーカーやモデルで企業幹部の地位が見分けられた）。

この時代のイギリスの新たな価値観は、かなり前から自動車が文化の象徴になっていたアメリカのように、大きさとスタイルと新奇性を重視する価値観とも違っていた。たとえば、一九五六年のジャガー・マークⅦ・Mサルーンは企業の重役が通勤に使うような車だったが、アメリカで人気が高かったフォード・エドセル・コルセアよりも全長が約五十センチ短く、約三百キロ軽かった。イギリスの平均的な自動車であるモーリス・オックスフォードは、このジャガー車よりさらに約六十センチ、一九五九年に登場した〝ミニ〟は約一メートル短かった。ミニは「ハッピーになるのに大きな車はいらない」という宣伝コピーでイギリスの自動車購買層の心をつかんだ。

イギリス車にこだわりがあるとすれば、スピードだった。ジャガーのデザイン理念は「優美さ、広さ、速さ」だった。ジャガー・マークⅦ・Mサルーンは一九五六年のモンテカルロ・ラリーで優勝している。ル・マン耐久レースでは、一九五一年、五三年、五五年、五六年、五七年にジャガー車が優勝した。ミニの初代モデルでも時速は約百十二キロ、スポーツ・モデルのミニクーパーは最高時速が約百三十三キロだった。ミニクーパーSは一九六四年、六五年、六七年のモンテカルロ・ラリーで優勝した。

レーシング・ドライバーのスターリング・モスやマイク・ホーソーンはイギリスの国民的ヒーローになり、モスは「外国車で勝つより、英国の車で栄誉の敗北を喫するほうがいい」と言った。

イギリスで自動車通勤を始めた人々もスピードに憧れたが、通勤者の数が増えるにつれゆっくりとしか走ることができなくなっていった。道路交通量の調査報告書によると、イギリスの四百六十七カ所で測定された「機械推進車両」の毎時通過台数は、一九三五年には平均十一台だったが、一九五四年には平均百五十九台に増えていた。これに対し、道路のほうは、一九二〇代年から三〇年代の幹線道路計画以来、さして進歩していなかった。保守党政権も労働党政権も委員会を設立し、新しいインフラ整備に関する法案について議論をしていた。だが、ほとんど進まないまま数十年が過ぎ、一九五六年になってようやく、一九四九年制定の「特殊道路法」に基づく自動車道の建設が始まった。

まず、プレストン・バイパス（ランカシャー州にある、イギリス初のフル規格の高速道路）が完成した。この道路はのちにM6高速道路に組みこまれることになる。次に作られたのはM1高速道路で、ワトフォードとラグビーをつなぐ最初の区間が一九五九年十一月に開通したとき、メディアは熱狂し、政府のプレスリリースでは「この道路はわれわれの通念を超えるほど大きく、大自然をすら小さく見せてしまう」と大絶賛された。ジャーナリストたちも開通を祝い、こぞって高速走行をした。

報道陣からは称賛されたものの、M1高速道路は一般の通勤者が悩まされていた渋滞の解消には結びつかなかった。ロンドンの環状道路を拡張および改良するという一九四四年策定の計画――一定の区間でラッシュ時の大型車両の通行を制限し、通勤用のルートを確保することなど――は二十年間棚上げにされた。自動車通勤者の苦痛は、見て見ぬふりをされているかのようだった。

対策が練られたのは、一九六三年にサー・コリン・ブキャナン教授が「都市の自動車交通」という報告書を発表してからである。この調査と報告書を依頼した運輸大臣アーネスト・マープルズは、以前、ビーチング博士を登用し鉄道の路線廃止を進めさせた張本人だった。土地開発と土木業で財をなしたマープルズは、古い鉄道よりも新設の道路建設で多大な利益が得られる立場にあり、ブキャナン教授の報告書「都市の自動車交通」はそれを後押しした。イギリスでは初めて、自家用車の保有が急増したことが都市計画の重要な前提要素として考慮されるようになったのだ。

「都市の自動車交通」は、イギリスが自動車通勤の現実に対応できなければどんな惨状を招くことになるのかを予想し、「対策を講じなければ、自動車の実用性が裏目に出て、生活環境を破滅的に悪化させることになるだろう」と報告している。渋滞が解消されなければ、自動車利用者も都市部の歩行者も不便をこうむり、現代の必需品として自家用車を持ちたいと望む国民は失望するはずだ、と警告を発した。そこでブキャナン教授の提案した解決策は、都市部を囲むように環状道路を建設し、その内側への自動車の乗り入れを制限するものだった。「苦渋の選択ではあるが、自動車の通行を計画的に制限することは避けて通れない道だ」とされた。

ブキャナン教授は調査の一環でカリフォルニアとテキサスを視察している。「アメリカの高速道路政策は、この広い国家においてでさえ、交通の流れを円滑にすることを最優先とした冷徹な施策によって初めて成功したのである。一方、英国の都市は建物が密集しているのみならず、長い歴史を背負っているため、そこにアメリカと同じ規模の自動車道を通そうとすれば、多くの保存すべきものを必然的に破壊してしまうだろう」と結論づけた。都市を壊して造り直すのではなく、中心部は歩行者専用にし、周囲に環状道路を設けて〝パーク・アンド・ライド方式〟にするほうがよいと提言した。

こうして、長く放置されたままだった「南北環状道路計画」や、五つの環状道路の建設を提案した一九四四年の「グレーター・ロンドン計画」が見直されることになった。さらに、一九六四年と六六年のロンドン交通量調査の結果に基づき、一九七一年と八一年の自動車交通パターンはどのようになっているかを予想し、新たに十種類のロンドン環状線建設計画も策定された。これらの計画は絞りこまれて、一九七三年に北部の第三環状道路と南部の第四環状道路の建設が始まった。このふたつの道路をつないで、ロンドンを一周する〝環状線M25〟にするという決定を下したのは、労働党の環境相アンソニー・クロスランドで、一九七四年のことだった。クロスランドは、社会的流動性を確保するために道路はきわめて重要であると述べ、自動車の保有を推進しようとしていた。

M25が開通するまでにはさらに十二年の歳月を要したが、開通時の首相マーガレット・サッチャーはこれを「土木事業の偉大なる業績」と評価した。都市部への通勤が可能になったM25周辺地域は住宅価格が高騰したが、そのM25も、ほどなくして〝渋滞〟の代名詞となったのである。

7　二輪は最高

虎を起こすには長い棒を使え。

——毛沢東

イギリスと同じく西ヨーロッパでも、自動車は他の交通手段を犠牲にしながら第二次世界大戦後に広まっていったが、その進み具合は国によって異なった。

イタリアでは戦争でインフラが破壊されたため、米国のマーシャル・プラン（欧州復興計画）によって道路と鉄道が復興するまでは自転車が主要な通勤手段だった。労働者にとって自転車がいかに重要だったかは、映画《自転車泥棒》（一九四八年）でもはっきりと描かれていた。主人公アントニオは妻と幼い息子を抱え、職を探している。ポスター貼りの仕事を得るため、妻にシーツを質入れさせて仕事に必要な自転車を質屋から取り戻すが、その自転車が盗まれてしまった。ローマの街のあちこちを探しまわるも、盗人には逃げられ、警察もまともに相手にしてくれない。やがてアントニオは自分も自転車を盗もうかと悩むようになる……。この作品にはバスも登場するが、圧倒的に自転車の数が多く、市街地のバスは魚の群れのなかを泳ぐ鯨（くじら）のように見えた。

しかし《自転車泥棒》は公開からわずか数年で過去の時代のものとなった。ローマの通勤手段が自転車からモータースクーターに変わったからだ。

モータースクーターは一九四六年、エンリコ・ピアッジオによってローマの街にもたらされた。ピアッジオは、第二次世界大戦の余波のなか、安価な個人用の乗り物が必要になると予見し、航空技師コラディノ・ダスカーニョとともに、「泥除け、ならびにあらゆる機械部品を包みこむボンネットを車体に備えたモーターサイクル」を考案する。〈ピアッジオ〉社の初代生産モデル〝ヴェスパ〟が、〈ローマ・ゴルフ・クラブ〉で発表されたときは好奇の目で見られたものの、路上テストは上々で、一九四八年には年間二万台も生産された。ヴェスパのフェアリング（空気抵抗を減らすために前面にかぶせる覆い）は乗り手を風や泥やエンジン・オイルから守ってくれたので、都市での通勤には理想的だった。主な購買層はホワイトカラーの勤務者で、彼らはヴェスパのおかげで、自転車をこぐ重労働からも時間の不規則なバスを利用する不便さからも解放された。年間販売台数は一九五〇年に六万台、一九五三年には十七万一千台へと急増し、一九五六年には、世界中で百万台のヴェスパが走るようになった。

一九五〇年からはドイツでヴェスパのライセンス生産が始まり、以後、イギリスなど他の欧州諸国でも製造されるようになった。〈タイムズ〉紙は、「古代ローマの二輪戦車以来の、まさにイタリア的な製品」と評した。アメリカでは、一九五三年に映画《ローマの休日》が公開されてから、ヴェスパは円形闘技場（コロッセウム）と並ぶローマの街の象徴になった。この映画では、グレゴリー・ペックとオードリー・ヘプバーンが恋に落ち、〈ピアッジオ〉のヴェスパ１２５に二人乗りをするシーンが描かれていた。映画のおかげでヴェスパは売上を十万台伸ばしたと言われるが、そのほとんどは娯楽用というより、実用的な移動手段として購入された。

　移動手段の有無は就業機会を左右し、ヴェスパを持っているかどうかで、いい仕事が得られるか、仕事にあぶれるかの分かれ道ともなった。自転車のときと同じく、イタリア人はスクーターを買うために金を貯め、借金をし、代わりの品を質入れすることもあった。ヴェスパの成功を見て、これを模倣する製品も登場し、一九五二年にミラノの〈ランブレッタ〉社が販売した同名のスクーターの台数はローマの〈ピアッジオ〉に並ぶほどだった。

　そのかんイタリア経済は輝かしい成長を遂げ、一九五〇年から一九六〇年のあいだに国内総生産は倍増した。自動車も小型車なら人々の手に届くようになり、自動車メーカーも通勤者をターゲットとする車種の生産に力を注いだ。

　イギリスの代表的な自動車〝ミニ〟よりもさらに小さく、やがてイタリア文化の象徴にまでなった〝フィアット５００〟は、一九五〇年代後半のイタリア人労働者が乗る典型的な車となった。ミニと同じく「乳母車のように、ちょっと置いておける」大きさで、古いイタリアの街の細い道を走るのに都合がよかった。フィアット５００は一九五六年には五十万台が生産された。それ以来、イタリアの鉄道が復興しても、通勤手段としての自動車の人気は高く、人々は自転車やスクーターやバスから自動車に乗り換えようとした。一九七五年にはイタリアの六六パーセントの世帯が自家用車を所有し、その比率は北部のトリノ、ミラノ、ジェノヴァの三都市を結ぶ〝工業三角地帯〟ではその比率はさらに高くなっていた。

イタリア以上に自動車通勤が急激に発達したのが第二次世界大戦後のドイツである。ドイツは最初、イタリアから製品とデザインを輸入していた。しかし一九五四年に、それまでは主にオートバイや高速爆撃機のエンジンを製造していた〈ＢＭＷ〉社が、イソ・イセッタという、フィアット５００よりさらに小さい自動車の製造権を購入した。一九五〇年代の終わりになると、ドイツの勢いはイタリアをしのぐようになる。さらに、ドイツの貿易収支を改善し、ドイツを自動車大国にすることを目的として、ナチの高速道路(アウトバーン)建設と自動車の大量生産計画が復活した。既存の道路は修復され、一九四三年（戦時中）から未完成のままだった道路が完成し、新たなルートも建設された。

一方、ドイツの自動車製造業界は、イタリア小型車の複製製造からフルサイズの乗用車生産へと進歩していった。一九四五年、イギリスの自動車メーカー〈モーリス〉が戦争で被害を受けた〈フォルクスワーゲン〉の工場を格安で購入する機会を退けると、ドイツは国をあげてこれらの工場の立て直しに臨んだ。その努力が実り、〈フォルクスワーゲン〉の被災工場は一九五〇年までに一大工場に成長し、年間十万台近く――〈モーリス〉の主力車売上台数の二倍以上――の自動車を製造するようになった。

そんな成長の陰で撤廃されたものもあった。たとえば、フランクフルトは第二次世界大戦後、自動車を利用しやすい街にすることを目標として再建され、中心部までアウトバーンを通し、それまであった建物を壊して立体駐車場を建設した。フランクフルトの都市計画者は「線路のない市街地」をめざしており、古い路面電車は廃止された。こうした計画はドイツの自動車産業の力によって支えられ、一九八〇年代に〈緑の党〉がドイツ政界で発言権を獲得するよりも前に、自国産の車を高速で運転し都市部まで通勤する、といった自由を尊ぶ風潮が浸透していた。

西側諸国が通勤を人類の進歩に不可欠な営みであると考え、さまざまな手段や形態を模索していったのとは対照的に、共産主義諸国は通勤には懐疑的で、第二次世界大戦以前も、戦後の数十年間も、ほとんどそのための整備が行なわれなかった。一九四〇年代後半、いわゆる〝鉄のカーテン〟がおろされたころ、ソヴィエト連邦には自動車を所有する人どころか、自動車で移動する人もあまりいなかった。

確かに、二十世紀初頭、社会主義体制が始まったころのほうが、むしろ自動車普及への展望は明るかった。ボリシェヴィキ（ロシア共産党の前身）は自動車を社会主義共和国の名にふさわしいものと考え、アメリカに視察団を送って自動車と道路状況を調査させていた。

視察を行なった背景には、ソヴィエトは自動車と道路のどちらを先に開発すべきか、というジレンマがあった。一九二二年にソヴィエト社会主義共和国連邦となる以前から、「ロシアに道はない、あるのは方角だけだ」という格言があった。そのような状況で、果たして自動車交通を発展させることができるのだろうか？　全米を視察してまわったボリシェヴィキの高官ワレリアン・オシンスキーはそう問いかけた。オシンスキーは一九二七年、ソ連共産党の中央機関紙〈プラウダ〉に連載記事「アメリカの自動車か、ロシアの荷馬車か？」を書き、ソ連はアメリカにならって、自動車の大量生産と新たな道路網の建設の両方を進めるべきだと論じた。アメリカでは自動車が数多く走っており、ハイウェイも整備されていた。オシンスキーによると、アラバマ州は「ロシアにそっくりで、ロシアよりロシアらしく、タンボフ（モスクワの南東四八〇キロのところにある州）の田舎より辺鄙（へんぴ）なところ」なのに、農夫は一人残らず、ときにはその妻さえも自動車を持っていた。

結局、道路問題への対策は各地方レベルの強制労働に委ねられ、自動車普及対策のほうは、プロパガンダと工場建設計画によって進められることになった。

自動車事業推進のためには、実質的に政府が主導する〈自動車道協会〉が設立されて宣伝活動を担った。一九二八年に創刊された〈自動車道協会〉の機関誌〈ザ・ルレム〉では、自動車製造分野でソ連がいかに資本主義国家におくれをとっているか、というテーマが特集された。当時イギリスの乗用車台数が約百万台、アメリカは二千二百万台だったのに対し、ソ連はわずか二万台だった。母なるロシアとその衛星国は道路整備もお粗末で、人口一万人あたりの自動車道はアメリカが四百五十キロであったのに対し、ソ連はたった一・七キロだった。こんな現状に甘んじていていいはずがなかった。

車両台数不足への対策として、〈フォード・モーター・カンパニー〉との共同事業が立ち上げられた。マルクス主義者の多くは、ヘンリー・フォード方式を「労働者にやりがいのある仕事と多くの余暇を与える生産合理化技術」であると解釈し、公然と称揚していた。一九二九年、ソヴィエト連邦は〈フォード〉と契約を結び、同社からノウハウの提供と巨大工場建設の支援を受けた。工場の建設地はモスクワの東、ヴォルガ川沿岸の工業都市ニジニ・ノヴゴロドの郊外で、ここを共産圏のデトロイトにしようという計画だった。

〈ニジニ・ノヴゴロド自動車工場〉（NAZ）は一九三二年一月に操業を開始し、フォード・モデルAを〝NAZ‐A〟というブランド名で製造した。同工場で働いたアメリカ人によると、プロジェクト開始時にはこの〝ヴォルガ川沿いのデトロイト〟に正式な道路というものはなかった。最初に造られたのは「郊外に建設されたソ連初のコンクリートの道路」で、これは工場の生産ラインの最後尾につながっていた。だが、〈NAZ〉の生産台数は最初の五年間でやっと十万台で、〈フォード〉から見ればまだ一九一〇年代のレベルだった。

〈フォード〉はモスクワの〈KIM〉工場の建設も支援した。ここは〈共産主義青年インターナショナル〉の頭文字を冠した工場で、〈NAZ〉と同じようにモデルAを自社ブランド名で製造しはじめた。一九四〇年、〈KIM〉は独自設計のKIM10‐50を導入したが、五百台しか完成させられないうちにソ連は第二次世界大戦に参戦する。その時点では、ソ連の自動車産業はさほど進んでおらず、自動車通勤はほとんど行なわれていなかった。自動車がなく道路もないのだから、自動車通勤者もいない、ということだ。マルクスの思想も〝通勤〟にまではおよばず、マルクスの後継者たちも、労働者の移動力にほとんど価値を見いだしていなかったため、通勤者は見過ごされる傾向にあった。

終戦後、ソ連の乗用車生産が再開し、〝ヴォルガ〟がソ連を代表する車になった。特に速くはなかったが、寒冷地の悪路に強く、品薄で高価格でなければ、通勤に適した車になっただろう。十八歳以上なら誰でも新車を注文する資格はあったが、ヴォルガの価格は平均年収の六倍もするうえ、入荷までに八年から十年待たなければならなかった。確かに、一九五〇年代から六〇年代、ソ連で自動車通勤ができたのはエリートたちに限られていた。国際的に評価の高い芸術家やオリンピック・チャンピオン、軍部や党の幹部、そして、優秀な炭鉱労働者の名にちなんで〝スタハノフ労働者〟と呼ばれた模範勤労者だけが、順番待ちをせずに新車を手に入れることができた。

一般の労働者は中古車でもなかなか買うことができなかった。一度ヴォルガを手に入れた者はそれを売ろうとはしなかったし、売るとしても、専門家委員会が車を評価して価格を設定するオフィシャル・センターを通す必要があった。購入希望者はセンターに登録し、センターの幹部が希望者のなかから、購入が許される幸運な一人を選出するのだ。新車でも中古車でも一部の階級が優遇されたので、結局、大多数の人には自動車購入の機会は閉ざされていた。一般の労働者が自動車を手に入れる可能性のある最も現実的な手段は、現金や自動車を景品にした宝くじにあたることだっただろう。

幸運にも車を所有できた一部の人が自動車通勤をしようとすれば、さらに別の難問に直面した。ガソリンスタンドはその数がきわめて少なかったうえ、しばしばガソリンを切らしていたので、売るよりも断らなければならない場合のほうが多かった。一九六三年、モスクワには七万台の自動車があったが（一九一三年のニューヨークの自動車台数と同程度）、公認のガソリンスタンドは八カ所しかなく、いつもどれかが休業中なのだ。通勤に必要なガソリンを手に入れるために、勤務地との往復よりも長い距離を走らなければならないことも珍しくなかった。

　自動車の所有者は盗難にも悩まされた。スペア・パーツが出回ることはまれだったので、自家用車の部品はよく狙われた。ワイパーは所有者が取りはずして職場に置いておかないと、仕事を終えて帰宅するときには盗まれているかもしれなかった。さらには気候の問題もあった。公共交通機関に使用される道路以外の道は、冬になると何カ月も雪と氷で通れなくなるため、自動車通勤ができる季節は限られていた。

　自動車通勤にはこのようなさまざまな難題があったため、ソ連で交通渋滞が発生することはほとんどなかった。一九六〇年にはモスクワで最初の環状道路が造られたが、それから十年間、道路は閑散としていた。当時の写真を見ると、要人を乗せた風変わりな車上パレードや、トラック連隊などは写っているが、個人の乗用車はほとんど走っていなかった。一九七〇年のソヴィエトの自家用車所有率は五十世帯につき一世帯で、これはアフリカのコートジボワールや南太平洋のクック諸島におけるのと同水準だった。

　ソ連で通勤をするには自動車より公共交通機関を利用するほうが便利だった。ソ連は主要な国家事業に力を入れ、その先陣を切ったモスクワ地下鉄は、広々としたプラットホームと宮殿のような駅舎を特徴とし、大量の労働者を移動させることにかけては資本主義国家に負けないことを誇示しようとしていた。

スターリンの第二次五カ年計画の目玉だったモスクワ地下鉄は一九三五年に開業した。建設工事では大勢の作業員が命を落としたが、開通時には国をあげて彼らの功績を称えた。当時のモスクワ地下鉄は全長わずか十キロ余りで、速度もロンドンの地下鉄より遅かったが、広大なコンコースは国威を知らしめるプロパガンダの役割を充分に果たしていた。指導的な共産主義信奉者たちはモスクワ地下鉄を「新しい人間を形成するための壮大な学校」にしようと、円天井（まる）や大理石の床、ロココ調の巨大な鏡や、皇帝の舞踏場にでも似合いそうなシャンデリアなどによって、一般庶民の通勤者を鼓舞していたのである。

モスクワ地下鉄は第二次世界大戦後に拡張され、一九五二年には全長五十キロになり、一九六四年には百キロ以上に伸び、七十二の駅を擁（よう）していた。モスクワ以外でも、人口百万人以上の都市を対象に、ゆっくりとではあるが地下鉄建設が進められていった。まず一九四一年にレニングラードで建設工事が始まり、一九五五年に九・四キロの最初の路線が開通した。一方、キエフでは、一九四九年から一九六〇年までの十一年をかけて建設された地下鉄は、わずか五・二キロであった。

充分とは言えない地下鉄交通を補ったのが、路面電車やトロリーバス、鉄道だった。路面電車とトロリーバスは短距離移動を担い、鉄道は——構想としては——すべての市民の移動範囲をはるか遠くまで広げるものだった。西側諸国では縮小に向かっていた鉄道だが、ソ連では成長を続けていた。一九六〇年代、イギリスの鉄道がビーチング・カット（第6章参照）で何千キロもの路線を廃止していたころ、ソ連の鉄道は総延長距離を毎年五百キロ近く伸ばしていた。ただし、これらのほとんどは旅客輸送より貨物輸送を目的としていた。

そもそもソ連では、通勤から連想されるような移動の自由は奨励されていなかった。工場は原野に建てられ、その周辺に高層住宅が用意され、そこから労働者を職場まで運ぶ専用の輸送システムが整備された。そのため、通勤と持ち家の相関関係も発生せず、通勤途上の中間地域や郊外にイギリスのサービトン（第2章参照）やアメリカのレヴィットタウン（第5章参照）のような建売住宅地が造られたり、投機的な開発が行なわれたりすることもなかった。完全無欠であるべき共和国において、国が定めた場所以外に住む必要などなかったのである。

ソ連は通勤の実施という点においては西側諸国におくれをとっていたが、理論的研究では先を行っていた。ソ連の輸送計画者たちは、公共交通機関を利用する乗客には充分な空間が必要だと考え、最低でも一人あたり七分の一平方メートルという基準を定めた。また、通勤にどれくらいの時間がとられると労働力が低下しはじめるかについても調査し、望ましい通勤時間の標準は、中規模都市で三十～四十分以内、大都市では一時間以内とした。それを超えると、十分長くなるごとに生産効率が二・五～三・五パーセントずつ低下すると試算した。

通勤の自由は正式には認められず、設備も整っていなかったが、ソ連の「大停滞期」（一九六四年～一九八五年）の最後の十年間には、徐々に通勤が始まった。小都市を中心に、移動の自由を許可された労働者が現われたのだ。彼らは「さほど技能が必要とされない、低賃金職の若年・未熟練労働者」に分類され、共産主義経済によって冷戦に勝利しようとするソ連の〝最後のあがき〟のような局面で、黙々と働いていた。

国がこうした労働者に移動を認めたのは、都市部に新しい高層住宅を建設するより通勤のほうが安上がりだったからである。「居住地を移す代わりに通勤させること」は政府の方針となったが、これは食糧難対策のひとつでもあった。ソ連の体制が終焉を迎える寸前の激震時、食糧難が広まるなかで、通勤を許可せず国営工場で悠長に粗悪な自動車を作らせるよりも、畑で蕪を育てさせるほうが理にかなっていたのだ。一九八〇年代初頭、農業共同体が肉体労働者に支払う賃金は自動車工場の賃金を上まわり、ソ連における通勤は独自のスタイルをとろうとしていた。都市部に居住する労働者が農村部で働く、という一種の逆方向通勤である。かつて、社会主義が約束した理想に惹かれて都市部へと移住してきた農民の子孫は、このころには副業として農業をするようになった。

だが、それも長くは続かなかった。一九九一年にソ連が各構成共和国に解体され、その一部に市場経済が導入されるや、〝通勤〟が堂々と行なわれるようになる。一九九五年のスターリンの環状道路は、職場や会議場へ向かう〝資本主義転向者〟たちを乗せた、防弾仕様のリムジンなどの高級車でいっぱいになった。

共産主義者はどこの国でも、移動の自由と、とりわけ通勤を忌み嫌ったようだ。毛沢東時代の中華人民共和国でもこのふたつは許されず、通勤も二輪車での移動に限られていた。中国が第一次五カ年計画（一九五三年～一九五七年）で力を入れたのは、壮大な地下鉄建設ではなく、自転車工場だった。北京の市街地では、自転車を通行させるために路面電車が撤去された。

一九五三年には北京に地下鉄を建設する計画が進められた。だが、その後の「大躍進政策」（一九五八年～一九六一年）によって経済の慣習もイデオロギーに支配されるようになると、地下鉄を建設しようという意欲も財源もなくなり、この計画は中断された。

結局、工事が始まったのは一九六五年になってからのことで、最初の二十一キロが開通したのは一九六九年の十月一日だった。これは建て前上、建国二十周年（中華人民共和国は一九四九年十月一日に誕生した）の祝いとして、中国共産党から人民に贈られたものだが、国民の大多数は利用することなどできなかった。地下鉄の切符を買うには身分証明証を見せて質問に答えなければならず、そんな状態は一九八一年まで続いた。

自家用車による個人輸送も遅々として前進しなかった。中国が初めて国産乗用車を作ったのは一九五八年だ。一九五五年型クライスラーをベースにした〝紅旗（ホンチー）〟と呼ばれるセダン車で、V8エンジンを搭載、ラップアラウンド・ウィンドシールド（サイドまで大きく巻き込んだタイプのフロントガラス）と、中国の扇（おうぎ）をイメージしたクロームバンパーが特徴的だった。党幹部や訪中要人のために作られた自動車で、一般人は目にすることすらなかった。

このような状況では、普通の中国人が仕事場へ出かけるための現実的な手段は、徒歩を除けば自転車しかなかった。だが、自転車の購入や利用には許可が必要で、その許可を得るにも、模範的な共産主義者にならなければならなかった。

誰もが欲しがった〝飛鴿(フライングピジョン)〟という自転車は、価格が賃金の二カ月分で、三年待ちだった。シングルギア、大きな車輪、操作の単純なブレーキを備え、身体を起こした姿勢で乗ることができ、色は黒だけだった。フライングピジョンは一九五〇年に誕生して以来、少なくとも五億台が生産され、車輪付きの乗り物としては史上最も多く売れた品となった。中国では、文化大革命の時代をしのばせる、数少ない製品のひとつである。鄧小平(とうしょうへい)は一九七八年に事実上の〝最高指導者〟になったとき、「フライングピジョンが一家に一台」あるような繁栄を約束した。結婚前の女性はその言葉を信じ、しばしば求婚者がフライングピジョンを手に入れるまでは結婚を承諾しなかった。

一九八〇年代、中国が西洋人観光客の受け入れを始めると、北京のラッシュ時の光景（おびただしい数のフライングピジョンと、数少ないエンジン付きの乗り物）が驚きをもって眺められた。朝靄(あさもや)のなかに浮かぶ、横に百台も並んだ自転車の群れと、ベルを鳴らしながらそれらが交差点を渡る光景である。みな同じような上下灰色の労働着に身をつつみ、黒一色の自転車に乗る――その画一性が見る者に異様な感慨を与えた。

だが、鄧小平の構想は一家に一台のフライングピジョンにとどまらなかった。一九七八年以降、資本主義というひと筋の光で中国経済を照らす改革が次々と導入された。集産化農業が解体し、企業の経営も許されるようになった。この改革は一九八〇年代から九〇年代まで続き、そのかんに経済は急成長した。

それに伴い、通勤も奨励された。一般大衆にも北京地下鉄の利用が許可され、一九八二年には七千二百五十万人の乗客を運んだ。新しい路線も開通し、それから六年で利用者数は三億人にまで増えた。二〇一二年には、十七路線で総延長距離は四百五十六キロ、年間利用者数は延べおよそ二十五億人になっていた。集産化農業から通勤が必要とされる経済への転向によって、北京地下鉄以外の交通機関も同じく急成長した。現在、世界の地下鉄利用者数の上位に並ぶ十都市のうち、四市が中国にあり、日に一億人近い中国人が鉄道を利用して通勤している。

個人輸送も急速に進歩した。一九八〇年代、結婚前の女性たちはより高い望みを抱き、結婚相手の条件として自転車よりオートバイを持っていることを求めるようになった。人気車種のホンダC100は、かつてのフライングピジョンのように通勤手段のシンボルとなった。

〝スーパーカブ〟の名で知られるホンダC100は、一九五八年に日本で開発され、通勤用と配達用として製造された。当時の日本を見ると、鉄道は世界最高水準に達していたが、幹線道路以外の道は前時代的だった。日本の道路事情に合ったオートバイは、ヨーロッパのスクーターよりもタイヤが大きく、運転・給油・整備ともに楽なものでなければならなかった。また、自転車の代わりに配達用としても使えるようにするには、片手で運転できることも重要だった——日本の蕎麦屋は、出前に行くとき、片手で蕎麦の器を持ち、片手でハンドルを操作したからだ。

スーパーカブは画期的な技術と扱いやすいデザインでこれらの条件を満たしていた。自動遠心クラッチの採用で左手だけで運転できるようにし、大きめのタイヤのおかげで郊外のでこぼこ道にも対応できた。足元は低床式で、女性もスカートをたくし上げずに乗ることができる。これは初めてプラスチック製フェアリングを採用したオートバイでもあった。

日本の全オートバイ販売台数が月間四万台だった時代に、C100は月間三万台というきわめて高い目標台数を掲げていた。公共交通機関は、戦後日本の復興のために働く通勤客で混雑しており、幹線道路を利用するにしても二輪車以外は購入する余裕のない人が多く、需要は充分にあった。そのため、二年目にはこの高い生産目標をすら超えることになった。モデルの変遷(へんせん)はあるものの、C100はエンジン付きの乗り物の単独シリーズとして、世界最多の販売台数を記録している。執筆時点で累計七千三百万台だ。〈ホンダ〉がウェブサイトで述べているように、「通勤モデルのスタンダード」になったのだ。現代デザインの代表でもあるため、〈大英博物館〉と〈グッゲンハイム美術館〉のコレクションにも加えられている。

C100は何百万もの日本人と何千万ものアジア人を、やがて自動車運転へと進む際の第一段階に導いた。依然として多くの人がその段階にあり、アジアの大半の国ではいまも自動二輪車で通勤することが標準になっている。

たとえばタイの自動二輪車の数は四輪自動車の十倍で、一九五〇年代のアメリカ人が自動車を愛したように国民はオートバイを愛している。ティーンエイジャーたちは〈ホンダ〉の改造バイクに腹這いになり、脚を後ろに伸ばす曲乗りをしながら、夜中のフリーウェイを逆走しスピード競争に興じる。

このような軽快な乗り物が利用されているのに、バンコクの通勤時間は世界的に見てもきわめて長い。自転車やトゥクトゥク（後部にベンチシートと金属製屋根の付いた三輪自動車）であっても、数が多くなれば自動車と同じく渋滞を引き起こす。それに、赤道からあまり離れていない南アジアの都市で、オートバイに乗って通勤するのは楽ではない。緯度の高い地域と違って日照時間がほぼ一定の熱帯地域では、勤勉な通勤者は夜明け前に出勤して日没後に帰宅する。行きも帰りも排ガスのスモッグにまみれ、雨季にはモンスーンの豪雨に襲われる。

そんなわけで、現在のタイでは自動二輪は四輪自動車を買うまでのつなぎにすぎず、みな資金ができたら、エアコンと遮光処理ずみの窓を装備した自動車を購入しようとする。実際、タイ政府の調査では、貧富の差によって通勤パターンがはっきりと分かれている。最下層の人々は公共交通機関を利用するか徒歩で片道一時間以上かけて通勤する。中間層は二輪かトゥクトゥクに乗り、同程度の時間をかけてもっと遠くまで通勤する。裕福な高学歴者たちは最も長い距離を移動し、日中にバンコク中心部で仕事をしたあと、お抱え運転手か本人が運転して自家用車で郊外の邸宅に帰るのだ。

インドでも同じような傾向が見られるが、タイよりもバリエーションの幅が広い。道路規則は、交通安全のほかに宗教と慣習を基礎に定められている。交差点では聖なる牛を優先し、カーストの階層によっては同じ道路を利用することさえ禁じられている。また、ラッシュ時に道路を通行する輸送手段は四十八種類にもおよび、ラクダやゾウもいれば、人力車や四輪駆動車もある。

タイと同様、インドの通勤者もそんな混沌から脱し、自家用車を利用したがっている。こうした願望が人々のあいだに広がり、富が急激に増したことで、インドの都市には自動車があふれることになった。駐車場は足りず、ムンバイでは駐車のためだけでも二〇一五年までに三千七百五十キロの道路が必要だと推定されているが、現時点では二千四十五キロしかない。駐車しておける場所の争奪戦は激しく、流血事件も発生している。二〇一〇年七月には、インド西部のアフマダーバードで、ある通勤者が「駐車スペースを盗んだ」と非難され、隣人らに鉄の棒で殴り殺される事件が起きた。

インドより先にイタリアでも見られたこの種の移行パターンから推測すると、民主主義国家では、二輪車や公共交通機関を利用した通勤から自動車通勤へと移行し、経済的に豊かになれば、自動車の利用へと進むのが自然な流れのように思われる。

ところが、この過程がすでに完了している先進国では反対の傾向が現われはじめ、通勤手段はV8エンジンからペダルへ、自動車から自転車へと逆戻りしつつあるのだ。たとえばアムステルダムやコペンハーゲンのような、ヨーロッパの平坦な都市や狭い都市では、通勤者の三分の一が自転車を利用しており、自動車通勤はむしろ前時代の産物として蔑視されるようになってきた。

フランクフルトは一九五〇年代に建設されたアウトバーンが街の中心部まで通っていて、かつては〝自動車にやさしい（カーフレンドリー）〟都市の典型だった。しかし、現在の交通行政担当トップは〈緑の党〉に属しており、どこへ行くにも自転車を利用し、都市部の自動車道を自転車専用道路に転換しようとしている。

イギリスで通勤形態として最も急激に増えているのが自転車通勤だ。一九三〇年代にあれほど激しく反対された自転車専用レーンの導入がいまになって求められている。イギリスで自転車専用レーンが初めて登場したのはミルトンキーンズ（ロンドンの北西約八〇キロ。一九六七年にニュータウンとして指定・開発された）だった。都市開発計画の一環として、一九七〇年に赤色で舗装された自転車用の〝レッドウェイ〟が導入された。その後、自転車レーンはゆっくりとであるが各地で増えていった。

　何十年ものロビー活動の結果、自転車レーンは〈ロンドン交通局〉の計画にも組みこまれた。二〇〇八年、当時のロンドン市長ケン・リヴィングストンは、十二本の新たな自転車スーパーハイウェイの整備や、主要駅の自転車用ラックの設置に四億ポンドを投じる計画を採用した。それ以来、自転車通勤は急増した。二〇〇〇年から二〇一一年のあいだにロンドンの自転車利用者数は一五〇パーセント増加した。〈ロンドン交通局〉が二〇一〇年にロンドン中心部の八つの橋でラッシュ時の交通量を調査したところ、「午前七時から十時に北へ向かう約三万五千台の車両のうち、二七・七パーセントが自転車で、自家用車は二八・二パーセントだった」。この五年前の二〇〇六年には「交通量が同程度の全車両中、自転車はほんの一九パーセント」であった。

　この数字は〝ボリス・バイク〟と呼ばれる公共のレンタル自転車によってさらに増加した。短時間の個人利用に貸しだされるこれらの自転車は、リヴィングストンの次に市長となった保守党のボリス・ジョンソンの名にちなむ。二〇一三年時点では、八千台のボリス・バイクが用意され、これを借りたり返したりするドッキング・ステーションは五百七十カ所、月に百万人の利用者があるという。

　自転車通勤は全国レベルでも奨励されてきた。一九九九年に開始された「サイクル2（トゥ）ワーク」プロジェクト（自転車で通勤しよう、の意）により、新しい自転車や自転車用安全装備を購入すると、購入費に対して税額控除が受けられるようになった。専用レーンの整備や減税によって、長い距離を通勤する場合でも、部分的に自転車を利用する人が増えてきた。その多くは、自動車や公共交通機関の代わりに自宅から駅まで、あるいは駅から職場までのあいだだけ自転車を利用する。折りたたんで電車に持ちこんだり、職場のデスクの脇にしまっておいたりできる自転車〝ブロンプトン〟は、いまやイギリス最大の自転車メーカーの名称ともなっている。

自転車通勤者は数が最も増えているというだけでなく、通勤に関して最も肯定的な考えを持つ人々でもある。彼らは、日々、職場に行き来するための無為の時間を、活力を得られる有効な時間として利用し、それを自分でコントロールできると感じている。自転車通勤をする動機を調査したところ、彼らがそれを楽しむ原因が明らかになった。自転車に乗ると〈多幸感をもたらすという神経伝達物質〉エンドルフィンが放出され、さらには環境に寄与する喜びが湧きでてくるのだ。多くの人は、よいことをしているという感覚によってその喜びをさらに増幅させ、八一パーセントの人が自転車は環境によいという理由で自転車に乗っている。

自転車通勤者に人気の〈マップマイライド〉というアプリは、自転車通勤による移動距離、消費カロリー、節約されたガソリン代と駐車代、削減できた二酸化炭素排出量などを計算してくれる。こうした潜在的利点のおかげか、通勤せずにすむ人まで自転車通勤を始めた。

『自転車にこだわります――自転車強迫性障害』という本を書いたデーヴィッド・バーターは、「自転車にのめりこんでしまう人が陥る狂気」を肯定する。ある日、トレーニング仲間のロブの職場まで自転車で走ってみたバーターは、自分も仮想通勤を始めることにした。バーターは、ロブが通勤で毎日三十六マイルも自分より多くサイクリングしていることをうらやみ、自宅で仕事をしているにもかかわらず、自転車で出かけてロブの家で彼と落ち合い、二人一緒に自転車で走ることにしたのだ。それは病みつきの体験になった。

仮想通勤から戻ってきてサイクリングウェアを脱ぎ捨て、仕事を始めようと腰をおろしたときに感じたのは「殊勝な疲労感だった。疲れているのに、疲れる権利を勝ちとった気がした。そんな疲れは気分がよかった。今日一日を始める準備ができたという感じだ。この感覚がわかる人は、きっともうすでに自転車通勤をしているのだろう」とバーターは言う。

第2部

粛々と通勤する人々

8　超満員電車

……乗客は日々、不快なだけでなく恐怖を覚えるほどの混雑にさらされ……辛く苦しい道中になることを覚悟させられている。

――英下院運輸委員会「公共交通機関の混雑問題」二〇〇三年

サイクリストが通勤をレジャーに変えるところまでくると、通勤も進化をきわめたと言えよう。かつては恵まれたごく少数の人々の営みだった通勤は、いまや先進国でも途上国でも、多くの人の普通の日課となった。実際、二十世紀の大半で、通勤は移動の自由と経済成長のバロメーターだった。ソ連をはじめ、移動の自由が制限されていた国々でも、体制の崩壊とともに通勤が広まった。さらに通勤はさまざまな形で文化に溶けこみ、人々の行動を制約する古い慣習を変えていった。とりわけ通勤は人を意欲的にし、住む場所の自由、働く場所の自由、よりよい生活をする自由をもたらした。

だが、通勤が浸透するにつれ、かえって通勤に悪影響をおよぼす現象が生じてきた。公共交通機関の混雑と道路の渋滞だ。

通勤者は、互いに不自然なほど接近している状態に耐えなくてはならなくなった。イギリスでは、電車通勤者一人に割り当てられる空間は理論上、四十五センチとされている。ラッシュ時にはそれすらめったに確保できないが、これはヨーロッパの法律が家畜の人道的輸送の際に義務づける最小スペースよりずっと狭いのだ。夏の列車内は、家畜の法定最高気温である摂氏三十度を上まわることもある。それでも世界的に見れば、イギリスの公共交通機関の混雑はまだましなほうだ。

日本やインドのラッシュ時の満員電車はもっとすさまじい。このような混雑は「クラッシュ・ローディング」（超満員・超混雑）といった言葉で表わされ、通勤に関する謎のひとつとなっている。これはおそらく毎日の通勤で直面する最大の苦痛であるのに、豚にすら不適切だとされる狭い空間に詰めこまれることを、なぜ人間が耐えられるのだろう？　人はなぜみずからそこへ身を投じることができるのか？　限度を超えた混雑は人間の行動に影響するのだろうか？　するとしたら、どのような影響があるのだろう。

過密状態が行動におよぼす影響を初めて調査した対象は、動物園で飼育されている動物だった。大金を払わなければ手に入れられないが、飼育して披露できれば人も金も集められる動物たちだ。同じ檻（おり）にたくさんの動物を詰めこむと、いいことはひとつもない。機嫌が悪くなり、警戒心が強まり、毛が抜け、互いに羽をつつきあう。

これは縄張り争いが遺伝子にプログラムされているからではないかと考えたのは、スイスの生物学者ハイニ・ヘディガーである。彼は一九四二年、動物園の動物を囚人のように扱うのをやめ、檻の主人とみなすべきだと主張し、動物に適切かつ充分な空間を与えれば、一日中、落ち着いて過ごすはずだと提言した。囲われた動物の行動に悪影響をおよぼす過密状態は絶対に避けなければならない、というのが彼の見解だった。

一九六三年、人類学者のエドワード・T・ホールがヘディガーの研究を人間にまで広げて考察した。ホールは、人の縄張り感覚がほかの動物と違うのは、人間が嗅覚より視聴覚に頼っているからだと考えた。そうなったのは、人類の祖先が進化の過程で木に登ることを余儀なくされたからである。「樹上生活には優れた視力が必要となる反面、主に地上で活動する動物では生死に関わる嗅覚に依存することが少なくなる。こうして人類の嗅覚は発達しなくなり、視覚が著しく発達したのだ」

重要なのは「嗅覚が衰えた結果、人類は混雑に耐えうる資質を獲得したのかもしれない」ということだ。もし人間がネズミのように嗅覚に頼って生きていたとしたら、あのような耐性を得ることはできなかったかもしれない、とホールは言う。そんな敏感な鼻を持っていたら、「周囲の人々の感情の変化にたえず翻弄されることになるだろう。他人の怒りもにおいでわかってしまう……過度なストレスを感じている人がそばにいればほかの人々の神経も落ち着かなくなり、不安な人がいればほかの人たちもますます不安になる。少なくとも人間の暮らしは、いまよりずっと関わり合いが強くなり、緊迫したものになっただろう」とホールは言う。

ホールは人間に必要な対人距離を四つに分類した。まずは、家族や恋人には許せて、離れることよりも近づくことに意味のある「密接距離」。カクテルパーティーで酒を飲みはじめる前に人と対応するときなどの「個体距離」。それまで知らなかった相手と商談するときなどの「社会距離」。政治家や人気歌手が舞台から手ぶりや身ぶりで観衆とコミュニケーションをとるときの「公衆距離」だ。ホールはこの新しい学問を〝近接学（プロクセミックス）〟と名付けた。近接学は、人体の尺度で説明するとわかりやすい。抱きしめる相手、握手するとき以外は少し距離を置きたい相手、サッカー場の選手どうしのように手の届かないところにいる相手、などを想像すると距離感が理解しやすい。

近接学の理論が的を射ているとしたら、それが侵害された場合にはどうやって耐えるのだろう？人は通勤の混雑をなぜみずから進んで耐えようとするのか？

その答えは、いわゆる「戦うか逃げるか（ファイト・オア・フライト）」理論にあるのかもしれない。これは一九三二年にアメリカの生理学者ウォルター・ブラッドフォード・キャノンが最初に提唱した理論で、人間は危険に直面したとき、本能的に逃げるか戦うか、どちらかの反応を示すというものだ。のちに「すくんで動けなくなる（フリーズ）」反応も加わり、「ファイト・フライト・オア・フリーズ」理論になった。状況によっては、逃げたり戦ったりするより、じっとして自分の存在をなるべく目立たせないことが最善策になる場合もあるからだ。

人間以外の動物のなかには、危険を察知すると〝死んだふり〟をする種も多い。さらに、同型化反応（模倣）によって、その場にいる全員が動けなくなることもある。そうだとしたら、満員電車の乗客が互いに目を合わさず、足元ばかり見つめているのも、自分では気づかないうちに恐怖で身が凍りついてしまった、ということなのだろうか？

だが、それよりも「他人のモノ化」説のほうが、人間が過密状態に耐えられることの説明として説得力がある。この説によれば、人類は進化によって「混雑度に合わせた行動パターン」を発達させたため、過密状態に置かれたときは他人を無生物とみなし、感情的に反応する必要のない対象として扱うようになった。つまり、前や後ろから密着してくる他人は、自分とは関わりのない椅子同然の存在だということだ。

もっとも、通勤途中の大半の時間は他人をモノ扱いするにしても、完全に遮断してしまうわけではなく、非常事態などで必要が生じればいつでも助け合う。人間は共通の危機に直面したとき、自分のことしか考えない暴徒と化すのではなく、一致団結する傾向があるようだ。心理学者のスティーヴン・ライカーは、「人間が我を失って自制心をなくし、他人を見捨てたり暴力的になったりする、という古典的な群集心理観はいまも根強く信じられている……だが、そのような〝集団暴走化〟は幻想であり、説明にはならない」と述べている。

スティーヴン・ライカーの調査によれば、ラッシュ時に事故やテロ攻撃などの非常事態に見舞われた場合、「本能に任せて、てんでばらばらに先を争うどころか、生存者のあいだに強い連帯感が生まれ、互いに助け合う」ようになる。人々は〝私〟ではなく〝私たち〟という単位でものを考えるようになり、この変化は「もはや〝他人〟ではなく〝自分たち〟となった集団の一員として、帰属意識と忠誠心が強まる」ことを意味する。

この現象は「集団的強靭性（きょうじんせい）」と呼ばれ、二〇〇五年七月七日に「ロンドン地下鉄自爆テロ事件」の際に人々が示した助け合いの行動によっても証明された。地下鉄三カ所とバス一台の爆破現場で遺体と煙に囲まれた生存者たちは、爆破のあと、いつもとは違う連帯感を意識したと話した。そのうちの一人は、取材に対しこんなふうに答えている。

質問者　そのときの連帯感は十段階で言えば、どれくらいでしたか？
生存者　かなり高く、十段階の七か八だったと思います。
質問者　なるほど。では、それと比較すると、爆破発生前の連帯感はどれくらいでしたか？
生存者　低かったと思います。十段階なら三ぐらいでしょうか。ふだん地下鉄に乗るときは連帯感なんてあまり気にしません……出発地から目的地へ行くことと、席に坐ることとくらいしか考えないので。

さらに詳しい説明を求められ、この生存者は次のように話した。「全員が同じボートに乗っているような感覚でした……ほかの人たちも同じように感じていたと思います。普通の人間なら、冷静に坐ったまま〝これはすごいことになってるな〟なんて傍観していられませんよ……緊迫した状況にいるのはみな一緒で、そこから抜けだすには、助け合うことが最善の方法でした」

「他人のモノ化」説と「集団的強靭性」説を組み合わせて考えれば、通勤時に他人と接近しあっても自制心を失わずにいられることにも、かなり納得がいく。日々の超混雑時には、ほかの乗客のことを「個人的空間」を侵害する他者ではなく、単なる無生物とみなして耐え、非常時には共通の脅威にともに立ち向かうことのできる人、として接しているのだ。

ここで、もうひとつの説を考えてみよう。人間が超満員電車を我慢できるのはどこかでそれを楽しんでいるからであり、ラッシュ時に公共交通機関を利用するのはそれが心地よいから、という説だ。

イェール大学の心理学教授ポール・ブルームは次のように述べている。「これまで〝私はどうしたら幸せになれるか？〟という問いは、〝幸せ〟とは何かという定義にかかっていると考えてきた。しかし、〝私〟とは何かということのほうが重要なのかもしれない。いまでは多くの研究者が、程度の差こそあれ、一人の人間のなかには複数の相反する自我があり、そのどれかにとっての幸せは、別の自我にとっての苦しみを引き起こす、と考えている」。もしそうであれば、それぞれの人間には家庭における自我と職場における自我のほかに、通勤時の自我というものがあり、それが通勤を好んでいると言えるのだろうか？　通勤時には、不快な状況を難なくやりすごし、それを楽しむことすらできる自我が優勢になり、それ以外のときは、模範的労働者あるいは理想的配偶者としてふるまう自我が優勢になる、ということか？　過密状態という特殊な環境では、通常の感覚を停止させ、通常とは違う行動をとるしかなく、そのためにはそれをすべて引き受ける特別な自我を生みだすしかないのかもしれない。

過密状態に耐えられる理由については、生物学的な説明以外に、文化的な説明も試みられている。たとえば、イギリスでは通勤に百七十年の歴史があり、通勤文化は国民性の一部になっている。したがって、話しかけられないかぎり話しかけない、女性には席を譲る、感情をあらわにしない、といった行動は反射的なものではなく、条件付けされた行動である。

もしそうならば、通勤者の行動も文化によって違ってくることになる。おそらく、混みあう車内で自分の靴をじっと見つめたくなるという衝動は人類に普遍的なものではなく、地域や国によって異なる態度なのだろう。近接学を提案したエドワード・ホールは、異なる言語を話す人々は「異なる感覚世界に住んでおり、どんな言語を、どの地域で話すかによって、私たちを取り巻く信頼の輪の大きさも変わる」と考えた。

この説は日本にもあてはまりそうだ。日本では、十九世紀後半に通勤が始まる直前まで、中世の規律に基づく階級社会が続いていて、身分に応じた服装や行動様式に従わなければ厳刑に処された。日本に最初の旅客鉄道が導入されたのは一八七二年で、明治維新によって封建制が終わりを告げてからわずか四年後だった。中世から近代へ移行するのに何百年もかかったヨーロッパとは異なり、明治政府は数十年でそれを成し遂げようとした。大半の日本人にとって変化の衝撃はきわめて大きかったはずだ。

すべての日本人にとって、大量輸送時代に踏みだすための第一歩は、しきたりを破ることだった。もちろん変わることが奨励されたとはいえ、依然としてしきたりは尊重されており、通勤は古い習慣と新しい習慣の断層線上にあった。開業したばかりの鉄道は当初から混雑した。そのため、他人に接するときの古い儀礼と、明治日本の〝すし詰め列車〟でのあり方とのギャップを埋めるには、新たな行動規範が必要とされた。

日本人が変化を受け入れるためには、未来を象徴する新たな〝偶像〟が必要だった。それは過去の歴史をも引き継いだ、それなりにふさわしい人間像でなければならない。そのような偶像として二十世紀初めに登場したのが、サラリーマンと女学生だ。このふたつの偶像は、ラッシュ時の乗客の典型を二分していた。洋服を着た新たなホワイトカラー勤労者と、着物を着て学校へ通うエリート階級の娘たちである。女学生は美しく、サラリーマンは野望を抱き、日本の通勤文化はエロティックな側面を発展させた。田山花袋（たやまかたい）が一九〇七年に発表した短篇「少女病」は、三十代の好色漢と妙齢の女学生たちが登場する作品で、その雰囲気は二〇〇〇年紀を迎えた現在にも通じるところがある。

東京には現在、世界で最も規模が大きく先進的で、最も効率的な輸送システムがあり、地下鉄十三路線、地上十路線の鉄道を毎日千四百万もの人々が利用している。あまりにも複雑で一枚の地図では足りないほどだ。その一部を見るだけでも理解するのは難しく、初めて上野から六本木へ行こうとする旅行者はパニックに陥るかもしれない。ラッシュ時は、ロンドンの地下鉄よりさらに混みあっている。〈ロンドン地下鉄〉の乗車率が最大でも一五〇パーセントなのに対し、東京の平均乗車率は二〇〇パーセントにもなる。そしていまでも、異様な女子学生好きの通勤者を運んでいるのだ。

連綿と続く好色趣味は、このような超満員電車が引き起こしているのかもしれない。もしかすると、人はちょっとしたきっかけひとつで、多少の混雑も、それが興奮や快感をもたらすものなら耐えられるようになるのだろうか。東京の通勤者たちは、ロンドンっ子より確実に混雑に強い。

一九六〇年代から、日本の鉄道は文字どおり乗客を車内に押しこむ〝押し屋〟（旅客整理係）という係員を配しはじめた。ユーチューブの動画でも見られる押し屋の仕事ぶりは残酷な家畜輸送を糾弾する動物愛護広告にも似ている。もしも日本人がこんなふうに家畜を扱っていたなら、イギリスで日本製品の不買運動が起こってもおかしくないくらいだ。押し屋は鉄道会社が決めた色の軍服風の制服に、ひさしの付いた帽子、白手袋といういでたちで、乗降扉ごとに一人ずつ配置され、腕力と気配りで仕事をする。力ずくで乗客を車内にぐいぐい押しこんだかと思えば、次は扉に挟まったバッグやスカーフを丁寧にあるべき位置に直してくれる。発車が近づくと共同作業に入る。自分の扉が首尾よく閉まったら、まだ閉まっていない扉に駆けつけて乗客を押しこむ作業を手伝う。すべてが整然と統制されており、発車できる状態になったら、押し屋のリーダーが運転士に敬礼し、額の汗を拭（ぬぐ）い、安全に発車できる旨の合図を送る。

客に対するこのような扱いは、〈ロンドン地下鉄〉ではとても考えられないが、押される人々は逆らわない。無表情を保ち、できるかぎり押し屋と正対せず、背中を向けている。日本の伝統的な礼儀作法もラッシュ時には無視せざるをえないが、文化によって育まれた感性は根強く残るため、不自然に接近した状態で相手と正対することはできないようだ。窓際に立つ乗客は顔をなるべく外へ向けようとし、その結果、顔をガラス窓に押しつけることにもなる。

写真家のマイケル・ウルフは二〇一〇年、満員電車の窓ごしに乗客の表情を撮影した写真を《トーキョー・コンプレッション》というシリーズにまとめた。苦悶（くもん）の表情からあきらめの表情まで、誰もがまるで地獄へ運ばれる電車に乗せられ、自分ではどうすることもできない身だと思っているようだ。そのなかでただ一人、かすかに笑みのようなものを浮かべているのは、ドアからやや離れたところに立つサラリーマンで、隣の窓に押しつけられている若い女性の容姿を品定めしているようである。

若い女性、特に女子学生をいやらしい目で見たり、痴漢をしたりするサラリーマンの習癖——あるいは伝統——は、先述した短篇小説「少女病」が発表されたころから広まった。このテーマは文学と映画の両方で繰り返し扱われ、映画《痴漢電車》（一九七五年）をはじめ、乗り物ポルノと呼ばれるサブジャンルともなっている。その歪（ゆが）んだ行為をおおっぴらに語る痴漢も多い。

東京には、〝イメクラ〟（イメージクラブ）と呼ばれる風俗店があり、そこにも満員電車をテーマにした部屋が用意されている。女子学生に扮（ふん）した風俗嬢が電車内を模した部屋にいて、「録音された電車音が流れるなか、つり革につかまっている制服姿の女の子に痴漢行為ができる」ことが売りだ。

痴漢の倒錯行為は、自分の身体をこすりつけたり、イメクラで妄想にふけったりするだけにとどまらない。二〇一二年八月、電車内で十七歳の女子高校生にマヨネーズをかけて逮捕された犯人は、少なくとも十二人に同様の犯行をしたことを認め、マヨネーズの代わりに焼肉ソースをかけたこともあると言った。その動機として「制服を汚すと快感が得られたから」と供述した。

だが、ごく平凡な痴漢行為の場合、不埒（ふらち）なサラリーマンが綿密な作戦を練り、何週間もかけて満員電車内のターゲットにじわじわと接近する。今週は左足を十五センチ左へ、来週は右足をという具合に間隔を詰めていき、一カ月かけて獲物のそばへたどりついたら、次の駅まで身体を押しつける。女性が怒りや恐怖や屈辱に震えると痴漢は喜ぶが、たいていは気がつかないふりをされる。

痴漢はよくある行為で、中学生ぐらいから通学途中に身体を触られる生徒もいる。東京のふたつの私立学校の女子生徒を対象にした二〇〇一年の調査では、電車やバスで痴漢にあった経験のある生徒が七〇パーセント以上いたという。二〇〇五年に若い女性全般を対象に実施した調査でも、「東京の電車や地下鉄や駅」で身体を触られたことのある人の割合はやはり同程度だった。

〈アトランティック〉誌の取材に応じた二十一歳の女子大学生は、中学生のころから通学途中に二十回以上身体を触られたと語った。犯人を叩いたり、その足を踏んだりはするが、通報はしない。「警察へ行けば、あの人たちは会社をクビになったり、離婚されたりして、人生がめちゃめちゃになるかもしれませんよね。痴漢は気持ち悪くてイヤだけど、そこまで追い詰めるのはかわいそうな気もします」

東京の鉄道運営者は、痴漢が現われはじめた当初からさまざまな対策を講じてきた。一九一二年に初めて導入された女性専用車両は一九五〇年代にいったん姿を消したが、二〇〇〇年に再び導入され、今度はセクシャルハラスメント対策として全国的に整備された。〈大阪市交通局〉の広報担当者は、「痴漢対策のために女性専用車両の導入を決めました」と述べ、彼が見たところではこの対策は功を奏している。女性専用車両は痴漢がいないだけでなく、他の車両より混んでいないことや悪臭がしないため、女性客に好評だという調査結果も、この見解を裏付けている。

痴漢対策として、ポスターを利用した広報活動も行なわれた。〈東京メトロ〉は二〇〇八年に、マナーキャンペーンを開始し、車内でふさわしくない行為をいくつか示し、「家でやろう」「庭でやろう」といったコピーとともに、車両内は公共空間であることを改めて乗客に思い起こさせた。典型的な迷惑客を風刺する漫画のポスターには、車内でヘッドフォンを装着し大音量の音楽を聴いたり、化粧をしたり、吐瀉物にまみれて酔いつぶれたり、ゴルフのスイングの練習をしたりする人の絵があった――女子学生を狙うサラリーマンは描かれていないが、車内で色情を抱くべきでないということは伝わっただろう。

一方、罪もないのに、痴漢の濡れ衣を着せられるおそれもある。用心深いサラリーマンが自分の両手の所在を明らかにできるよう、つり革のないところでも空中でつかんでいられる模造のつり革も売られている。体臭でほかの客に迷惑をかけたり、女性客が専用車両へ逃げたりすることを気にして、下着の消臭に金を惜しまない者も増えてきた。日本では、腋臭や加齢臭を吸収する効果のある下着がどんどん開発され、発売されている。

そんな殺伐とした乗客の気持ちを和ませるために、一部の鉄道は動物の駅長を置くというユニークな手段を講じている。

奥中山高原駅の名誉駅長に就任したミニチュア・ヨークシャーテリアのマロン駅長もその一例だ。紺色ブレザーの制服を着て、つば付きの制帽をかぶり、左前足に腕章を巻いて勤務したマロンは、乗客を元気づけたばかりでなく、利用者増加にも貢献した。マロンに続いて、ほかの駅でも猿、ペンギン、カメ、イセエビなどいろいろな動物が駅長に就任した。いちばん有名なのは〈和歌山電鐵（でんてつ）〉貴志駅の駅長を務めた三毛猫のたまで、熱狂的なファンを集めた。車体に猫の絵が描かれた〝たま電車〟という特別車両も登場し、貴志のギフトショップでは、たま駅長の愛らしいグッズや、記念切手も販売されている（たまは二〇一五年六月に死去。現在はたま二世が駅長を務める）。

日本人にとって、ラッシュアワーは、進歩や超混雑や色欲のほか、死とも結びつく。日本に古くからある自殺は、電車の時刻どおりの運行によって存続している一面もある。東京の交通機関における自殺者は、年間約八百人にのぼる。いわゆる〝人身事故〟は鉄道会社の悩みの種であり、それによって生じる遅延は、自分たちの会社が〝死の道具〟を走らせているということよりはるかに企業イメージを損なうものとみなされる。運転士もそのように考え、到着時刻の遅れを恐れるあまり事故を起こしてしまう者すらいるのだ。二〇〇五年には、〈JR西日本〉の運転士が一分三十秒の遅れを取り戻そうとして、超過速度で電車を走らせ脱線し、運転士を含む死者百七名、負傷者五百四十名以上の大惨事を引き起こしたのはまだ記憶に新しい。

それでも——自殺であれ、時間厳守のプレッシャーで運転士が事故を起こすのであれ——日本の鉄道犠牲者の数は、ラッシュ時に運命論に支配されているインドに比べれば、まだ少ないとも言える。

〈ムンバイ近郊鉄道〉の通勤路線では毎日平均十名が死亡する。〈ムンバイ近郊鉄道〉はイギリス領時代の一八五三年に、〈大インド半島鉄道〉として敷設されたアジアで最初の鉄道である。この都市の発展とともに成長し、いまでは世界最大の混雑密度を誇るというありがたくない栄誉に浴している。

〝ローカル〟路線の通勤ラッシュ時の混雑は定員の三倍、計算上は一平方メートルあたり十六人という密度だ。これはイギリスの旅客列車が推奨する最大密度の八倍に近い。こうした過密ぶりは、毎日〈東京メトロ〉で白手袋の係員に押されている日本のサラリーマンでも、さすがにたじろぐのではなかろうか。この混雑度を表わす「スーパー・デンス・クラッシュ・ローディング」（超過密、激混み）という用語も生まれた。

ムンバイの通勤路線駅に〝激混み電車〟が到着すると、すさまじい光景が繰り広げられる。ホームには、鮮やかな色の服を着た人々があふれんばかりに押し合いへし合いしている。列車が来ると、まだ停止する前から乗客が次々とホームに飛び降りてきて、同じくせっかちに乗りこもうとする客ともみ合いになる。降りる客も乗る客も足をとられたり滑らせたりする。そうしてぴったり一分後、笛が二回鳴らされて発車となる。数千人の乗客を降ろし、それと同じくらい大量の乗客を乗せて列車は走り去り、あとには犠牲者が残される。

〈ムンバイ近郊鉄道〉では、この十年余りで三万六千名以上が死亡しており、それと同じくらいの人が重症を負っている。死亡者の多くは線路を横断しようとし、接近する電車の距離と速度を見誤って事故に遭う。人間が判断を誤ってしまうことについて、著名な視覚心理物理学者のハーシェル・W・

レイボヴィッツは一九六五年に仮設を立てている。進化の歴史のなかで、人間は非常に長きにわたって、時速約六十キロ以上で移動したこともなければ、列車のように大きくチータ並みのスピードで走る動物に遭遇したこともなかった。だから人は、近づいてくる列車の速度を甘く見積もり、自分がそれをよけられると過信してしまうのだとされた（レイボヴィッツ仮説）。

　ムンバイの鉄道関連死亡事故で二番目に多い原因は、車両または車両の屋根からの転落だ。超過密乗車により混雑度がある一線を超えてしまうと、乗客の感覚に変化が生じ、電車に乗りたいあまり、命や手脚を失う恐怖心が麻痺してしまうような状態になる。この、ある意味無頓着なふるまいには、文化的ならびに行動学的な説明がつけられるかもしれない。

　ヒンドゥー教によると、運命をつかさどるのは〝ダルマ〟、すなわち法である。〝カルマ〟と呼ばれる業（ごう）を持つ者にとっては、列車に轢かれることは輪廻（りんね）の輪から解脱（げだつ）することになる。実際、ムンバイの鉄道の運転士は、満月の日に破壊の女神カーリーの化身であるドゥルガーに祈り、自分の運転する列車の前に誰も走ってこないことを願うという。運転士によっては、在職中に十人以上もの人を轢くこともあるのだ。

　こうした無頓着で傍若無人な態度を行動学的に説明する際には、人のモノ化理論が使われる。ムンバイの通勤客は、列車への乗降時、他の乗客を無生物の障害物のようにみなすため、平気で押しのけたり踏みつけたり、その上に乗ったりできるのだ。死亡や重傷以外にも、骨折、裂傷、打撲などが頻繁に起きているのは、そのためだと考えられる。ところが、他人をモノ化してしまうのは一時的で、ひとたび車内か屋根にみなが落ち着けば、人々は人間性を取り戻す。まるで乗車時と降車時の数秒間だけ別人格になり、それ以外は正常な人格に戻るかのようだ。

列車に群がり、自身や他人を危険な目に遭わせる客に対し、〈ムンバイ近郊鉄道〉は、同情とあきらめの態度で対応している。毎日七百万人以上の利用者を運び、雨季でも九七パーセントの定時運行という奇跡的な効率を実現するこの鉄道には、実際上の目的を達成するために超過密列車を運行させるか、人道的見地からいっさい運行しないかの二者択一しかないのだ。ムンバイとその近郊の住人は毎日一万人ずつ増えている。無制限に資金を投入して新しい鉄道を整備しても、絶対的な安全を確保しつつ、このように急増する乗客に対応するのは不可能だろう。

東京の鉄道で実施していたように、〈ムンバイ近郊鉄道〉も乗車マナー推進ポスターと安全喚起の両面から、利用者に注意を促そうとした。しかし、ラッシュ時のホームに列車が着くたびに繰り広げられる騒乱には、「危険！」という程度の単純なメッセージでは効き目がなく、もっと独創的な発想が必要だった。

二〇〇七年、〈ムンバイ近郊鉄道〉は利用者の危険な行動を抑制するために、インドの行動アーキテクチャ・コンサルティング会社〈ファイナル・マイル〉に安全対策を委託した——認知心理学を応用して人々の行動を統制する方法を提案する会社だ。同社はまず、利用者がとにかく理性的でなくなっている点を前提に置いた。警告サインも二度以上目にすれば風景の一部になってしまい、そのメッセージは簡単に無視されてしまうものだ。

そこで〈ファイナル・マイル〉は人間の知覚の誤りを正す三つの介入策を考案した。そのひとつは、線路上に黄色の横線を塗装し、近づいてくる列車の速度を予測する目安にさせることだ。これで線路を横切るとき、先述したレイボヴィッツ仮説の錯覚に陥りにくくなるだろう。もうひとつの策は、これまでのように単純化された絵ばかりの安全ポスターをやめ、それを、いままさに列車に轢かれて顔を歪めている俳優のアップの写真に変えることだ。列車に轢かれて身体を切断される感覚を想像させ、理性より感覚に訴え、しかるべき行動をとらせようとする作戦である。三つ目として、警笛を一回だけ長く鳴らす方法から二回短く鳴らす方法に変えた。スタンフォード大学の行動科学者ヴィノード・メノンによると、「脳の活動――およびそれによる覚醒度――は、ふたつの音のあいだの短い無音時に最高潮に達する」そうだ。「この無音は、脳に一種の期待感を呼び覚ます」ため、二回警笛を鳴らすことで鉄道利用者の警戒心を促し、列車が駅に到着するときに理性を無視した想念にとらわれるのを抑制するのが目的だ。

一方、性と死とは互いに結びつき、ムンバイの通勤者は単に他人のモノ化に陥るばかりか、性的モノ化にも陥っていると言われる。日本の満員電車と同じく、ムンバイの列車にも痴漢が多い。混雑を悪用して〝イヴ・ティージング〟におよぶ――性的いやがらせを意味する〝イヴ・ティージング〟という言葉はイギリスからの独立後に生まれたインド英語だが、その語感から想像されるよりずっと過激な行為をも表わし、集団レイプや殺人も含まれている。

公共の場での女性に対するセクシャルハラスメントの問題は、ムンバイの鉄道で年々深刻化している。二〇一二年には五千九百八十四件で、前年の三千五百四十四件から急増した。しかし、これはラッシュ時だけの問題ではない。インドの場合、公共交通機関の混雑というより文化的背景によるものと考えられており、インドのメディアはこれを国中にはびこる問題として報じている。異性と接する機会が限られている文化では、公共の場での性的いやがらせや列車内の痴漢が誘発される、ということもあるだろう。通勤は慣習の束縛から離れて異性と接触するチャンスになる。制約がなくなれば暴走しやすい。

〈ムンバイ近郊鉄道〉は、〈ボンベイ・メトロポリタン鉄道〉として開通して以来、イヴ・ティージング対策を講じてきた。女性専用客車の採用は十九世紀にさかのぼり、二十一世紀には、女性専用列車も導入された。女性専用車両には、射殺権限を持つ〝鉄道警察隊〟が巡回する。鉄道専任の治安判事もおり、女性専用車両に侵入した男性は罰せられる。

ムンバイや東京の状況をロンドンと比較すると興味深い。ロンドンでは、公共交通機関での性犯罪はまれで、有罪になるような犯罪となるとなおさら少ない。イヴ・ティージングも痴漢も、避けて通れない問題とは考えられておらず、英国的な行為でないとされ、こうした犯罪が発生したとき、イギリスの新聞はユーモラスに報道する傾向がある。

たとえば二〇一二年三月、〈デイリー・メール〉紙は、ベイジングストーク（ロンドンの南西七十七キロに位置する郊外タウン）から乗車した通勤客が社会良識に反する罪を問われた裁判で無罪になったことを報じた。被告人は隣の席に坐っていた女性に自分の脚を押しつけ、新聞で隠しながらひざのあたりで両手を小刻みに動かし、荒い息づかいと「うなり声」で女性を脅えさせたという。だが、被告人は陪審に対し、自分は「空想のなかでバンジョーを弾いていた」のであり、演奏に没頭するあまり、女性が隣にいることに気づかなかったと釈明した。これに対し、自身も電車通勤している裁判官は、陪審に向かって、男性が女性の前で自分のものの「位置を直す」のはよくあることであり、時にそれが前立腺がんの兆候であることも考慮に入れるべきである、と述べた。

では、ロンドンの男性なら女性に対して社会良識に反する行為を犯すより、想像上の楽器を即興演奏するほうがありそうなことなのかというと、統計上の裏付けはない。ロンドンの十八歳から三十四歳までの女性を対象に行なった最近の調査では、四〇パーセントの人が「不快な性的注目を受けた経験がある」と答えた（知らない男性にじろじろ見られることも含まれる）。ところが、地下鉄やバスや電車でそのような経験をしたと答えた回答者は三〇パーセントで、多くの女性は、交通機関利用時のほうが街にいるときより安全だと感じると述べた。イギリスの公共交通機関では、確かに一定の抑制がきいているようだ。

一方、途上国の交通機関では、セクシャルハラスメントより安全性が最大の懸案事項となっている。乗車そのものに伴う危険と、乗客の無謀な行為の両方を防ぐために、さまざまな対策が考えだされている。

インドのムンバイと同じく、激混み状態のインドネシアの首都ジャカルタでは、線路の上にグレープフルーツ大のコンクリート球を鎖で吊るしてカーテンのように垂らし、列車の屋根に乗っていられないようにした。それ以前には、有刺鉄線をめぐらせたり、屋根に油を塗ったり、安全を訴える歌をホームで生演奏させたりしていたが、どれも効果がなく、コンクリート球の導入に至ったのだ。だが、ジャカルタの通勤客は手ごわい。車内が超満員なので仕方なく屋根に登る者もいれば、無賃乗車目的でそうする者、電線や低い橋をよけるスリルを味わうために登る者もいる。彼らはあらゆる手段を用いて鉄道会社からの新たな挑戦に立ち向かう。

ジャカルタへ通う〝屋根乗り通勤者〟は、「最初にコンクリート球の話を聞いたときは恐ろしいと思ったよ」と〈AP通信〉の記者に語った。「すごく危なそうだからね。でも、長続きはしないだろう。屋根に登らせまいとあの手この手を打ってくるけど……結局は必ずこっちが勝つんだ」

屋根に登る人々の無謀さも、先に述べた「集団的強靭性」の一種かもしれない。この場合、人々が結束して立ち向かおうとしている脅威とは、彼らの行動を規制しようとして鉄道会社が打ちだしてくる対策だ。程度の差はあれ、鉄道運営者を敵視する傾向は、どこの通勤客にも共通しているように思われる。〈ロンドン地下鉄〉の乗客にも、ムンバイの超過密電車の乗客にも言えることだ。

毎日他人とくっつきあって一時間ほど過ごすのをどうやって耐えたらいいか、そのために世界各地の通勤客が編みだす方法は、文化の違いや混雑度の差によって千差万別だが、そうした不快な状況を運営者側のせいにすることによって、通勤客のあいだには一種の連帯感が生まれる。だからこそ、ほかの客に対して直接その不満をぶつけたり、通勤そのものを断念したりすることなく、粛々と満員電車に乗りつづけることができるのだろう。

9　ロード・レージ――逆上するドライバーたち

戦車は街道を狂い走り、争いあって大通りを突き進む。

――エルコシュ人ナホム　紀元前六二〇年ごろ

鉄道通勤に満員電車があるように、自動車通勤には道路渋滞がある。路上の渋滞でも、満員電車のときと同様、いやおうなく他人との距離が縮まる。公共交通機関の混雑と同じく、世界各地で道路渋滞は急増している。二十一世紀に入ってから、渋滞は世界中で年々悪化の一途をたどっている。〈IBM〉は、世界の主要な二十都市（ロンドン、モスクワ、メキシコシティ、ロサンゼルス、バンガロール、北京など）で道路渋滞と苦痛度を調査し、「通勤苦痛度指数」を算出ならびに観測している。渋滞にはまって何時間も無為に過ごす苦しみを暴いて楽しむような嗜虐（しぎゃく）的な調査だが、自動車利用に関しては道路渋滞は避けられない問題であることを示すものでもある。イギリス人にとっては意外かもしれないが、二〇一一年の調査結果では、ロンドンの通勤苦痛度は二十都市中十九位である。

一位はメキシコシティで、通勤苦痛度はロンドンの五倍ほどになる。

私はロンドンまで鉄道だけでなく自動車でも通勤したことがあるが、あの苦しみの五倍なら、メキシコシティの通勤がいったいどれほどたいへんなものなのか想像すらできない。私が利用していたM25（第6章参照）は八万八千台の交通量を想定して建設された道路だが、二〇〇八年当時の交通量は二十万台を超えていた。一九八六年の完成時には「世界最長の都市バイパス」と絶賛されたが、やがて「世界最大の駐車場」と揶揄されるようになった。M25は開通以来、拡幅を繰り返しているが、それと並行して交通量も増えつづけ、ラッシュアワーでは特にひどい。冬になると帰宅ラッシュの時間帯はすでに真っ暗で、永遠に続くかと思われる渋滞は地獄のようだった。

その後も状況は悪化し、今後も悪くなる一方だと予想される。二〇一四年三月、〈英国道路庁〉は「ひずみが現われはじめている」ことを認め、「ラッシュ時のM25の利用を控える」ことを勧告する小冊子を発行した。第二次世界大戦時に不要不急の列車利用を控えろと呼びかけたポスター・キャンペーンにも似た高圧的な姿勢のこの冊子は、国民の怒りを買った。

「言語道断だ。まるで悪い冗談だ。ほかにどうやって通勤しろというのか？　M25はラッシュアワーに利用するためにあるというのに」と〈イギリス王立自動車クラブ財団〉ケヴィン・ディレーニーは〈デイリー・メール〉紙に語った。ロンドンのほかの交通機関の厳しい状況も問題に拍車をかけた。「地下鉄はトラブル続きで、バスレーンは渋滞するし、電車はまだ［二〇一三年十二月～二〇一四年二月の洪水被害から］完全復旧していない。ロンドン中心部はかつてないほど渋滞していて道路工事だらけだ」。M25の利用を控えろと言われても、ほかの通勤手段の苦痛度も似たり寄ったりだっただろう。

渋滞は苦痛であるだけでなく、無駄も多い。自動車通勤が主流になっているアメリカでは、全通勤者の八七パーセントが一人で一台の車を使って通勤しており（ロンドンでは二九・八パーセント）、毎年、推定四十八億時間分の生産あるいは余暇の時間が渋滞によって失われている。渋滞による損失を金額に換算すると膨大な額になる。渋滞に巻きこまれているあいだの燃料と自動車の劣化で毎年千億ドル分が無駄になり、交通事故の人的被害と金額的損失も計上すれば、損失金額はさらに跳ね上がる。

アメリカで一九五〇年代に建設された幹線道路や高速道路は、渋滞問題を解決するはずだったし、自動車メーカーは確かにそう宣伝していた。だが、問題はむしろ悪化した。解消されるはずの渋滞は、これらの道路の開通前よりはるかに深刻になっている。「道路を増やせば渋滞は減る」という理論が大きく間違っていたことがわかり、交通量分析の方法は逆転を迫られた。

昨今では、ジャイルズ・デュラントンとマシュー・A・ターナーという二人の経済学者が、道路が存在することで交通が発生するため、「新しい道路を造ったり、いまある道路を広げたりすれば、交通量はさらに増え、結局、元の渋滞量に戻る」という説を発表した。このような渋滞理論が正しいとすれば、自動車利用を強制的にでも制限しないかぎり、渋滞を防ぐことも解決することもできないだろう。どこにも通じない道路ですら、そこへ車が流れこみ、やがて渋滞が発生すると指摘されている。

そうだとしたら、この避けられない渋滞に自動車通勤者はどう立ち向かえばよいのだろう？　満員電車の場合のように、ふだんの行動原則や人格を変えるしかないのだろうか？　だが、道路渋滞は満員電車とは違う。電車の乗客たちのように〝共通の敵〟によって閉じこめられているのではなく、渋滞に巻きこまれている車は、それぞれが互いの通行を阻んでいるのである。また、車には自分しか乗っていないのだから対人距離が侵害されることもない。詰めこみ乗車を強いられているわけではなく、車内は一人きりだ。

とはいえ、いくらハイテクの車体で他のドライバーから隔てられてはいても、運転者の「密接距離」（第8章参照）は、車両の大きさと適切な車間距離も含めた範囲にまで拡大される。アメリカの〝中程度の大きさ〟の車でも、全長は四メートル数十センチ、重量は千三百キロ前後もあるのだ。このような拡大された空間を守るため、運転者はいっそうの努力を求められる。自動車は人間の肉体よりも高速で動き、融通がきかず、ちょっとしたミスが大事につながる。車輪付きの家であるとともに、死を招く道具にもなる。ほかの自動車と接触しないよう、互いに瞬時に警告しあわなければならない。

また、運転者は自分の身の安全と同時に自動車そのものも大切にしている。〈米国自動車協会〉によると、「自動車は、大切かつ象徴的な所有物であり、それを脅かしそうな危険を察知すると、独特の攻撃性と縄張り意識が呼び起こされる」。そのため、自動車通勤者は公共交通機関の乗客より攻撃的になりやすく、〝ロード・レージ〟（運転中の攻撃性）という現象が起こる。あらゆる運転者はほかのドライバーの激昂と隣り合わせであり、自分自身の攻撃性にも注意していなければならない。

人間は車輪付きの乗り物に乗ると特別な怒りに駆られる、という見解は、通勤という習慣よりもずっと古くからあり、古代にまでさかのぼる。旧約聖書には、イスラエルの王イエフは狂ったように戦車を走らせたという記述があり、ローマ人は戦車競争では身の危険を賭してまで猛烈に戦車を駆ったと伝えられる。十九世紀を代表するロマン派詩人のバイロン卿は、馬車に乗っていた人物が彼の馬に「無礼だったから殴ってやった」と豪語した。ヴィクトリア朝時代のイギリスでは「無謀な運転や怒りに任せた運転によって身体的危害」を与える行為が犯罪であると認められ、法律で禁止された。

自動車通勤が始まると、人間のそうした行動は映画にも描かれた。一九三二年の《百萬圓貰ったら》では、買ったばかりの自家用車を信号無視の車にぶつけられてしまったヒロインが登場する。ふとしたことから彼女のもとに百万ドルの遺産が舞いこむと、彼女はこの天からの贈り物を使って自動車を八台購入し、お抱え運転手を雇い、単独プレーと連携プレーで危険なドライバーたちを攻撃し、道路から駆逐したのだ。

それでも当時はまだ〝ロード・レージ〟はまれにしか発生せず、この現象が広く知れわたるようになったのは一九九〇年代、渋滞がかつてないレベルにまで悪化してからだ。アメリカで〝ロード・レージ〟という言葉が初めて使われたのは一九八六年で、〝ロイド・レージ〟すなわち、ステロイドを多量に摂取したボディビルダーに現われる衝動的な怒りを表現した言葉の変形だと考えられている。文化史研究者ジョー・モランによると、この言葉が初めてイギリスに登場したのは一九九四年、〈サンデー・タイムズ〉紙の記事だった。ロンドンのユダヤ教会の長老がこうした「新種の怒り」に駆られて仏教の僧侶を殴った事件を報じた記事では、「警察、自動車関連団体、そして心理学者らが全国的な広がりを指摘している問題である」と伝えていた。

当初、ロード・レージはメディアによって誇張された現象のようにも思われた。テレビや新聞でこの話題が採りあげられない日はなく、ときには著名人のロード・レージも報じられた。一九九四年、俳優のジャック・ニコルソンは、一台のメルセデスに割りこまれたことで激昂し、ゴルフクラブでその車のフロントガラスを叩き割った。

やがて、ロード・レージによる殺人事件まで発生すると、この話題はもはや話のネタではなく恐怖の対象となった。一九九六年五月、ケネス・ノイという男は、M25自動車道の合流地点で怒りに駆られ、別のドライバーに車を止めさせ、その車の同乗者を刺し殺した。この事件をきっかけに、ロード・レージに関する報道のあり方が変わり、解決すべき深刻な問題として扱われるようになった。

渋滞によって引き起こされるロード・レージという特殊な怒りは、アメリカで特に大きく注目された。一般市民にも銃の携行が認められているアメリカでは、ロード・レージが殺人事件に発展する可能性がほかの国より高いのが特徴だ。一九九七年、米連邦政府はこの現象に関する調査を開始し、同年に開催された上院公聴会では、共和党のメリル・クック下院議員が次のように証言した。

三年前までは、ロード・レージについて……ユタ州で耳にしたことはありませんでした。ところが最近、ソルトレークシティの中心部を通るI15自動車道で二件の殺人事件が発生し、私の選挙区民は衝撃を受けています。入口ランプを運転していた若い母親が、彼女に割りこまれたことを怒った別の車の男に銃で撃ち殺されました。また、数カ月前には、地元では穏やかな人物として知られていた妻子ある男性が通勤途中に銃殺されました。犯人は渋滞で止まっていた車から降りると、後続の被害者の車に近づいていき、何度も発砲したのです。

ほかの地域の議員も同様の問題があると発言した。〈米国自動車協会〉が一九九〇年から一九九六年に発生したロード・レージに関連する一万件の事象を調べてみたところ、「少なくとも二百十八件の殺人事件と、延べ一万二千六百十件の傷害事件」が確認された。この数字そのものが衝撃的だったのと同時に、あまりにもささいなきっかけがロード・レージを引き起こしていることに人々は驚愕した。

被害者を殺害したある男は「相手のせいで道路からはみ出そうになったんだ――ほかにどうすればよかったと言うんだ？」と開き直っていた。マサチューセッツ州のドナルド・グレアムという教会執事も、ほかの車の後ろにぴったりついて運転していた男をクロスボウ（弓の一種）で攻撃したあと、似たような態度を示した。被害者は病院へ搬送される途中で失血死したが、グレアムに反省の色は見られず、「私は正しいことをしたのだから謝罪する気はない」と記者に語った。

運転中に怒りを爆発させたことを正当だと言うだけでなく、あたかも立派な行為のように主張する者もいる。一九九七年、トレーシー・アルフィエリという二十四歳の女性会社員は、ラッシュ時に前に入ってきた車に急接近し、トラックに衝突させた。衝突した車を運転していた妊婦は全身骨折の重傷を負い、胎児は死亡する。アルフィエリは職場に着くと、「私の前に割りこむ車は絶対に許さない！」「運転中にばかにされるのは我慢ならない」などと言っていた。加重自動車運転暴行罪、および加重自動車運転殺人罪（胎児が死亡したため）で有罪判決を受けると、アルフィエリは自分が刑務所に入れられるのは不当だと述べた。さらには「妊婦も医師も自由に中絶することができる」のに、自分が彼女の「妊娠を中絶させるという同じ行為」で罰せられるのは、「残酷で異常な刑罰を禁ずる修正八条に反する」と主張し、控訴までした。

アルフィエリは一九九九年に刑務所を出たあとで、被害者に謝罪している。だが、事件発生当初の彼女のように、罪を認めようとしない態度はロード・レージの典型的な特徴だ。ロード・レージに駆られると、多くの人がまるで自警団の一員になったかのごとく、重要な目的のためには法を破ってもいいと思いこむようだ。自分の邪魔をした者に罰を下そうとするのだ。

アメリカの自動車クラブ〈オートヴァンテージ〉は、毎年「ロード・レージ調査」を実施している。この調査では、回答者にロード・レージが起きたきっかけは何か、自分はロード・レージに陥りやすいと思うかどうかを質問する。多くの回答者が、他のドライバーの軽率な行為がロード・レージの原因だと答えている。運転しながら携帯電話で話しているドライバーを見るだけでも怒りを感じる、と答えた人は八四パーセント。ほかに、スピードの出しすぎ、挑発的行為、運転中の飲食や携帯電話のメール操作、のろのろ運転などがロード・レージのきっかけとして挙げられた。

ロード・レージはそうした〝挑発〟に対する正当な反応であり、悪いのはいつも自分以外の他者だという考え方は、自動車運転に関する自信度調査にも現われている。ドライバーの三分の二は「自分の運転技術はかなり高い」（十段階の九〜十点）と思っており、三分の一は「普通」（同六〜八点）だと答えている。誰もが内心、自分が運転中に間違ったことをするはずがないと信じているのだ。そのため、「攻撃的なドライバーの被害に遭ったことがあるドライバーは七〇パーセント」もいるのに対し、「自分自身が攻撃的ドライバーだと自覚している人は三〇パーセント」にすぎない。現実と自己認識とのあいだにこれほど落差があるのなら、道路上で見解のずれが具体化するのも当然だろう。

ロード・レージに特徴的な縄張り意識、好戦性、報復欲求、そして特に顕著な二重基準（ダブル・スタンダード）については、詳しい調査が行なわれてきた。ロード・レージはいまや、毎年何百人もの死傷者を出す、緊急に解決すべき問題として認識されているのだ。

二〇〇六年、〈米国精神医学会〉によって、これは重大な疾患であると診断され、「間欠性爆発性障害」（ＩＥＤ）と名付けられた。〈米国精神医学会〉は、国内で千六百万の人がＩＥＤに罹患（りかん）していると見ている。その症状は、「状況から大きく逸脱した攻撃的・暴力的行為を繰り返す」ことだ。ＩＥＤの症状を示すのは、渋滞に巻きこまれたドライバーだけではないが、そうした事例が最も顕著に見受けられる。

ＩＥＤに特徴的な怒りの原因はストレスだとされる。ストレスは「戦うか逃げるか（ファイト・フライト・オア・）、すくんで動けなくなるか」反応(第8章参照)を引き起こすが、渋滞からは逃げられず、混雑する道路で車は止められないので、残された選択肢は戦うだけ、ということになる。

ハワイ大学の心理学教授レオン・ジェームズは、運転中に感じるストレスを十五種類に分類した。なかでも、ジェームズは運転席に〝縛りつけられている〟ことの影響に注目した。「身体が物理的に拘束され締めつけられていると緊張が高まりやすく」、さらに車線からはみ出さずに一方向へ向かい、制限速度に従って渋滞を我慢しながら運転を続けさせられることにより、緊張はますます高まる。ラッシュアワーの混沌とした渋滞では、車に傷がつくかもしれないという心配も重なるし、そういった予測不能な不安のほか、渋滞による暑さや騒音やにおいもストレスの原因になる。ただでさえいらいらしているところへ、自分が何かミスを犯したり、誰かがたまたま気に障るようなことをしたりすれば、思いどおりにならない不満がストレスをいっそう高める。

さらに、レオン・ジェームズはこう指摘する。「運転者どうしには、身ぶり手ぶりで意思疎通できる共通のコミュニケーション言語がない。銀行で列に並んでいる者どうしのように〝すみません!〟と簡単に謝る手段もない。だから誤解が生じやすく、〝いまの合図は侮辱なのかそれとも謝罪なのか?〟という曖昧さが残ることになる」。そして、「あらかじめ用意されたメッセージを表示する電光掲示板を自動車に搭載すれば間違いなく役立つ」と言う。だが、みずから「すみません!」と表示させる殊勝なドライバーがどれほどいるのか、はなはだ疑問だ。

ストレスはやがて「放出」という段階へ進み、これが「激怒」である。あらゆるものに危険を感じ、大脳辺縁系（人間の脳で情動反応に関与する部分）が刺激されてカテコールアミンという物質が放出され、身体は「戦うか逃げるか」どちらの行動にも出られるよう準備をする。「激怒」は長く続くものではないが、そのあいだに神経系が覚醒し、怒りの連鎖につながる。「怒りを呼び起こす思考が繰り返されることによって、次々とカテコールアミンが放出され、ホルモン作用の勢いが増していき……身体は急速に興奮状態になる」。つまり、猛烈な怒りに支配されるということだ。これはまずい状態である。

ダニエル・ゴールマンは著書『ＥＱ　こころの知能指数』で、「怒りが怒りを増幅させ、情動の脳が過熱する。こうなると、怒りは理性で抑えることができなくなり、暴力として激発しやすくなる。この時点では人を赦すことも、理屈で考えることもできない。頭のなかは仕返しすることでいっぱいになり、それがどんな結果を招くかということにさえ、考えがおよばなくなってしまう」と書いている。

しかし、渋滞で怒りを引きだすのはストレスだけではない。行動学者たちはもっと重要な別の原因を見つけた。それは、渋滞しているあいだ、運転者は「相手の背後だけを見ていることになり、人はそのような状態では伝達能力を発揮できない」という点だ。人間にとって、他人に背を向けるしぐさは拒絶を表わしており、そのしぐさをされた者は侮辱を感じる。そして、自分がほかの車の後ろを走っているのと同時に、自分の後ろにも別の車が控えているのだ。誰かが後ろについてくるという状況もまた、原始的な怒りを呼び覚ます。

加えて、「非対称のコミュニケーション」と呼ばれる事態によっても不快感が増し、いらいらさせられる。エンジンを動かしているのにタイヤは動かないという状況について、どれほど不満を訴えても聞いてもらえるわけでもなく、自分ではどうすることもできない。これでは、言いたいことが溜まっているのに何も言えないのと同じだ。どれだけ悪態をついても、相手からはただ嘲笑われているような状況なのだ。レオン・ジェームズ教授の提案する電光掲示板はこのような非対称性の軽減に役立つかもしれないが、表示によってかえって挑発的な行為と受けとられる可能性もあり、怒りの火に油を注ぐことになりかねない。

ただし、ロード・レージは、ストレスや非対称コミュニケーションの問題だけにとどまらないようだ。経済学者リック・ネヴィンによると、一九二〇年代から（アンチノック剤として）ガソリンに添加され、一九九〇年代に禁止されるまで使われていたテトラエチル鉛は、脳に影響してロード・レージの原因になったと言われる。鉛は体内から排出できない神経毒であり、排ガスにさらされて毒素が累積すると重度の鉛中毒を引き起こし、その症状として攻撃的な行動が現われることがあるらしい。鉛は子どもの精神の発達にも悪影響をおよぼし、大人になっても発達が不充分だったり精神が不安定になったりする、とネヴィンは指摘した。彼の見解によると、テトラエチル鉛の使用が禁止されてから二十年余り経過したが、現在起きているアメリカのさまざまな暴力犯罪の九〇パーセントは自動車からの鉛の排出と関係していると考えられ、「高レベルの鉛を幼児期に摂取した者は暴力犯罪者になる確率が高い」とされる。

一方、ジェームズ教授は、ロード・レージは子ども時代に刻みつけられた体験とも関係しているのではないかと考えている。子どもは運転中の親の行動を見て、正しい運転とはどういうものかを学ぶ。攻撃的になる性質は、遺伝だけでなく育った環境にも影響される。「運転者は、助け合いや平和よりも敵意に満ちたハイウェイになじむように育つ」、そして「自動車の後部座席はロード・レージ養成所だ。子どものころから車に乗って、攻撃的な運転の準備をしているようなものなのだ」とジェームズ教授は説明する。

幼少時の鉛の過剰摂取についてはさておき、それではどうすればロード・レージの発作から身を守ることができるのか、考えてみよう。ロード・レージは人間の行動や脳の状態に影響するだけでなく、健康をも損なう。たとえば、頻繁に怒りを爆発させると心臓に負担がかかる。イェール大学のジョン・ラーソン教授は心臓発作を起こした千人以上の患者と面談し、その八〇パーセントが「長年、運転中に猛烈な怒りを感じていた」ことに気づいた。また、著名な心臓内科医アーサー・アガツトンは、「渋滞に巻きこまれると血圧が上昇し、心臓発作のリスクが三倍になる」と述べる。

二〇一三年に発表されたカナダの調査によれば、ロード・レージを避ける最善策は、九月の火曜日の午前六時から九時には運転しないことらしい。記録を見るかぎり、ロード・レージ関連の事件はその時間帯に集中している。

とはいえ、大多数の通勤者にとってこの解決策は現実的ではない。それよりも多くの人が選んでいる対策は、ＳＵＶ（多目的スポーツ車）を購入することだろう。ＳＵＶは乗用車とトラックの機能を融合させた自動車で、都市生活者にはアウトドア趣味の車として、農業従事者には洗練された実用車として販売された。だが、ＳＵＶが本格的に売れはじめたのは、ロード・レージがメディアで話題になってからのことだ。一九八〇年にはアメリカの新車販売台数に占めるＳＵＶの割合はわずか一・八パーセントであったが、二〇〇二年には全自動車販売台数の四分の一以上になった。

ちなみに、イギリスでも都市部のラッシュ時に乗る目的で四輪駆動車が大人気となり、ロンドン都市部の地名にちなみ〝チェルシー・トラクター〟と呼ばれるようになった。その代表格は、〈ランドローバー〉社のレンジローバーである。二〇〇五年の調査では、四輪駆動車所有者のうち、実際にオフロードで使うと答えたのはわずか十二パーセントだった。四十パーセントの人が「都市部以外では一度も運転したことがない」と答えているのだ。

ＳＵＶの販売台数が急増した背景には、アメリカ人男性の男らしさへの回帰や軍国主義精神の高まりもあったが、普通の自動車より大きいことがＳＵＶ人気の大きな理由だと考えられる。人は大きな車に脅威を感じるので、自分がそういう車に乗っているときのほうが、他人の大きな車に囲まれるときよりストレスは少ない。ＳＵＶは路上で感じる脅威にも対応できるよう進化していき、その人気は、どんな状況にも耐えうる車だと謳う広告によっても支えられてきた。

かくして、道路上の力比べが始まった。頂点をきわめたのが〈ゼネラルモーターズ〉の〝ハマーＨ１〟という車だ。全地形対応型軍用車を原型とし、六・二リットルＶ８エンジンを搭載、燃費はリットルあたり五〜六キロで、重量五トンの車である。

この車のマーケティング戦略を担当したフランス出身のクロテール・ラパイユによると、ハマーH1は、自分の車を「戦場に向かう装甲自動車」とみなすロード・レージ時代の精神にうってつけの車である。ラパイユはマーケティングの権威として名高く、人間の行動は、彼が「爬虫類脳」と呼ぶ部分に支配されているという説で知られている。爬虫類脳とは脳のなかでも古くて原始的な部分であり、生存本能をつかさどり、ラパイユの意見によると、購買行動の多くがこの部分によって決定される。爬虫類脳が主張すれば、理性は後ろに引き下がるというわけだ。

メディア評論家のダグラス・ラシュコフから、人間は大型のSUVへの欲求と、排気ガスによる環境汚染とを秤にかけて判断すべきなのではないかと問われ、ラパイユは意味ありげなニュアンスを含ませつつ、「爬虫類が必ず勝つ」と断言した。

ラシュコフ　では環境問題はどうなりますか？　爬虫類［脳］がハマーを欲しがったなら？
ラパイユ　欲しがりますね。
ラシュコフ　つまり……爬虫類は環境保護主義者の言うことには耳を貸さないと？
ラパイユ　そうです。
ラシュコフ　その場合、意識の高い人間なら、爬虫類を黙らせ、大脳皮質、つまり哺乳類の脳に、正しいことを訴えるべきではありませんか？

ラパイユ　そこで問題なのは……善を行ないたいと思う人が必ずしも善を行なうとは限らないことです……善を行ないたいと思う人が「よし、環境に配慮して小型車を作ろう」と言ったとします……でも、誰もそれを買いません。なぜか？　小さすぎるからです。

ラパイユの説は、シェイクスピアの『リア王』の「ああ、必要に理屈をつけるな！　どんなに卑しい乞食でも、貧しいなりに余計なものも持っておる」という言葉に通じるところがあるのかもしれない。

ハマーのウェブ・フォーラムでも、とりわけ通勤が話題になっているときなど、同じような問題提起と感情論をたびたび目にした。そうしたフォーラムのスレッドは、「渋滞中に怪物のように大きな車をのろのろと動かして大量のガソリンを消費することのどこがいいのか？」という問いかけで始まるものが多いのだが、ごくわずかな投稿を除けば、理屈では割りきれないハマーのよさを賛美する意見が目立つようになる。たとえばこんなふうに。

ニュージャージーからワシントンDC付近まで一日おきに通っています（往復約三百八十六キロ）。朝はほとんどいつも、ボルチモアの先で渋滞になりますが、渋滞中に運転するなら断然ハマーです。道中の前半はすいているので、クルーズコントロールを毎時七十三マイル（約百十七キロ）に設定し、あとは道路を走るだけ。この車に乗る動機は「ただ愛しているから」としか言いようがありません……

もう死ぬまでこれしか乗りません。今後、修理やエンジン交換やトランスミッション交換にいくらお金がかかろうと、H2［ハマーH1と比べてやや軽量でわずかに低燃費のモデル］以外、乗る気はありません……

……以上が私の考えです。手に入れられるのなら、あなたもぜひ。絶対後悔しませんよ。あ、それから、配偶者がH2のことでごちゃごちゃ言うようなら、別れてしまってH2を選びましょう。長い目で見ればそのほうが賢明です（笑）

残念ながら、SUVの流行は、運転中の怒りを軽減するより激化させたようだ。〈サンフランシスコ・ビジネス・タイムズ〉紙の一九九九年の記事では、「渋滞中のロード・レージに、エゴを膨張させる巨大なSUVを加えると、怒りに満ちた危険な対立を大量に生みだす結果になる」と指摘された。普通車とSUVが衝突すれば、たいていは普通車の被害のほうが大きい。SUVの前面は頑丈で高さもあるので、SUVのバンパーが普通車の運転手の頭部を直撃することになる。アメリカの〈道路安全保険協会〉は、重大事故の死亡率は「重量五千ポンド（二千二百六十八キロ）以上のSUVに乗っていた人がいちばん低く……小型車および超小型車がいちばん高い」と報告している。

ほかの車に乗る人に危害を与える可能性と、莫大なガソリン消費量を理由に、キリスト教団体など、一部の人々からSUV利用反対の声があがった。二〇〇二年には、ワシントンの〈福音環境ネットワーク〉の牧師が「イエスならどの車に乗るでしょうか？」というテレビ広告キャンペーンを始めた。牧師の意見では、イエスはSUVに乗らなかったはずであり、そうであればイエスの信徒も乗るべきではないとのことだ。

では、SUVに乗らない通勤者たちは、どうやってロード・レージから身を守ればよいのだろう？インターネットには交通安全に関する自警団的なウェブサイトがあり、無謀な行ないをしたドライバーのナンバープレートとその行為の詳細が公開されている。そうしたサイトではたいてい匿名で投稿ができるので、オンラインの脱・抑制効果によって〝ロード・レージ〟ならぬ〝ウェブ・レージ〟そのものになっているところも多い。そこではロード・レージさながらに、痛烈な罵倒が飛び交っている。一人きりという状況も影響しているのだろう。コンピューター画面に単独で向きあう状態は、運転席に一人坐ってフロントガラスを見つめているのと似ている。誰からも見られていないと感じ、歯止めがかからず、やりたい放題になる。相手の情報をさらして恥をかかせることも解放感をもたらしてくれる——恥というのは人間の行動に強い影響をおよぼすからだ。

人間は生まれつき公共の利益に反する者を非難するようにできているから、賛同者が現われることを期待して批判的意見を公開する。それがうまくいけば自分の立場が上になり、非難の対象者の立場が下になる。ロード・レージを引き起こした張本人が、ウェブ・レージによる自分への非難を実際に読む可能性は低いだろう。だが、被害者がネットで不満を吐きだせば、その被害意識はいくらか薄れ、相手を論破し勝ったような気分にもなれる。ネットで他人を糾弾する風潮は、近年、車載カメラの録画映像によってさらに広がった。これで、ロード・レージを延々と批判するウェブ・レージの投稿に画像も加えられるようになった。

ロード・レージの代わりにウェブ・レージに陥るのもいやだと言うなら、〈米国自動車協会〉が出しているガイドラインに従ってみるのもよいかもしれない。このガイドラインは、間欠性爆発性障害（ＩＥＤ）に対し自制心をもって立ち向かうことを推奨している。たとえ爬虫類脳の命令で自動車を買ったとしても、運転には大脳皮質を使う必要があり、理性的な大脳皮質に全体を掌握させ、爬虫類脳を抑制しなければならない。

〈米国自動車協会〉の安全キャンペーンでは、自分や他者のロード・レージを恐れている人に向け、三つの行動原則が提案された。三つとも自衛行動であるが、相手より大きな車（ＳＵＶ）を所有して防衛するのではなく、自制心を向上させようというものだ。ロード・レージは普通の人の脳に起こりうる、まさに避けがたい自然な現象であり、まずはそれを誘発しないことが重要だという点を前提にしている。その三つの原則がこれだ。

1　怒らせない。〝慎重で礼儀正しいドライバーになろう〟――自分が相手に怒っていることがわかるようなジェスチャーをしない。

2　関わらない。〝怒っているドライバーも、他のドライバーが参戦しなければ喧嘩はできない〟――絶対に目を合わせないこと。目つきや表情が命取りになる。

3　意識を改め、勝とうと思わない。〝早く着く（メイク・グッド・タイム）〟ことより〝快適に過ごす（メイク・タイム・グッド）〟ことをめざす。

〈米国自動車協会〉の三原則に従ってもまだ怒りを抑えこめない人々には、つねに「ダライ・ラマならどうするか？」と自問することを勧める心理学者もいる。ダライ・ラマ十四世なら、さしずめ「前へ進み、自分を見失わず、他人への思いやりの心を持ちなさい。自分の〝スペース〟にこだわるのをやめて、窓ガラスには色を付けなさい。コマーシャルの入らない衛星ラジオに加入し、音楽を聴くのです。ロード・レージは愚かで、命を脅かすものであり、関わってはならないものだと悟りなさい」と言うのではなかろうか？

だが、もちろんダライ・ラマの亡命先であるインド北部のダラムサラでも、ロード・レージは発生している。二〇一二年七月、〈タイムズ・オブ・インディア〉紙は、マルチ800を運転していた男性が別の車に接触し、その車に乗っていた若者四人から激しく殴られた事件を報じた。これによって交通は一時間も麻痺したが、交通巡査は渋滞も暴力もまるで幻影だとでもいわんばかりに黙って傍観するだけだった。

このような事件はインドでは珍しくない。二〇一〇年の交通事故負傷者は百三十万人、ロード・レージも日常茶飯事だ。一九九〇年代のイギリスやアメリカのように、インドのメディアではいま、ロード・レージに関する検証が盛んに行なわれている。

IEDの最多発地と目されるデリーでは、毎日ラッシュアワーになると一千万台の車両が道にあふれ、歩行者や馬車、ヤギや聖なる牛をよけながら走っている。交通量の多い交差点でも信号機のないところが多く、車線は無視され、クラクションがけたたましく鳴り響く。そのうえ、車は毎日千四百台も増えているのだ。

このような状況から暴力や治安悪化が広まっている。「以前は、自分より遅い車はグズで、自分より速い車はいかれていると嘲笑っていました」——ロード・レージ常習者だったラケシュ・ヴェルマ（仮名）は〈ヒンドゥスタン・タイムズ〉紙に打ち明けた。そのヴェルマ自身がロード・レージの犠牲者となる事件が起きたのだ。

信号待ちでヴェルマの車が動かなくなったとき、彼は後続車のドライバーが危険な人物だということに気がついた。「後ろから大きなクラクションが聞こえてきました……マルチ800の運転手がこちらをにらんでいたんです……何がなんだかわからないうちに、男が私の車の窓とフロントガラスを滅多打ちしはじめました」。マルチの運転手と同乗者は二人がかりでヴェルマを野球バットで殴り、肋骨を折って気絶させた。居合わせた人たちが止めてくれたおかげで、ヴェルマはなんとか一命をとりとめる。デリー交通警察の責任者は、このような事件は枚挙にいとまがないと語った。「この国では法が尊重されていません。喧嘩は男らしい行為だと考えられているのです」

みずから非暴力の模範となるよう、「世界を変えたければ、まずは自分が変わりなさい」と説いたガンジーの理想とはかけ離れているが、ラッシュアワーは別の意味でインドを変えつつある。驚くことだが、いまでは聖なる牛までがロード・レージの犠牲になっているのだ。デリーには四万頭もの牛が自由に歩き、ゴミ箱や屋台をあさっている。聖なる牛を殺すことは違法なのだが、うっかり車で轢いてしまっても罪には問われない。

二〇〇三年、経営学者のビベク・デブロイはインドの日刊紙〈フィナンシャル・エクスプレス〉で牛のことを「こんにちのデリーにおける最大の交通障害」と呼び、牛に反射板やナンバープレートを装着させることを提案した。この不謹慎な発言は、牛の保護はヒンドゥー教信仰を外に向かって最も顕著に表明するもの、としたガンジーの教えとは正反対である。

インドの新旧対立が激化するのを抑える解決策として、デリー市は、聖牛を捕らえて五カ所の〝ゴーシャラ〟（牛の保護施設）へ連れていく職員を雇うことにした。牛はそこで転生を迎えるまで世話を受けて暮らす。この聖牛カウボーイの仕事は、西部のカウボーイのように華々しいものではない。彼らの多くは近郊農村部の出身で、超過密列車に乗ってデリーに通勤してくる。牛は都会慣れしていて抜け目がなく、ツノは小さいながらも鋭いので、この仕事には危険が伴う。牛を敬う人々から石を投げられたり、デリーの街で牛を放し飼いにして残飯をあさらせている無許可の酪農家や、その安価な牛乳を飲んでいる貧しい人々から攻撃を受けたりもする。それでも聖牛カウボーイたちは、渋滞でロード・レージに陥る通勤者たちから牛を守るために日々働いている。

インドの学識者たちも、デリー市民に長い伝統や文化を捨てさせるほどの激昂がどこから来るのか、その医学的原因を見つけようと試み、車の騒音や暑さが大きく影響していると考えるに至った。日陰でも気温が五十度に達し、湿度は一〇〇パーセントに近い。車という車がエンジンを吹かし、クラクションを鳴らし、牛は鳴き、歩行者は怒鳴っているという状況では、輪廻に思いを馳せることなど不可能なのだろう。

高温はアメリカでもロード・レージの引き金のひとつと考えられていた。しかし最近の調査では、ハイウェイでの運転者どうしの暴力事件において、暑さはその一因にすぎないことがわかってきた。実際、ロシアの状況を見ると、寒い気候であってもロード・レージは同じく過熱状態である。ユーチューブには、「ロシアのロード・レージ・グレーテスト・ヒット」という映像集がいくつも投稿されている。そうした映像集には、攻撃的な運転や運転者どうしの衝撃的な喧嘩の様子が録画されている。喧嘩に武器が使われることも多い。

だが、ロシア人にすればロード・レージはさして驚く現象ではないのだ。ロシアでは、帝政時代から車輪のある乗り物と暴力は密接に結びついており、地主と役人は農奴を車ではねてもなんとも思わなかった。共産主義時代になっても自動車はソ連政府の管理下に置かれ、労働者を見下しながら運転する態度は変わらなかった。ペレストロイカ（一九八〇年代後半からソ連で進められた政治体制の改革運動）後にようやく一般市民が自動車を所有できるようになったとき、IEDはすでにひとつの文化とさえなっていた。

ロシアにはほかにも運転者の暴力を助長する要因がある。ウオツカを飲んで運転する人は絶えないし、路面は凍結し、（二〇一一年の〈IBM〉通勤苦痛度指数によると）全運転者の半数近くが通勤途中に三時間以上の遅れを経験しているという国では、悪いのは自分以外のすべての人間だと考えたとしても不思議ではない。

一方、ロシアのロード・レージには西洋とは異なる特殊性もある。たとえば、モスクワの自動車通勤者は、〝ミガルカ〟と呼ばれる青い回転灯を屋根に載せた車を憎んでいる。そのような車の所有者は、ほかの車の運転者より自分のほうが偉いと思っている。この青色灯はソ連時代の遺物で、当時は、渋滞で到着が遅れたら国益に関わるような政府高官が使用するために支給されていた。それがペレストロイカ後、高額で取引され、市場に流出した。なんらかの手段でミガルカを入手した者は、かつての皇帝や共産党幹部さながらに、ほかの運転者たちを見下すふるまいをした。二〇一〇年六月、セルゲイ・ショイグ非常事態相を乗せた青色灯車両の前にラッシュ時の車列が詰まっていたとき、ショイグの運転手はメガホンを取りだし、前にいるドライバーに向かって「どかないと〝頭をぶちぬくぞ、ぼけなす！〟」と怒鳴った。

ミガルカ所有者に抗議して立ち上がったのが〈青いバケツの会〉だ。彼らは自動車の屋根におもちゃの青いバケツを載せて車列デモを行ない、ミガルカを載せた車の無法行為を車載カメラや携帯電話のカメラで録画し、インターネットを通じて投稿している。当初、ロシア連邦政府（クレムリン）はこうした過激な投稿（ウェブ・レージ）とロード・レージのどちらをやめさせるべきか決めかねていたが、世論は〈青いバケツの会〉を支持していることを認めざるをえなかった。

そのきっかけとなったのは、二〇一〇年十二月に起きた、目に余るほどのミガルカ悪用事件である。青色灯をつけた立派な車列に道を譲らなかったレクサスに対し、三人の男が窓を割ってレクサスの運転手を引きずりだし重傷を負わせた。青色灯の持ち主は、危険運転の前歴のある大富豪だったことが判明した。これに対して当時ロシア内務大臣だったラシド・ヌルガリエフが介入に乗りだし、「かように傍若無人な違法行為は、たとえ運転者がどんな人物でどんな地位にあろうとも容認されるべきではない。交通事情がきわめて複雑化しているモスクワではなおさらである」とロシアの通信社の記者に語った。

その後、自動車登録の方法が見直され、七千五百個あったミガルカは千個以下に減らされた。しかし、噂によれば、ミガルカはいまでも購入でき、その数はまたじわじわと増えてきているらしい。

ところが、世界にひとつだけ、自動車運転の礼儀作法が現在も存続し、ロード・レージに該当する現象が皆無とは言わないまでも、それを表わす言葉すら存在しない国がある。日本である。日本の自動車通勤者は何百万人もいるが、その大多数は運転にも禅を実践しているかのようだ。運転手たちは互いに挨拶を交わそうとし、交差点では相手に道を譲り、譲られたほうはハザードランプで感謝の合図を送る。運転中はふだんより改まった態度に戻るようで、自動車をとおして日本古来の礼儀を実践している。

日本人は適性検査などの科学的なアプローチでロード・レージを抑えている可能性もある。日本の指定自動車教習所では、CIAの新人さながらに、全教習生が適正検査を受けさせられる。その結果で不合格になることはないが、無謀な運転をしやすいと診断された者は「反省を促される」という。

自動車運転教習生に、自動車だけでなく自分の感情をコントロールすることを教えるという考え方は、日本以外でも注目されるようになってきた。シンガポールでは、運転免許テストの一環として、「暴言や身体的抗議を受けたときの反応」を実地検査されるという。イギリスでは、〈王立自動車クラブ財団〉が運転免許試験に新たな講習を追加するよう、政府に働きかけをしている。怒りをコントロールするための「アンガーマネジメント法」と激怒したドライバーへの対処法の講習である。〈スコットランド無謀運転追放運動〉はそれをさらに強化し、五年ごとに、全運転者が運転免許試験を再受験するよう義務づけ、ロード・レージが原因で有罪になった者は免許の再交付前に心理学的診断を受けることを提唱している。

だが、改良された教育プログラムがよほど徹底的に浸透するか、道路が割当制にでもならないかぎり、ロード・レージを確実に防ぐ方法は歩くことしかないのかもしれない。自転車通勤者もロード・レージの被害を受けているからだ。自転車通勤者のウェブ・フォーラムを読むと、ロード・レージは重大な問題になっているようだ。道路利用者のなかでもサイクリストは弱者である。大きな乗用車やバスを相手に、不充分な装備で路上のスペース争奪戦に参戦しなければならない。ラッシュ時には頭にヘッドカメラを付けているサイクリストも多い。危険運転者を録画し、分別ある運転を呼びかけることが目的なのだろう。

だが、サイクリスト自身が、ロード・レージを誘発する大きな要因のひとつだとも考えられている。自転車保険を扱う保険会社〈プロテクト・ユア・バブル〉が二〇一三年に行なった調査では、内側から追い越したり、信号を無視したり、合図なしに車線を変更したりする自転車が「イギリスのロード・レージの最大の原因」になっていることがわかった。

一方、〝歩行者レージ〟といった現象は見られず、歩道で他人どうしがいさかいを起こすことは少ない。これについては、フィンランドの心理学者リスト・ネーテネンとヘイキ・スマラの二人が一九七五年に先駆的研究を行ない、いくつかの理由を導きだしている。

そのひとつとして、歩行者は鬱積（うっせき）した攻撃性を運動によって解放しているから怒りが爆発しにくい、という点が挙げられる。活発に歩けば一時間に約二百七十キロカロリーを燃焼するが、渋滞中の運転者の消費カロリーはその半分である。もうひとつ、歩行者は自動車と違って渋滞に巻きこまれないという理由もある。自動車と違って、過密状態でも移動を続けられるし、自動車より容易に相手をかわしながら進むことができる。さらに歩行者は、ドライバーの被害者意識を高める「制限速度」や「交通標識」といった決まりに従う必要がない。

もちろん、うっかり誰かとぶつかってしまってもほとんど被害はなく、すぐに謝ることができるという違いもある。

10　移動は喜びなのか?

人間の本性は動である。
完全なる静は死である。

——ブレーズ・パスカル『パンセ』一六六九年

通勤が原因とされる情緒障害はロード・レージだけではない。公共交通機関を使おうと自家用車を使おうと、自宅と職場を往復する行為はうつや不眠症を引き起こす原因になると医療関係者は指摘し、肥満や性的不全を誘発するとも言われている。

すいている道を運転しようと、会員制クラブのような豪華列車で通おうと、通勤に批判的な人々は、その移動行為自体が人間の耐えうる範囲を超えていると主張する。さらに、メディアも通勤を一種の地獄のように描写する(もっともそうした報道の受け手の多くは通勤者なので、論調は同情的だ)。毎年一月になると、イギリスの新聞各紙には、鉄道運賃の値上げと公共交通機関利用者の悲惨な状況を嘆く、憤りの記事があふれる。否定的な報道が目立つせいか、通勤しなくてもいい人は通勤する人を気の毒がってみせるが、そこには優越感やそこはかとない侮辱が感じられる。

だが、通勤とはそれほど不快なものなのだろうか？　果たして通勤は出勤日の最大の苦痛なのか？　つまらない仕事や家庭内の口論より通勤のほうが辛く、しなくてもよければ、しないですませたい苦行だと言うのだろうか？　私の場合、とりたてて好きでもなく、うんざりすることもあるにせよ、通勤は平日における独特の日課であり、職場や家庭では得られない〝一人になる喜び〟をもたらしてくれる活動だ。ほかの人々にとっても、それに近いものではないのだろうか？

これまで生物学者や精神分析学者、都市設計家、経済学者など、さまざまな専門家が通勤者について研究し、どうしてこれほど多くの時間をただの移動に費やすことができるのか、探ってきた。その答えはそれぞれ大きく異なっているが（人間はもともと移動性の肉食動物だという説、大型車でガソリンを浪費することで力を誇示しているという説、通勤は浮気に好都合だからという説、誰もが同じような小さな家を求めるからという説など、さまざまだ）、通勤は好ましくない活動であるという考え方ではほぼ一致している。

このような思い込みや前提をさらに強めているのが、〈ＩＢＭ〉による通勤苦痛度指数のような調査だ。通勤苦痛度指数は、対象都市のドライバーに十項目の質問をするというアンケート調査に基づいている。だが、質問はどれも否定的なものばかりだ――ラッシュアワーに怒りやストレスを感じるか、ガソリン価格は高すぎると思うか、通勤時間は長すぎると思うか、といったことが問われる。

このような質問なら、どこで調査しようと苦痛度が高くなっても驚くに値しない。〈IBM〉のこの調査では、もし通勤する必要がなかったら、浮いたその時間に何がしたいかという質問もしている。この場合もドライバーを対象としたアンケート同様、与えられる選択肢は少ない。結果は、「人間関係や健康を向上させるために時間を使いたい」という人がいちばん多かった。さらに余った時間があれば娯楽に、そして十人中三人は「睡眠時間を多くしたい」と答えている。

この苦痛度指数が示すように、通勤で時間が無駄になるのが本当にそれほどいやなことで、通勤のために人生の一部が削られていると感じているのだとしたら、どうして人は通勤を続けるのだろう？

通勤する理由は主に三つある。（a）よりよい職を得るため、（b）よりよい家に住むため、（c）毎日出かけたいという自然な、または習慣的な行動であるためだ。そこで、これらをひとつずつ検討してみよう。

まず、通勤することで本当によりよい仕事が得られるのだろうか？　よい仕事イコール多額の報酬および権力なのだとしたら、答えは明らかにイエスだ。これはヴィクトリア朝時代から始まっており、機関車と自動車の移動力によって、人々は自分の能力をそれが最も高く評価される市場へ売りこめるようになった。最近の調査では、ロンドンの鉄道と地下鉄を通勤に利用している人は、全国平均より収入が高く、役員や管理職者である確率が高いとわかった。さらに教育レベルも高く、寿命も長い。彼らが定期券を購入できる立場であることも重要な一面だ。通勤が就職上有利であることはあらゆる数字で示されている。

一方、現在の経済学者たちは、国の相対的な健全性を平均所得だけでなく〝生活の質〟の観点から把握しようとしている。以前は無視されていたこの無形の価値の重要性とその実態に初めて焦点をあてたのは、ジョン・F・ケネディ大統領の弟、ロバート・F・ケネディ上院議員が一九六八年にカンザス大学で行なったスピーチだ。

私たちは長いあいだ、個人の優越性や地域社会の価値を単なる物質的な蓄積量に拠っていたように思います。アメリカ合衆国の価値を国民総生産（GNP）によって評価するとしたら……そこには、大気汚染や、喫煙を促すたばこの広告、路上の交通事故犠牲者と救急車なども含まれます……セコイアの森の伐採、無秩序な繁栄による自然破壊も含まれるでしょう……子どもたちにおもちゃを売ろうとして暴力を賛美するテレビ番組もそうです。

一方、国民総生産には、子どもの健康や教育の質、遊ぶ喜びなどは含まれていません。GNPには文学のすばらしさも、結婚の絆も、知性ある国民的議論も、公務員の誠実さも含まれていないのです。私たちの機知も勇気も、知恵や知識や思いやりも、そして国家への献身も考慮されていません。つまり、GNPには、生きがいのある人生につながるものは何ひとつ含まれていないのです。

ケネディ議員のスピーチに触発された経済学者たちは、人々の〝生活の質〟を左右する捉えがたい要素を数量化し、それがGNPに与える影響について研究しはじめた。

その第一歩は、人が実際に一日のなかで苦楽をどう感じているのか測定する方法を考案し、そうした感情の動きと生産性との関係を分析することだった。まず、「経験サンプリング法」という手法が採り入れられた。たとえば二時間に一回など、決まった頻度で音を鳴らして呼びだし、いま何をしているのか、そのとき幸せな気分なのかどうかを尋ねるのだ。また、被験者に日記をつけてもらい、前日の活動に関する質問に回答してもらう「前日再現法」という手法も経済学者によって開発された。「経験サンプリング法」でも「前日再現法」でも、興味深い結果が表われた。たとえば、多くの人にとって、子どもと遊ぶのはあまり楽しいことではなく、テレビを観るよりつまらない活動だという結果が出た。多くの人が実は自分の仕事が好きであると判明した調査もあれば、その逆を示した調査もあった。そして、ほとんどの調査で、通勤者が通勤を嫌っていることが示された。そのため、このような調査結果を集計して幸福度指数を出すとき、通勤は生活に悪影響をおよぼす要素とみなされてきた。

たとえば「ギャラップ＝ヘルスウェイズ幸福度指数」によれば、通勤時間が長い人は、徒歩通勤をする人に比べて腰痛や首の痛みに悩み、コレステロール値が高く、ネガティブな感情に陥る傾向があるという。

三十六カ国を対象にしているOECD（経済協力開発機構）の幸福度指数、「より良い暮らし指標」でも、通勤の評価は低い。OECDや国連の調査で幸福度がきわめて高かったデンマークでは、通勤時間が短いことと、労働者の三四パーセントが自転車通勤をしていることが幸福度の高さに寄与した。このふたつの要因によって、「健康」（自転車通勤者は死亡率が平均より二八パーセント低い）と「環境」と「ワークライフ・バランス」などの項目において点数が高くなっている。

とすれば、通勤者は健康を損ない寿命を縮めるとわかっていながら、そうした習慣をやめられないという、喫煙者と似たような認知的矛盾に陥っているのだろうか？

そのように考える専門家もいる。人は認知の誤りを犯し、優先順位を見誤ることがある――ささいなことに情熱を傾け、重要なことを見過ごしてしまう傾向がある。たとえば、新品の靴に泥がはねたら、そのことばかりが気になって、税金を払いにいくことを忘れてしまうときのように。通勤の場合、郊外に庭付き一戸建てを買うとか、子どもをよい学校へ通わせるといった夢を追うあまり、定期代やガソリン代が高額になること、庭いじりをする時間があまりないこと、子どもの私立学校の学費を払う余裕がなかったことを忘れてしまう。

要するに、見返りのほうを過大評価し、心身の健康という代償を過小評価してしまうのだ。経済学者のアロイス・スタッツァーとブルーノ・フライは、こうした計算違いを「通勤者のパラドックス」と呼び、通勤時間が片道三十分長くなるごとに給与が二〇パーセント多くならないと割に合わない、と推計した。また、「通勤の負担は、血圧上昇・筋骨格疾患・忍耐力低下・不安感・敵意の増加などと関連し、朝、職場に着いたときと夕方帰宅したときには機嫌が悪くなり、遅刻や欠勤が増え、離職率が上がり、認知能力に悪影響をおよぼす」と指摘した。

興味深いことに、通勤に対するこのような暗く悲観的な評価は、実態に反している。幸福度に関して、二〇一三年にイギリスの〈国家統計局〉が発表したところによると、ロンドンへの通勤圏となるサリー州、バッキンガムシャー州、ハンプシャー州、オックスフォードシャー州からなるホーム・カウンティ（大ロンドンを囲む州）は、全国で最も「健康問題や身体疾患の少ない人生」を送ることのできる地域となった。「重大な健康問題を抱えている」住人の割合は、全国平均では一〇パーセント以上であるが、サリー州エルムブリッジのようなロンドンへの通勤圏では四・九パーセント未満だ。一方、通勤する人の少ない（あるいは失業者の多い）リヴァプールの貧困地域では一五・三パーセントだった。

つまり、通勤者は批評家が主張するよりも幸福なのかもしれない。通勤を地獄とみなす論文も、よく読むと、実は多くの人が通勤に満足していることが示されている。

テキサス州で七百人のワーキング・マザーを対象に実施された「前日再現法」調査は影響力が大きく、各種の幸福度指数にも広く利用され、通勤は苦痛だという説を裏付けてきた。だが、それと同時にこの調査は、回答者が通勤時間の七二パーセントはハッピーだと答えていることをも示していた。それは「親密な関係を持つ」時間の幸福度に比べれば低い数字だが、「子どもの世話をする喜び」とたいして変わらなかった。

一九五〇年代のレヴィットタウンの住民がそうだったように（第5章参照）、通勤を楽しんでいる人が意外にも多いことは、さまざまな調査結果で示されている。一九九三年にアメリカの〈保険維持機構〉の従業員千五百五十七人を対象に行なわれた調査では、「通勤時間が三十二分未満の人の九四パーセントは〝満足または非常に満足〟と答えた」こともその一例だ。

二〇〇一年にサンフランシスコ・ベイエリアで実施された調査でも、それと同程度の数の通勤者が満足していることがわかった。この調査では、通勤が不快だという人より楽しいと回答した人のほうが多く、驚くことに七パーセントの人が（自家用車でも公共交通機関でも）通勤時間はもっと長いほうがいいと答えていた。この報告書は、まったく通勤しないより通勤するほうがよいと結論づけている。人は自宅と職場とを区別したい、あるいは毎日小さな旅がしたい、ということのようだ。通勤をことさら好む性格には二種類あり、（a）出世主義タイプ――アンケートで「車は私にとってステータス・シンボルだ」または「おもちゃをたくさん持って死ぬ者が勝者だ」という言葉に賛同するタイプと、（b）仕事中毒タイプ――通勤も勤務時間の延長と捉えて好ましく感じるタイプ、がいるとされた。

このような調査結果から、それまで見過ごされてきた「通勤者が通勤を好む理由」というテーマでも研究が行なわれるようになってきた。従来、通勤の動機は「別の場所へ行って利益や恩恵を得るため」だけだと考えられており、移動行為そのものにはなんの利点もないと思われていた。この思い込みを覆（くつがえ）したのが、二〇〇四年〈カリファルニア大学トランスポーテーション・センター〉のデーヴィッド・オリーらによる論文「個人にとって通勤が好ましい条件とは何か？」である。そこには「移動中に行なう活動と移動行為そのものに意義がある」と記されていた。

公共交通機関でできる活動としては「考えごとをする、会話をする、音楽を聴く、本を読む、眠る」などがあり、一人きりで運転する場合は「スピード感や移動そのものなど、自動車による多様な楽しみを得る、周囲の情報をじかに把握する、運転技術やステータスシンボルである車を見せびらかす、逃避する」などが挙げられた。

また、通勤には脳によいことがたくさんあるらしい。大脳皮質にとっても爬虫類脳にとっても有益なことが多く、特に自動車通勤者はそう感じていた。一九九七年のある調査では「アメリカのドライバーの四五パーセントが〝運転中は考えたり、一人でいることを楽しんだりする時間だ〟という項目に賛同し、八五パーセントが〝自家用車で出かけるのが好きだ〟という項目に賛同した」

カナダ人も、アメリカ人と同じように通勤を好み、彼らにとっては公共交通機関による移動も娯楽に入っている。二〇〇五年に進化生態学者のマーティン・ターコットが実施した調査では、通勤が好きな人は嫌いな人を上まわり、そのうち六人に一人は「とても好きだと答えた」。ターコットはこの結果を見て、「通勤する人は生まれつき〝ポジティブ〟な性格であって、さまざまな活動を楽しむことができ、その活動のひとつに通勤も含まれるのではないか、という疑問」も浮かんだと述べる。

では、通勤好きな人は特別な人種なのだろうか？　腰の重い人々より優秀で活動的な超人で、「通勤があるから冒険ができ夢がかなうのだから、毎日多くの他人と接触するのも苦にならない」と考えているのだろうか？

通勤する人はみないつも不満で、できることなら通勤をやめたいのだと決めてかかり、毎日の通勤時間が三十分増すと薬が必要になるほど人生の価値が下がる、と思いこむのではなく、もっと深く検証を進めて、通勤の何が神経をいらだたせるのかを知るほうが有益だろう。たとえば、それがなければ通勤がもっと快適になる、と思われるようなちょっとした不都合はないだろうか？

イギリス政府が鉄道客の権利を保護するために設立した独立機関〈パッセンジャー・フォーカス〉は、乗客が考えるラッシュ時の長所と欠点について調査を行った。時間どおりの運行から荷物置き場に関することまで、多岐にわたる十八項目について「妥当と思われる期待値」を上まわっているかどうか質問をした。上まわっている場合はプラス、そうでない場合はマイナスと判定する。満足度が最も高かったのは「職員の対応と態度」で、最も低かったのは車内トイレの整備状況だ。遅延や混雑よりも点数が低かった。確かにイギリスやヨーロッパの鉄道のトイレ整備状況を見ると、乗客は尿意を完全にコントロールできるロボットだと想定されているかのようだ。

〈オランダ鉄道〉が通勤路線にトイレのない新車両を百三十一台導入したとき、利用者から不満が噴出した。「ほとんどの列車でインターネットが利用できるのに、車内にトイレがないのは信じられない」とイネケ・ファン・ヘント議員はオランダ議会で発言した。〈オランダ鉄道〉がこうした抗議を抑えるためにとった対策は、〝トラベルジョン〟という男女兼用の使い捨て小便器を各車両に用意することだった。この製品は、ヴィクトリア朝時代に旅行客が利用した携帯便器の二十一世紀版のようなものだ（第1章参照）。水分を吸収するゲル化剤の入った密封性ポリ袋に、柔らかい筒が付いている。アメリカでは長距離トラックの運転手に重宝されている。〈オランダ鉄道〉の乗客は、最後尾車両の無人の運転室でトラベルジョンを使うことができ、使用ずみ容器を片付けて捨てるのは個人の責任である。

トイレ設備の有無を通勤者がこれほど重視していることを考えると、公共交通機関が少しサービスを改めるだけで比較的簡単に利用者の満足度は上がるだろうし、それによって国民の幸福度指数も上がりそうだ。つまり、メディアで採りあげられる評論家や経済学者が想像するよりも通勤者は明るい性質のようなのだ。これまで通勤の経済性は通勤者が苦しんでいることを前提に論じられてきたが、もしも彼らが総じて元気よく職場と自宅とを往復しているということが証明されたなら、これまでの多くの説も崩れ去るのではなかろうか。

では、通勤の動機となる「よりよい住宅」についてはどうか？　通勤者は都会や田舎で暮らす人々より望ましい家を手に入れているのだろうか？　郊外と都会の比較で言えば、郊外に住む通勤者に軍配があがるだろう。

都会に住む人は気が休まらない。一九八九年に心理学者のスティーヴン・カプランが提唱した「注意回復理論」によれば、都会の環境は人間に過剰な集中力を要求する。都会生活者は他人とぶつからないよう、また、バスや路面電車、自動車、オートバイ、それに聖牛に轢かれたりしないよう、つねに気をつけている必要がある。周囲に危険が潜んでいないか、どんなときにも注意していなければならない。その点、自然に囲まれた場所ではそのような努力はさほど求められない。この違いは、意識的に何かに集中する「意図的注意」と、感動や喜びをもたらすものに目を奪われる「自動的注意」という二種類の注意の違いから来る。

都会で必要とされる「意図的注意」は労力を要するので人を疲れさせるが、自然の多い場所ではそうならない。緑は「穏やかな魅力」に満ちていて、そこに住む人の心を落ち着かせ、都会から訪れる人の神経を癒してくれる。郊外通勤圏は一般に都会より緑が多く、たとえ手つかずの自然ではないにせよ、都会にはない安らぎが充分に得られる。

では田舎暮らしと郊外生活を比べた場合はどうだろう？　農場や森林に住むほうが幸福なのだろうか？

田舎で暮らす人々は所得が低い傾向にあり、通勤よりも貧困のほうが幸福度の低さと密接に関係している。設備不足の問題もある。郊外なら、近くにゴルフコースやショッピングセンターがあり、学校や病院の数も多いだろう。また、田舎は郊外や都会と比べてあまりよい環境とはみなされていない。二〇〇三年、イギリスの地方自治体に対し、田舎では悪臭がするという苦情が一万五千件以上寄せられた。舗装された道路になじんだ人々には、本物の田舎は快適ではないようだ——車や電車の窓から眺めるだけなら美しいが、そこに根をおろすより、たまに訪れるほうがよい場所になってきている。

つまり、郊外には一種の中庸の利があると言える。緑豊かだが、本物の田舎暮らしの不便さはない。郊外に住めば、通勤によって経済的なメリットが得られるし、（同じ広さを得るならば）郊外住宅は通勤先の都心に住むよりずっと安い。

イギリスの高級不動産会社〈サヴィル〉によると、〈ロンドン地下鉄〉の同心円状のゾーンが外へ向かうほど不動産価格は明らかに下がっていく。二〇一二年の一戸建て平均価格を見ると、中心部に近いゾーン2では百二十万ポンドだが、通勤時間三十分圏のゾーン3やゾーン4では五十万ポンドほどで、それより外の通勤一時間半圏内は約三十六万ポンドだった。ロンドン中心部で働いていて、より長い通勤時間にも耐えられるなら、さらに外側の地域の家を買い、「住宅費を浮かせて子どもの学費にあてたり、ロンドン中心部にもうひとつアパートを借りたりすることもできる」だろう。

あるいは、都心を離れ「意図的注意」をあまり使わずにすむ環境を選んで住み、大きな家を所有することにすれば、通勤時間が長くなって多少不便な思いをしても、それに見合うだけの快適な生活ができるに違いない。

通勤する人はよい仕事と心地よい家を選べるという利点に加え、都会の狭い住宅に押しこまれている人や、田舎で野菜を育てている人より無理のないライフスタイルを享受できると言われてきた。人類はもともと狩猟採集生活をしていたので、生物学的には食糧を求めて移動生活を送るようプログラムされている。農耕定住生活が始まってから一万年たったいまも、この本能は失われておらず、産業革命で移動手段が進歩したことにより、移動生活への欲求が再び満たせるようになった。

昔ながらの狩猟採集社会を対象にして行なわれた複数の調査（メタ調査）によれば、そのような生活様式は幸福度が高いようだ。働く時間は現代の平均的な社会よりも短いが、毎日一時間ほどが移動に費やされている。ちょうどＯＥＣＤが出した平均通勤時間と同じ長さだ。

ヴェネツィア出身の理論物理学者チェーザレ・マルケッティは、まったく異なる生活様式であっても日々の移動時間が同じになる点に注目し、移動本能には世界共通の一貫性があるとし、それによって決まる一定の移動時間枠を〝マルケッティの定数〟と名付けた。マルケッティはこの理論を過去と現在のさまざまな文化に照らしあわせて検証し、この普遍的な移動時間が有史以来の人間の行動を決定づけているという結論に至った。

たとえば古代ギリシャでは、各集落の面積は約二十平方キロメートルで、一日一時間の枠内で、歩いて通常の用件が満たせる広さだった。このように、産業革命が起こるまで、町や村の広さは移動時間枠内に歩いてまわれる範囲におさまっていた。鉄道が登場して移動距離が延びると、同じ時間で遠くまで移動できるようになったが、マルケッティが発見した一日一時間ほどの通勤時間という原則に大きな変化はなかったのだ。

さらには、古代から続くこの時間限度を超えて長時間通勤をすると不快になり、その不快感が技術革新の原動力になった、とマルケッティは考えた。移動時間枠を超えるという問題の解決策として、鉄道や自動車、飛行機など高速の交通手段が発明され、〝マルケッティの定数〟の範囲内でより遠くまで行けるようになったと考えられる。

マルケッティはまた、この時間枠を超過するたびに、これからも新しい技術革新がもたらされると確信している。それが本格化するのは二〇〇〇年前後で、新しい解決策として磁気浮上式鉄道（リニアモーターカー）が登場すると予測した。これが利用できれば、理屈のうえでは、マルケッティの時間枠内で何十万もの乗客をはるか遠くまで移動させられるようになる。

理論上、リニアモーターカーはマッハ五～六で走行が可能だが、人体が耐えられる重力加速度には限界があるので、実際に走行させるときには走行開始直後と終盤には調整が必要になる。加速と減速の際は速度を抑えなければならないのだ。マルケッティはこうした生物学的限界を加味したうえで、将来はパリ＝カサブランカ間は二十分で通勤できるようになると計算した。これなら、モロッコに住む人が昼間フランスで働き、帰宅してから夕食を作ることも可能だが、乗車中の前半と後半には人が耐えうる速さで加速と減速をする時間を設けなくてはならない。

リニアモーターカーの実用化はまだ実現しておらず、世界中の何千万もの通勤者は一時間を超えて通勤しているが、マルケッティの定数は都市計画者のあいだで注目を集めはじめた。たとえば、オーストラリアのパース市は、通勤時間三十分を実現するために公共交通機関を再編し、新しい都市計画〝ネオ・アーバニズ〟の広告塔となった。

また、通勤と狩猟採集生活のあいだには、移動時間枠以外にも共通点がある。どちらも性差が存在する点だ。いまも狩猟採集生活を送っている民族はみな、男女で労働の役割分担をして、多くの場合、男性が狩猟を、女性が採集を担当し、一日のうちで外に出ている時間は男性のほうが長い。たとえば、タンザニアのハッザ族の男たちは、一日に平均十一・四キロ歩く。これは彼らの妻や母や娘たちが歩く距離の二倍に近い。

通勤にも似たような性差がある。イギリスの〈国家統計局〉の二〇一四年の発表では、男性の平均通勤時間のほうが女性より長かった。だが、シェフィールド大学のジェニファー・ロバーツが中心になってまとめた二〇〇九年の報告書「女をいらいらさせるもの——通勤が精神の健康におよぼす影響の性差」によると、女性、特に子どものいる女性は、（通勤時間は男性より短いはずなのに）男性より通勤にストレスを感じていて、そこには生物学的原因があることが考えられる、と論じている。

二十一世紀の通勤者と狩猟採集生活者は、長距離通勤をする者がいるという点でも共通するところがある。

狩猟採集民族のなかには、居住地から何時間もかかる猟場まで出かけて〝長時間狩猟〟を行なう人々がいた。このタイプの狩猟では、昼の最も暑い時間帯に大型獣を追う。そうした動物は人間よりずっと速く走れるが、発汗できないため、やがて息が苦しくなって立ち止まる。人間が追いつづけていくと、獲物が立ち止まる頻度が増え、それ以上走れなくなったところを近距離から槍（やり）でしとめる。長時間狩猟は丸一日かかることもあるが、時間をかけて遠くまで行くほど、大量の肉を手に入れることができた。

現代の通勤社会にも、非常に長距離あるいは長時間の通勤をする「超長距離通勤者」がいる。平均通勤時間の短いアメリカでは、〈米国国勢調査局〉が片道九十分以上になると超長距離通勤であると定義し、二〇一二年にはアメリカ人の二・五パーセントがそのような通勤をしているという統計が示された。

二〇〇六年に、アメリカの自動車サービス・チェーン〈マイダス〉社が主催した長距離通勤者の賞に選ばれたデーヴ・ギヴンズは、カリフォルニア州マリポサの自宅からシリコンヴァレーのサンノゼの職場まで通っていた。往復およそ六百キロの通勤に毎日約七時間を費やす。朝は三時半に家を出て、夜八時に帰宅する。七時間半の在宅時間のうち五時間半が睡眠で、残りはわずか二時間だ。それだけで足りるのかと訊かれ、ギヴンズは「ベッドに入るまで二時間しかなくても、うちに帰り、妻と顔を合わせ、犬をなで、馬を見て、この地域を楽しむことは長距離通勤に値します」と答えた。また、自動車通勤そのものについても「爽快ですよ……車に乗りこめば気合が入り、さあ行くぞ、という気分になる」とも語った。

イギリスの通勤者ならギヴンズの話にたいして驚きはしないだろう。ロンドン＝スコットランド間を毎日往復八時間以上かけて電車通勤している人は大勢いる。序章で述べたとおり七時〇一分発の電車でボトリーからウォータールーまで通っていた私も、もっと遠い駅からその電車に乗っていたすべての乗客も、そして、ミッドランドやケンブリッジシャー、オックスフォードシャー、ケント、さらに遠方の土地からロンドンに通ってくる何万というイギリス人も、超長距離通勤者に分類されるだろう。

二〇一四年に〈ＢＢＣ〉が超長距離通勤をテーマにした番組では、カリフォルニアのギヴンズより遠くまで通勤しているイギリス人が何人も紹介された。スチュアート・ウィリアムズという名のＩＴプロジェクト・マネジャーは、ランカシャー州のラムズボトムの自宅からロンドンの職場まで片道約三百五十キロの距離を通っている。まず自宅から四十キロ離れたストックポート駅まで車で行き、そこから電車に乗ること二時間半、さらに三十分地下鉄に乗る。ロンドンの家賃並みの交通費はかかるが、それでも通勤するほうが「よい選択」だと彼は言う。

通勤欲求の背後には、生物学的要因以外に文化的要因もありそうだ。公共交通機関を使って通学する多くの子どもは、幼少時から時間をかけて移動することになじんでいるのだ。イギリスでは中等学校生の三分の一はバスで学校に通い、その片道平均時間は十七分である。もっと遠くに住む四分の一の生徒は自家用車で通学する。推定では、朝のラッシュ時の車両の十パーセント近くが通学用の車だ。つまり、イギリスの子どもの半数以上は、自分で通学・通勤できる年齢になるまでの五〜七年間、大人の運転する乗り物で通学することになる。

多くの場合、成長期の通学体験は楽しいものであり、少なくともあとから振り返るとよい思い出になる。私が聞いたことのあるスクールバスにまつわるエピソードは、ほとんどが心温まる話だ。スクールバスに乗っている時間は、親と教師の監視下から解放され、羽が伸ばせるひとときだという思い出が多い。バスのなかは、ミラーごしの運転手の視線以外に大人の目はなく、それも車内全体に行き届くわけではない。

だが、スクールバスの思い出が懐かしいからといって、大人になってからも公共交通機関を好んで利用することにはならない。イギリスの全労働者の三分の一以上は自家用車で通勤している。公共交通機関による通学経験は、そうした習慣への忍耐力を育むと同時に、自分の車で一人で通いたいという気持ちも刺激するようだ。

アメリカでも状況は似ており、黄色のスクールバスは子ども時代のシンボルとなっている。熱狂的なファンもいて、彼らにとってスクールバスはアメリカの自動車文化になくてはならないものだ。いまでもその勢いは衰えず、二〇一二年には、四十八万台のスクールバスが二千五百万人の学童・学生の送迎に利用された。〈全米スクールバス協議会〉によると、この人数はアメリカの学童・学生の半分以上に相当し、規模にするとスクールバスは米国最大の公共交通機関になる。こうしたバスは朝の渋滞の緩和や、環境保護、その他いくつかの面で利点がある、と同協議会は指摘する。「スクールバス一台で自家用車約三十六台分の削減につながります……朝の渋滞が三十六台分緩和され、大気汚染が三十六台分少なくなる。二〇一〇年には、スクールバスによって全米で約八十七億リットルのガソリン——二〇一〇年のガソリン価格で計算すると総額六十億ドル分——の節約になりました！」

これほど利点があるにもかかわらず、アメリカ人もイギリス人と同様、大人になると自家用車を購入する人が多い。黄色いシンボルへの子どもじみた愛着も、自家用車を所有したいと思う気持ちにはかなわないようだ。

これとは対照的に、日本では子ども時代から青年期、職業人生の終わりまでの約六十年間、ずっと公共交通機関を利用しつづける。子どもたちの多くが卒業後はスーツを着たサラリーマンになる。かつて学校の制服を着てランドセルを背負っていたころ、同じ電車に大人たちが乗っていた。そして自分たちも成人し、似たような大人になる。日本の例を見ると、通勤の習慣は幼少時から植えつけられたもの、という説もうなずける気がする。

「子どもは大人の父である」というウィリアム・ワーズワースの言葉どおり、電車の正確な時刻表を見て育った二十一世紀の子どもは、やがてよき通勤者に成長するのだろう。

11　通勤が日常生活におよぼす影響

陸が見えなくなるのを覚悟しなければ、新しい土地を発見することはできない。
――アンドレ・ジイド『贋金つくり』一九二五年

通勤が人間にとって好ましい活動で、ひょっとすると自然な行為ですらあり、学童のころから身につけることも可能な習慣なのだとしたら、それはラッシュアワー以外の人間の行動や社会活動にまで影響する、と考えることができるかもしれない。実際、これまでに通勤が社会におよぼした文化的影響は甚大で、現代でもその傾向はますます強まっている。鉄道や郊外住宅地やハイウェイによって景観が変えられただけでなく、人間の考え方や行動様式、コミュニケーションの方法や娯楽の種類も変化した。

通勤者とは、希望を失いゆっくりと破滅への道を進んでいく亡霊の大群などではなく、生き生きとして聡明で、影響力のある集団なのだ。地獄のような超満員電車や渋滞から生まれた行動パターンは、ラッシュアワー以外の時間にも広がっている。通勤は、することがなく会話もできない無為な時間なのではなく、テクノロジーや新しいコミュニケーションの方法が社会全体に浸透する前の〝実験の場〟でもある。

通勤から広まった文化的影響のひとつに消費パターンの変化がある。小型で携行でき、人や社会とつながることのできる便利な道具を求める気持ちは、さまざまな分野における技術革新の原動力となった。

携帯電話もその一例だ。初めて携帯電話の商用サービスが導入されたのは一九六九年だった——ニューヨークとワシントンを結ぶメトロライナーという電車が、車内電話にセルラー方式の電話を採用したことに始まる。いまでこそ子どもでも携帯電話を使うし、タンザニアの奥地でも一部は通信可能圏になっているが、最初期の携帯電話市場で多数を占めたのは通勤する人々だった。

通勤者は消費活動だけでなく、そうした道具を使った新しい行動様式を定着させる先駆者でもある。たとえば、人前で電話をかけるという勇気ある行動を始めたのも通勤者たちだった。イギリスの上流階級のあいだでは、一九五〇年代まで電話は疎(うと)まれていた。電話を使って人前で声高に親密な会話をする日が来ると知ったなら、当時の人々はおぞましさに身を震わせたことだろう。

調査によれば、携帯電話で話すときは、面と向かったときより声が大きくなるそうだ。どこか不自然でもある行為なので、抑制がきかなくなるのだろう。もともと人間は警戒心の強い動物であり、他人の思惑はあれこれと推し量るが、自分の思惑は隠しておいて優位に立とうと競いあっている。だから、電話に向かって大声で話す習慣は、通勤電車のなかで生まれたとしか考えられない。通勤電車には単独で乗ることが習慣になっているので、周囲に他人がいることをつい忘れがちで、電話に向かって（そして世間に向かって）自分の秘密をしゃべってしまう。このような態度の変化は、ラッシュアワー以外の時間にまで広がっていった。

携帯電話の次に登場したのは携帯メールだ。この場合も、まずは通勤者が携帯メールを頻繁に利用しはじめた。初めは主に仕事用だった。会議の調整、契約の確認、マーケット情報の伝達のために使われた。ところが、出先から携帯電話で通話するのと同様に、携帯メールも通勤以外の世界に波及した。会議日程の変更を直前に携帯メールで伝えるのに慣れた人々は、デートを土壇場でキャンセルするのも平気になった。こちらの声が聞こえず、顔も見せずにすむとなれば、嘘をつくのさえずっと容易になる。

その反面、人を説得するのは難しくなった。『EQ　こころの知能指数』の著者であるダニエル・ゴールマンは次のように述べている。

……人と対面して話をするときは、大量の神経回路がいくつもの感情のシグナルを同時に処理し、それによって何を言い、何をするかが決定される……相手が一瞬顔をしかめたり、声が明るくなったりするのを〝心の目〟で捉え、それによって相手の気持ちや考えを読みとる……このような手がかりがないと、相手の考えや気持ちが読めず、〝心が見えない〟状態になり、ピントはずれの反応をしがちになる。

携帯メールの嘘をとりつくろったり、良心の呵責(かしゃく)を和らげたりするために〝顔文字〟が発明された。文字や記号の組み合わせで顔の表情を作るもので、たとえ本心でなくとも残念だ（☹）という気持ちが表現できる。

コミュニケーション手段としては限界があるものの、携帯メールは日本の通勤者にはうってつけの便利な道具となり、〝ケータイ〟小説も誕生した。二〇〇二年、日本の携帯通信事業者が携帯メールで連載小説を配信するサービスを開始した。移動中に楽しい娯楽を提供するという狙いだ。やがて携帯電話で既存の作品を読むだけでなく、これを使って小説を執筆する通勤者も現われた。

二〇〇六年には、日本の電子書籍と出版書籍のベストセラーをケータイ小説が独占した。人気作のひとつ『恋空――切ナイ恋物語』は新幹線並みの猛スピードで急展開する恋愛物で、二千万人の登録読者数を獲得し、書籍版の販売部数は二百万部を突破。映画版もヒットし、漫画にもなった。

日本のケータイ小説の分割配信形式は、英国ヴィクトリア朝時代の通勤者が読んでいた連載小説を思い起こさせる。ディケンズの小説も、シャーロック・ホームズ・シリーズも、連載小説として駅で売られたのだ。各回あるいは各篇は、帰りの車内で読み終えることのできる長さだった。日本のケータイ小説の盛況ぶりを見ると、現代に至っても、通勤は読書習慣によい影響をおよぼしていることがわかる。公共交通機関で通勤する人は一日二回、強制的に活動が制限される。多くの通勤客はその時間、小説の世界に没頭する。通勤しない人はかなり前から本を読むよりテレビを観るようになったのに対し、通勤者はいまでも読書習慣を保ちつづけている。

通勤者が携帯できる楽しみを求めたことで、技術革新にさらに拍車がかかった。電子書籍専用端末のキンドルと、テキストの送受に便利なキーボード付きのスマートフォン、ブラックベリーは、どちらも通勤者を購買層として開発されたツールだ。当初は誰が買うのかと疑問視されたｉＰａｄも通勤者のあいだで大ヒットした。混雑した電車のなかで目と指を使うことができ、ラッシュ時の楽しみを広げてくれるものならなんでも歓迎されたのだ。

地下鉄でもインターネットが使えるようになったいま、新たな次元で激しい競争が行なわれている。利用者は消費と作成の両方ができるようになった。フェイスブックで友人を思いやり（あるいは思いやるふりをし）、新しい友人を作ることもできるし、映画を鑑賞し、売れ筋の安っぽい小説をリアルタイムで書くこともできる。五十年前までの通勤の楽しみといえば、新聞や本を読むか、トランプをするか、たばこを吸うことくらいしかなかった。現代の多様性を知ったなら、当時の通勤者は仰天するに違いない。

さて、電話好きな人が通勤によって抑制がきかなくなってしまったように、恋愛に関しても通勤によってある種の自制心が失われた。ヴィクトリア朝時代に通勤が始まると、既存のコミュニティが衰退していき、それまでのタブーが通用しない新たなコミュニティが出現した。通勤によって、職場と自宅というふたつの場所で生活するようになったおかげで、独身者の出会いのチャンスは広がった。

恋愛のきっかけも増える。通勤が盛んになるのと時を同じくしてロマンティックな恋愛観がヴィクトリア朝時代の人々の心を捉え、そのような恋愛や結婚によって生まれた子どもたちは、郊外居住者の第一世代となった。彼らにとって通勤とは出会いを提供してくれる機会だった。

いまでもラッシュアワーは恋や出会いの機会となると考えられている。人口統計を見れば、そうした甘美な期待を抱くことにも納得がいく。たとえば、〈ロンドン地下鉄〉の乗客の三分の二は男性で、その平均年齢は二十五歳から三十五歳、平均年収は中程度よりかなり高い。三分の一を占める女性の平均年齢は男性より五歳若く、平均年収は男性より低い。男女とも半数が独身者だ。統計的に見て、地下鉄ほど恋愛相手探しに最適な場所はない、ということになる。そこに目をつけたのが交際相手仲介業者や、恋愛熱望者を対象とした広告業界だった。

初期の〈ロンドン地下鉄〉広告は、そこが出会いの場であることをテーマにしていた。二十世紀初頭に〈ロンドン地下電気鉄道会社〉の広報を担ったフランク・ピックが最初に作らせたポスターには、夜の外出のために美しく着飾った多くの男女がエスカレーターに乗っている絵と、「きらめくロンドンに出るには地下鉄がいちばん」というキャッチコピーが使われた。

ラッシュ時でもそれ以外でも、すれ違うエスカレーター上での出会いは定番の構図となった。イギリスの交際相手仲介業〈デートライン〉が一九八〇年代に地下鉄に出していたポスターでは、上りエスカレーターに立つ男性と、下りエスカレーターの女性が見つめあっている写真の下に「すれ違う恋を見逃さないで」というコピーが印刷されていた。

いまでは、通勤中にスマートフォンなどで交際相手を探せるアプリやライブ・オンライン・サービスがたくさんあり、もはや帰宅してから仲介業者に電話をかけるまで我慢をせず、いつでも簡単に行動を起こせるようになった。出会い系アプリでは、恋人を求めている登録者のなかから自分の近くに住む人のプロフィールを確認できる。朝の通勤時に、携帯電話で恋人探しができる時代になったのだ。

ラッシュ時の恋愛では抑制がきかなくなる傾向があるとはいえ、やはり限度があり、イギリスの公共交通機関でポルノ画像を見るのはタブーとされている（これはアダルト漫画の多い日本とはかなり事情が異なる）。たとえば、イギリス最大の育児ウェブサイト〈マムズネット〉に、最近、次の投稿で始まるスレッドが立った。「私の同僚が電車に乗っているとき、隣の男性がｉＰａｄでポルノ画像を見ていたそうです。彼女はやめてほしいと頼みましたが、男性はやめなかったそうです。彼女は勇気があると思いますが、こんなときあなたならどうしますか？」

このスレッドには大量のコメントが寄せられた。その大半は、やめてほしいと伝えることに賛同し、本人に注意するか鉄道警察に通報すべきだという意見だった。公共の場でポルノを見るのは控えるべきだとする道徳意識は、満員電車を経験した最初の世代からあった。ポルノを見たら、セックスのことを考えずにはいられないだろう。セックスのことを考えれば、まわりの人を欲望の対象として見てしまうかもしれない——それは、満員電車のなかでは互いに干渉しない、という暗黙の了解に反することだ。通勤によって自制心が働きにくくなるが、それに歯止めをかけてくれるのも通勤なのだ。

ラッシュアワーは恋愛のほかに、感染症に対する姿勢にも変化をもたらした。満員電車のなかでは、昔の人ならびっくりするほど他人とくっつきあっている。近代科学以前の社会では、よそ者は邪悪な力を持っていると考えられていたが、それは新たな病気を持ちこむ危険があったことと関係していたのだろう。人類学の大家ジェームズ・フレイザーは著書『金枝篇』（一八九〇年）で次のように書いている。

意図的であるかなきかにかかわらず、よそ者がおよぼす有害な影響に注意せよということは……原始的な警戒心からくる最も基本的な訓戒となる……たとえば、［六世紀の］東ローマ帝国皇帝ユスティヌス二世がトルコと講和を結ぶために派遣した使節団は、目的地に着いたとき、呪術師たちに迎えられ、あらゆる有害な影響を排除するための浄めの儀式を施された。一行が持参した荷物は野外の一カ所に集められ、呪術師たちは焚いた香を手に持ってその周囲をまわった。鐘を鳴らしタンバリンを叩きながら、悪しき力を追い払う儀式に没頭すると、やがて鼻息が荒くなり、狂乱状態に陥る。これが終わると、今度は使者たち自身に炎のなかをくぐらせ、身体を清めさせた。

ところが、〈ロンドン地下鉄〉の乗客は、悪しき力に関するタブーのほうを焼き払ってしまったかのようだ。よそ者とその持ち物をいぶして消毒したり、咳をする人から逃げたり、感染病患者に鈴を付けたりする代わりに、よく考えもせず、致死性の感染症にかかっているかもしれない他人とくっつきあっている。これほど無頓着に大勢の人と接していれば、人里離れたところで暮らす人々よりも多様な病原菌にさらされ、免疫力は高まるかもしれないが、それには代償が伴う。冬になると、〈ロンドン地下鉄〉利用者の九〇パーセント近くがインフルエンザその他のウイルス感染症にかかるが、徒歩や自転車通勤の人の場合は五〇パーセント程度だ。

公共交通機関はそれ自体が細菌の温床である。バーミンガムのアストン大学の微生物学者たちが、イギリスの地下鉄や電車の座席やドアボタン、手すりなどを綿棒でぬぐって調べたところ、あらゆる場所に微生物が付着していた。地下鉄の座席からは一平方センチメートルあたり平均千三百九十個の微生物が確認された。

イギリス南部のカーディフのバスの座席はさらにひどく、一平方センチに四千六百個の微生物がいた。ニューカッスル・メトロの座席となるともう桁違いで、一平方センチあたり十九万五百個もの微生物細胞が確認された。ニューカッスルとその郊外の人口に匹敵する数である。

公共交通機関の乗客のほうが田舎に暮らす人々より多くの病原体にさらされているとはいえ、新しい病気に感染する可能性は田舎の人より低い。ヒトの新興感染症の六割は、動物からヒトに伝染する人獣共通感染症である。家畜や野生動物が身近にいる田舎の生活こそ、自然との生物学的戦いの最前線なのだ。〝トラベルジョン〟で用を足す〈オランダ鉄道〉の乗客より（第10章参照）、オランダのヤギ牧畜業者のほうがQ熱（ニュージーランドを除く全世界で発生が確認されている人獣共通感染症のひとつ）に感染する確率は高いのだ。

通勤は食習慣をも変化させてきた。電車の運行時刻というものが出現する以前（第1章参照）、一日の時間は食事を基準に区切られていた。イギリスでは、中産階級と上流階級は朝食をたっぷりとり、そのあとは〝ディナー〟（原義は正餐で、晩餐とは限らない）まで何も食べなかった。通勤の習慣が始まる前まで、ディナーの時間は遅くとも午後三時か四時に始まった。ディナーより前を〝モーニング〟と呼び、モーニングが終わったらそのあとが夜だ。ディナーは一大行事で、午後二時ごろから八時間も続き、都会では途中で劇場へ出かける人もいた。富裕層は全七品のコース料理をとり、中流階級も量・種類ともに豊富な料理を食し、ディナーのあと、夜十時ごろに冷製肉とポンチ酒などの軽食〝サパー〟をとることもあった。

通勤が習慣になると、このリズムは急速に変わった。もともと正餐（ディナー）の時間は時代とともに遅くなる傾向にあり、十一世紀の征服王ウィリアムの時代（午前九時に開始）から、十七世紀のオリヴァー・クロムウェルの時代（午後一時に開始）までのあいだ、一世紀ごとに約四十五分間ずつずれていった。そしてヴィクトリア朝時代に大々的に通勤が始まると、いきなりディナーは夕刻に始まるように変わった。

通勤者は月曜から土曜の朝九時から午後五時まで働くようになったため、朝食をとってから電車に乗り、帰宅してから夕食をとる。六時間に一回は食事をしていた英国人は、そのような長い時間、何も食べずにいることには慣れていなかった。そこで肉体労働者や職人たちは食材を持参し、仕事の合間に駅の待合室で魚の燻製（くんせい）を焼いたり、牛肉をあぶったりして食べた。事務職や知的労働者はチョップハウス（肉料理の専門食堂）やタヴァーンやカフェで空腹を満たした。
〝モーニング〟と呼ばれていたディナーの前の時間帯に、これらの店は簡単な食事を提供した。あらかじめ料理を準備し温めておいて、注文と同時に提供する。いまならさしずめファストフード店だ。「硬くなったパンとおがくずと軟骨が好物の人にはいい」とディケンズが痛烈に風刺した、悪名高い駅売りのサンドイッチもあった（第1章参照）。見ず知らずの人に混じって、一人で時間をかけずに食べる昼食というものが少しずつ仕事日に浸透し、〝ランチ〟という言葉も定着していった。

これは重大な変化だった。それまでイギリスでは——少なくとも、通勤ブームの第一波を担った上流階級と中産階級のあいだでは——食事とはただ単に空腹を満たす行為ではなく、社交的な営みだった。移動中に食べることは野蛮だと思われていたし、ランチが定着するまでは、一人黙って食べ物をほおばるという恥さらしをするくらいなら空腹に耐えるほうがましだ、と思う人もいたようだ。

イギリスの食習慣の変遷（へんせん）について研究した『変動する食事時間』という本では、十九世紀の事務弁護士見習い者の例を紹介しており、朝八時半に朝食をとってから夜七時半の夕食までのあいだに、彼はビスケット一枚とシェリー酒一杯以外は何も口にしなかった。おそらく、こっそりチョップハウスに行くようなことは紳士にあるまじき行為とみなされ、事務弁護士になろうとする者は紳士をめざすべきだったのだろう。

いま、このような気高い自制心がすっかり消滅してしまったことが嘆かれている。とりわけ公共交通機関内での飲食には批判の声が絶えない。〈ロンドン交通局〉はその前身時代から、においの強いものを食べたり、音をたてたり散らかしたり、といった迷惑行為をやめるよう、広報活動を続けてきた。最近では、「トラベル・ベター・ロンドン・キャンペーン」というプログラムが実施され、そのポスターのひとつには、ハンバーガーをほおばる乗客と、向かいの席で吐き気をこらえている様子の乗客の絵に、こんな詩が添えられていた。

電車やバスの座席に坐り
ものを食うという習性の
変わった獣(ビースト)がいる
ひとの迷惑などどこ吹く風
〝テイクアウト〟はお手軽だけど
まわりはみんな吐き気をこらえる

このメッセージは好評だった。乗客を対象に実施したアンケート調査では「気に障る行為」の上位に「人が食べているところを見せられる」という項目が入っている。〈ロンドン・イヴニング・スタンダード〉紙は、二〇一三年に「地下鉄の十戒」に関する記事を掲載し、車内飲食を手厳しく批判した。〈エスクァイア〉誌も同じ年に、日々「地下鉄ジャングルで闘っている人々」に向けて「ロンドン地下鉄利用者の基本ルール」と題した記事を載せ、ジャンクフードをがつがつ食べないことを九番目のルールに挙げた――「目立たないサンドイッチやポテトチップスならまだしも、温かい食品やにおいのするものを食べるやからは乗客全員の敵である」と手厳しい。

ラッシュアワー以外の生活に影響を与えた点では、自動車通勤も例外ではない。

これまで見てきたとおり、アメリカは超大国へと成長していった数十年のあいだに、通勤が居住地の環境を形作り、一般市民に移動の自由を与え、自動車が文化的象徴になるのに寄与してきた。ジョン・キーツ（第5章参照）が一九五八年にアメリカ国民について書いたとおり、「自動車はわれわれの服装、作法、社会的慣習、休暇の習慣、都市の形態、消費者の購買パターン、世間の嗜好、おまけに性交の体位まで変えた」のだった。

このような変化はいまも進行中であり、自動車通勤は、満員の公共交通機関とは異なる形で人々から抑制を取り払っていった。満員あるいは超満員の地下鉄に乗っているときはなるべく他人と距離をとろうとするのに対し、自分の車に一人だけ隔離されたような状態で渋滞にはまってクラクションを鳴らしているときはむしろ他人と関わろうとし、喧嘩までしかけようとする。

車を運転していると、自分を隠そうとするより自己主張したくなるのは、必要に迫られたからだけではなく、それが快感だからかもしれない。ふだんは協調性が求められる社会において、自動車通勤というのは人が一人の個人となる機会でもある。それは自動車通勤中にしか実行できないストレス発散のチャンスだ。職場では模範的なチームプレーヤーであることが期待され、家庭では思いやりや気働きや忍耐力を示さなければならない。一方、通勤は一日二回だけそれらが免除される自由な間隙で、通勤以外の時間を落ち着いて暮らすための息抜きのようなものだ。

『となりの車線はなぜスイスイ進むのか?——交通の科学』の著者トム・ヴァンダービルトは次のように述べている。「ときどきタガがはずれたようにわめき散らすことは、かなりの自己回復効果がある。革張りシートのこぎれいな内装の車内でほぼ一人きりになれる自動車は、そうしたふるまいをするのにちょうどいい空間だ。それに、交通量の多い道路では、わめいても他人には聞こえない」

自動車通勤はこのような精神的安全弁の役割を果たすだけでなく、職場よりずっと即時的な競争に参加できる機会でもある。仕事における進歩や昇進は年単位だが、ハイウェイで相手を打ち負かすには数秒しかかからない。

調査のため、被験者に通勤のシミュレーションをしてもらっているときでも、運転者は奮起し加速する。ユタ大学の心理学教授デーヴィッド・ストレーヤーは、「会議に遅刻しそうだが、ほかの人より早く着けば報奨金がもらえるという想定で運転する実験を行なった。あるグループには混んでいる道路を運転させ、別のグループにはすいている道路を運転させた。また、一部の人には時間制限を課した」。ストレーヤーによると、これらの疑似通勤者のうち、時間制限を課され、混んだ道路を運転した人は「ほかの車にいらいらし、中指を立て、クラクションを鳴らし」はじめた。研究室のブースでシミュレーションをしていただけでも、被験者はそのような反応を示したのだ。

実験を終えたストレーヤーは、「運転するときの、攻撃的かつ好戦的で競争心の強い気分」は人間の進化の歴史に深く根ざしているのではないかと考え、戦う機会がきわめてまれになった現代世界で、自動車通勤は人間が競争本能に身を委ねるのを助長している可能性もある、と示唆した。

公共交通機関による通勤と同じように、自動車通勤も食習慣における抑制を取り払ってしまった。最近では、飲食を筆頭に、以前なら自宅でしていた行為を外で行なうようになったため、通勤を含めた移動時間が長くなる傾向が見られる。自宅で朝食をとらず、通勤途中でコーヒーとベーグルを楽しむために、家を早めに出る人も増えた。〈スターバックス〉も、いまでは米国内に八百店のドライブスルー店舗を設け、新たな需要に応えている。朝だけでなく帰宅途中にも立ち寄る通勤者が増えたため、朝夕ラッシュ時の両方の客を獲得しようと、同じ道路の両側で向かい合って営業している店もある。

自動車も、運転者がスピードを出しながら心おきなく飲食できるよう、大きなドリンク・ホルダーや折りたたみ式トレーを装備するようになった。自動車メーカーはホルダーやトレーの最適な大きさや角度の研究に余念がなく、客のあらゆる求めに応じようと、通勤中の車内飲食に便利な装備を競っている。

自動車は〈フード・アンド・ドラッグ・パッケージング〉誌から正式に「飲食の場所」として認められた。二〇〇八年の米国内の「旅の途中の飲食」四十四億件の大半が、自動車内で行なわれたという（ちなみに、アメリカ人は教育よりもファストフードに多くの金を使うという統計がある）。

ビジネス・インテリジェンス・プロバイダーの〈データモニター〉によれば、食事をすることは、もはやそれ自体を目的とする「第一次活動」ではなくなり、運転をしながら、仕事をしながら、テレビを観ながら行なうもの――と考えられるようになっている。テイクアウト用の食べ物はすでに「生活に根付いており」、ファストフード業界によって新しい時代の精神に合ったものへと変身している。片手で食べられる便利さこそ、現代人に熱く求められているものだ。自動車通勤者は、ハンバーガーやタコスを片手で持ちつつ、ひざに何も落とさずに食べられなければならない。

だが、こうした成功によって、企業側には新たな期待も重くのしかかってきている。〈データモニター〉によると、「消費者はテイクアウト用食品の〝便利さ〟を今後いっそう当然のものと思うようになり」、空腹を満たすだけでなく、「一日のさまざまな場面や用途に応じ、楽しさや話題性やバラエティ」を提供してくれる、ボリュームある軽食を求めるようになるだろう、と予測している。つまり、産業革命以前の正式な食事のように、単に栄養を摂取するためだけでなく、儀式性や娯楽性が求められているのだ。いかに空想的なドライバーであっても、テイクアウトの食品を食べながら、歌声と酒と七品コースの、何時間も続く過去のディナーパーティーを想像するのは無理だろうが、それでも持ち帰り用食品にどこか遊び心やロマンティックな要素を感じたいと願っているのだ。

イギリスでは、ファストフードにも心の栄養を求める客を獲得しようと、〈ＢＰ〉（石油関連企業ブリティッシュ・ペトロリアムの現在の正式名称）が同社のガソリンスタンドにカフェを併設した。この店の商品は産地を明確にした自然食材にこだわっていて、正式な食事の代わりとなるだけの高い栄養価を求める客の期待にも応えている。この例に続いて〈ウェイトローズ〉や〈マークス&スペンサー〉といったイギリスの代表的なスーパーマーケットも、いまではガソリンスタンドにフランチャイズ店舗を展開をしている。

ファストフード業界も、イギリスのガソリンスタンドに目をつけた。コンビニエンス・フード分野の業界誌〈ブリティッシュ・ベーカー〉によると、ドライブスルー形式の店舗は「絶好の販路拡大の機会」であり、大きな成長が期待されている。〈スターバックス〉は二〇一七年までにイギリスに新しいドライブスルーを二百店舗設置する計画を始動させている。〈マクドナルド〉は年間三十店のペースでドライブスルーの新店舗をオープンするとし、ドーナツ・チェーンの〈クリスピー・クリーム〉もイギリスの道路沿いに新しく出店しようとしている。その大半が交通量の多い通勤ルートに沿った場所を候補地にしていた。

だが、運転席で食事をすることが増えたために、新たな問題も起きている。心理学者のコンラッド・キングが〈イギリス王立自動車クラブ〉のために行なった調査によると、ファストフードの包み紙のにおいによって、運転者は空腹を感じ、短気になってロード・レージの傾向が高まる可能性があるらしい。嗅覚はほかのどの感覚よりも脳の情動部分に作用する、とキングは〈ＢＢＣ〉に語り、そこに自動車が関係してくると「さまざまなにおいが運転者にある種の過剰な刺激、または何かが欠落しているという刺激を与えることになり、場合によっては最悪の結果を招きかねない」と指摘した。

ファストフードのパッケージは、運転者の心の平穏だけでなく、環境にとっても悪影響をおよぼす。車を運転していると空の容器の処分についても抑制がきかなくなり、窓から投げ捨てる者もいる。これについては、自動車通勤の大半を占めている一人乗りの運転者のマナーがいちばんひどい。二〇一三年にイギリスの道路から十五万袋以上のゴミを回収した〈英国道路庁〉は、「バッグ・イット、ビン・イット！」（ゴミはゴミ袋へ、そしてゴミ箱へ！）キャンペーンを開始し、車内にあらかじめゴミ袋を用意して移動中のゴミをまとめ、目的地に着いてからきちんとゴミ箱に捨てるよう呼びかけた。

通勤は音楽鑑賞の習慣にも影響をおよぼした。自動車が朝食の場になるよりはるか昔から、自家用車内は音楽を聴く場所だった。アップテンポの曲に合わせて歌い、ハンドルを指で叩いてリズムをとりながらフリーウェイを疾走しているときには、具がぎっしり詰まったハンバーガーを食べる暇などなかっただろう。一人で運転する人の気晴らしとして、音楽を聴くことはいちばん人気がある。最も好まれている音源はラジオで、ラジオはいまでも「アメリカにおける車内エンターテインメントの文句なしのチャンピオン」であり、イギリスでもそれは同じだ。

8トラックからカセットテープ、CD、ミニディスクの時代にもラジオは生き残り、スマートフォン、ポッドキャスト、衛星ナビゲーション・システム、パンドラ・ストリームの時代になっても、ラジオは一定の市場シェアを保っている。アメリカのドライバーの八四パーセントは通勤中にラジオを聴く。午前と午後の最も聴取率の高い時間帯には、通勤者向けの番組が放送される。

このふたつの時間帯は広告料もいちばん高い。通勤中のリスナーはラジオをしっかりと聴いており、広告の影響を受けやすく、ほかのリスナー層より重視されているのだろう。その背景には、自動車通勤者はラジオを愛し、信頼しているという見方がある。

アンケートと脳スキャンで調査研究を行なった結果、好きなラジオ局の番組を聴いているときには、幸福感とエネルギーレベルの両方が上昇することがわかった。ラジオという道連れは孤独感を和らげ、自分が車外の広い世界とつながっているという感覚をもたらしてくれる。そして、ドライバーに気分の高揚する曲と耳慣れた声を届けると同時に、先入観をも植えつける。

通勤者はまた、ラジオの司会者が自分たちのことを気にかけてくれていると思いこむ。渋滞に陥っている自分を励ましてくれる声に好感を抱き、道路交通情報担当者が渋滞距離を伝えるときの同情的な口調に、感謝すら覚える。実際のところ、道路情報担当者の声を聴く行為は、情報収集よりも自分を慰めるためだと言われている。それはいわば共同慰労であり、どうにもできない状況にあって、運命論的なあきらめの境地にいざなってくれるのだ。

一方、通勤時間帯のラジオ番組の市場は変動が激しい。通勤者の心をつかむには、音楽とニュース、議論、道路交通情報をどのように組み合わせるのが効果的なのか。その読みの成否いかんで、ラジオ局が大儲けできるかどうかが分かれる。通勤時間帯の有能なDJなら、ニュースや星占いや人気の楽曲を通勤者が聴きたがっているかどうか、聴きたいとしたらどのタイミングで、どんな理由で聴きたいのか、よく知っている。

ラッシュアワーで磨かれたこうした成功戦略は、ラッシュアワー以外でも効果をあげている。通勤時間帯のトレンドは、それ以外の時間帯のラジオ放送にもきわめて大きな影響を与え、五十年以上にわたって、好まれるオーディオ・エンターテインメントの現状と未来予想の両方を提示している。

一九六〇年代に一般大衆向けカー・ラジオが登場して以来、リスナーの嗜好は変化してきた。まだ交通量が少なかった初期のころ、運転者はかなり長いあいだ集中力を維持できたようで、同じ音楽番組を何時間も続けて聴き、途中に有名人のゴシップやニュースを聴く必要をさほど感じなかった。ところが、それから数十年を経て渋滞が悪化してくると、通勤者は飽きっぽくなっていく。

そうしたドライバーの集中力の低下に最初に応えたのは、〝朝の動物園(モーニング・ズー)〟形式のラジオ番組だ。一九八〇年代にアメリカで生まれたこのスタイルは、楽曲やリスナーによる電話、雑談、道路交通情報などの合間に、二人以上の司会者が互いに相手をからかったり、罵(ののし)りあったりする。この形式はいまでは英語文化圏の標準となっている。

どんなモーニング・ズーにも〝キング〟と目されるＤＪがいるものだが、アメリカでは過激なＤＪが特に人気を博した。通勤者は従来の番組に飽きてきて、よりスリルを求めるようになった。それに応えるようにハワード・スターンのようなＤＪが登場し、リスナーが求める強い刺激を提供した。スターンは「獣姦ダイヤルデート」というコーナーのジョークで有名になったが、性器や性交を表わす露骨な言葉の乱用をとがめられ、わいせつ罪で科された罰金で新記録を作った。十五年間、人気を博したあとに他局に移ったが、その局でも独自のスタイルを貫き、卑猥(ひわい)なトークで何百万人という通勤者を楽しませている。

そして、ラッシュアワーのラジオ番組の過激な志向はそれ以外の時間帯のリスナーにも広まった。ここでもまた、通勤者の嗜好が主流に伝播(でんぱ)したのである。アメリカで最も人気のあるラジオ番組《ラッシュ・リンボー・ショー》は通勤時間帯の番組をヒントにし、歯に衣着せぬ意見に、興奮した叫び声を織り交ぜ、千五百万人のリスナーの心をつかんだ。

通勤時間帯のラジオ広告は、通勤者が支持する出演者と彼らが番組に寄せる信頼をうまく利用している。リスナーが耳をそばだてる道路交通情報の前後に、効果的なコマーシャルを挿入する。最大の広告主は自動車メーカー、中古車販売店、それに保険会社だ。

運転中は視線も意識も道路に集中しているように思われているが、ある調査によれば、ドライバーがもっと速く、優雅で、快適な車に買い替えようと考えるのは、渋滞にはまっているときだった。本来なら、渋滞に巻きこまれているときに自動車のコマーシャルを聞いたら不快になりそうなものだが、自動車は二十世紀前半から育まれてきた独特の文化的オーラを持っているので、抵抗なく受け入れられるのかもしれない。自動車はいまでも人を望む場所に連れていってくれる〝神秘の馬〟なのだ――南太平洋の航海やエヴェレスト登頂といった大それた夢ではなく、憧れの車を手に入れ、移動中の自由を獲得するだけのことであっても、私たちは自動車の運転にささやかな夢を持ちつづけていたいのである。

自動車通勤者は、ラジオ広告のみならず広告看板にとっても絶好のターゲットである。渋滞にはまったドライバーは、地下鉄の乗客と同じく自由に動けないため、同じ境遇にある通勤者以外の何かほかのものを見たいと思うものだ。だから、看板などの広告があれば、ほかに見るものがないこともあって、長時間眺めることになる。

広告看板に批判的な人々はそれらを「視覚公害」と呼んで非難するが、通勤者は気分転換として喜んで看板を眺め、書かれている宣伝文句を読む。広告主のほうは、見る人の興味を引くために独創的で派手な看板を考案する。グラスファイバー製の巨大なハンバーガー、本物のミニクーパー、ネオンの十字架、「イエスならどの車に乗るでしょうか?」というスローガン（第9章参照）。誰もが自動車通勤者の眼前に広告を出したがり、その耳に宣伝文句を吹きこもうとする。

こうした宣伝効果があるために、アメリカ中の政治家は看板スペースと通勤時間帯のラジオ広告の放送枠を買い、自分たちの政治方針に賛同してくれると見こんだラジオ局にインタビューをしてくれと頼む。ドライバーは有権者であり、彼らが自宅と職場のあいだを移動しながら何を聞くかによって票の行方も左右されやすい。だからこそ、通勤時間帯は選挙運動にとっても重要なのだ。地元の問題が争点になっている場合にはなおさらだ。

たとえばニュージャージー州では、テレビのローカルニュースをニューヨークとフィラデルフィアのテレビ局が担当しているが、一九九三年の知事選の結果を左右したのは、ラジオ番組の人気ＤＪたちの影響力だった。現職の候補者は通勤時間帯のいくつかの番組で批判されて落選した。一方、当選したクリスティー・ホイットマンは、「ＤＪたちと運転する有権者」のおかげで勝てたことを認め、ニュージャージーの高速道路沿いのトイレに大人気のＤＪ、ハワード・スターンの名を付けた。

イギリスの政治家も通勤時間帯の放送を利用している。二〇一〇年の総選挙のとき、労働党政権は投票前の数カ月にわたって、通勤時間帯の放送枠で大量に公共広告を流した。その内容は、減量のアドバイス、給付金請求の方法、無料健康診断の案内、詐欺が疑われる訪問販売の断り方などだった。こうした情報のおかげで、政府は有権者の福祉を重視しており、現政権に投票すればたっぷりと福祉に予算が使われ、手厚い政策が実施される、という印象を与えることができた。

この宣伝方法は、選挙期間中の支出を厳しく制限するイギリスの規制をかいくぐる抜け穴にもなった。労働党の選挙活動費は千九百万ポンドを超えられないが、労働党政府はラジオの宣伝に一カ月あたり三千四百万ポンドを支出していた。だが政府はこれについて、景気後退で落ちこんでいた広告業界を活性化させるため、と弁明したのである。

ラジオのリスナーとしては、「テレビの受信料や道路税を払いましょう、さもなければ罰金が科されます」と戒めるようなふだんの公共広告と違って、政府の心温まるアドバイスを聞くのは新鮮だった。だが、ドライバーの立場からすれば、それは自分たちが軽視されたと落胆すべきことでもある。というのも、イギリスの自動車運転者はガソリン税と道路税を毎年三百億ポンド以上も払っているのに、政府はその収入の三分の一しか道路に使っていないからだ。

となると、通勤が個人の生活と社会全体に影響をおよぼすという、これまで見てきた法則も、国政に限ってはあてはまらないようである。通勤者は票集めのために政治家がすり寄る相手ではあっても、具体的な要求を突きつけてくる圧力団体ではなく、社会的には結束のゆるい層としか認識されていない。政治の世界では、通勤者はしかるべき勢力として重視されてはいないのである。

12　流れをコントロールする

月曜のラッシュ時、地下鉄の駅で私は階段を降り、ホームの端に立った。それから電車が近づいてきて、何もないところに足を踏みだす――そんな自分の姿がまざまざと目に浮かぶ。

――匿名・自殺未遂者〈ガーディアン〉紙二〇一二年一月二十七日

真っ暗なトンネルのなかを突き進む地下鉄。その運転席から見える光景を想像してみよう。目の前は暗闇で、すぐ手前だけがヘッドライトで照らされ、その下に、光る線路が浮かび上がっている。両サイドと上部には、煤煙（ばいえん）と汚れがこびりついた筒状の壁が迫っていて、車両がかろうじて通れるほどの隙間しかない。トンネル状の進路は突如、二連銃のようにふたつに分かれ、列車はあっというまに左の穴へ入る。急カーブを曲がるとき、身体は求心力に逆らって著しく不安定になる。

体勢を戻したと同時に、前方にまばゆい円形の光が見えてくる。片側の壁に掲げられたヤシの木やサッカー選手のポスターが次々と流れていき、反対側のホームでこちらを見つめる大勢の顔の前を通り過ぎると、ブレーキのきしむ音とともに電車が停まる。人々の顔に浮かぶ奇妙な表情――あきらめと闘争心の入り混じった顔つきは、初めて見ると心底ぎょっとする。

それを毎日、目にする地下鉄の運転士は、通勤者とともにありながらもその一員ではない、という特権的な立場からこの光景を見つめるのだろう。総勢一万八千人の〈ロンドン地下鉄〉職員の仕事は、通勤者を職場へ送ることだ。朝夕のラッシュアワーの舞台監督を務め、そのほかの時間帯には買い物客や街を楽しむ人々、旅行客などを運んでいる。

通勤者は世界各地に五億人以上いる。彼らの短い移動旅行は、鉄道の運転士や改札係、管理センター職員、公務員、運輸大臣など、大勢の人々によって支えられ、演出される。交通業界全体が、通勤者を職場へ運ぶという仕事に関わっているのだ。通勤の向こう側にいる人々は、通勤者とは違う視点で通勤と関わり、大きな責任を担っている。通勤者一人ひとりの移動を総合的に把握し、それらを管理しなければならない。

たとえば、地下鉄の満員電車の運転士は、来る日も来る日も大量の乗客を目的地へ運ぶ、という責任を負う。となれば、彼らの視点から通勤はどのように見えるのだろう？　人を運ぶのも荷物を運ぶのとあまり変わらないのだろうか？　それとも、運転士をはじめとする職員たちは、乗客とのあいだに、ある種の絆を感じているのだろうか？

通勤者のほうは、通勤を支えてくれる職員たちを自分の味方だと考えがちだ。独立機関〈パッセンジャーズ・フォーカス〉がイギリスの何万人という鉄道利用者を対象に実施する調査では、職員の親切な対応がつねに高い評価を受けている。東京では、一部の熱烈な鉄道愛好家が私的に入手した制服を着用し、車掌のアナウンスを暗唱して、鉄道職員に究極の敬意を表している。

だが、職員のほうは乗客をどう見ているのだろう。鉄道職員は、通勤者のことをコントロールしやすい従順な人々だと考えているのか？　それとも、最善の努力をして管理しないと、各人の移動や運行システム全体に混乱を招きかねない予測不能な狂人の集団だと捉えているのだろうか？　職員たちは、通勤者自身が自覚していない行動パターンに気がついているのかもしれない。通勤者は公共交通機関利用時にストレスを感じているとされるが、職員たちのほうも通勤者が原因によるストレスを感じているのだろうか？

地下鉄の運転士は、自分たちが運んでいるのは人間だと認識しているが、必ずしも理性的な人間ではないと考えている。彼らの立場からすると、ドアが開いていようが閉まっていようが平気で乗りこもうとする乗客は腹立たしく、かつ危険な人々だ。

〈ロンドン地下鉄〉のホーム係員ならびに運転士として三十五年以上勤務したロバート・グリフィスは、自叙伝『ドアにご注意ください！』（二〇〇二年）で、「服やかばんがドアに挟まれたせいで死亡する乗客が大勢いた」と書いており、そのような惨事を防ぐには、運転士と乗客とのあいだに言葉を介したつながりがあることがいちばん重要だと述べている。運転士の気のきいた短いアナウンス一回は、千枚の安全広告に値する。

乗客は有無を言わさぬ注意だけでなくユーモアにも反応する、という見解は、運転士のあいだで一致しているようだ。〈ロンドン地下鉄〉の運転士がときおり皮肉めいた車内アナウンスで乗客の注意を促すことはよく知られている。「次にご利用になるときは、ドアが開くまでお待ちいただくほうがご乗車しやすいでしょう」とか、「お客様にご案内いたします。大きくて横に開くものはドアでございます。大きくて横に開くものはドアでございます」といったアナウンスは、人に聞く耳を持たせ、死に至る過ちを防ぐのに役立っている。

地下鉄運転士が乗客について繰り返し指摘するのは、彼らが予測不能だということだ。少し前まで平穏に移動していた乗客が、突如ゾンビの群れに変身し、自分と他人の安全を無視した理不尽な行動に出ることがある。閉まりかけのドアに走ってきたり、トンネル内に数分停止しただけで無理やり車外へ出ようとしたり、車内で火災が発生したと聞いても（いくら指示をしても）なかなか降りようとしない、など。

バス運転手もラッシュ時の通勤客の行動について同じように感じている。元運転手で作家のマグナス・ミルズは『運行間隔の維持』（二〇〇九年）において、地下鉄のターミナル駅から押し寄せる乗客の衝動的な行動を次のように描写している。

七時から九時までのあいだは、大量の通勤客がエスカレーターから続々と出てくる。列車が着いた直後に居合わせたバスは災難だ。ジャングルで肉食動物に襲われる草食動物のごとく、あっというまに狂乱した乗客の餌食（えじき）になる。バスが満員になっても、次々と乗りこんできて、客に急襲された運転手はなすすべもない。

ホーム係員や駅長は、乗客に対して運転士とは少し違った見方をする。彼らは乗客と一緒に列車で移動するわけではないので、ラッシュアワーのあいだはずっと、全方向から押し寄せる人の波にもまれているか、彼らの動きを監視カメラで見ている。そこで、駅で働く人々には絶対的なルールがある――合理的であろうとなかろうと、客には「羊のように」移動してもらわなければならない、というものだ。あるいは、それよりは人間的な見方で接し、「乗客が［地下鉄に］乗ったことすら忘れてしまうくらい……可能なかぎり苦痛をなくし、スピーディーに乗降をコントロールすることができれば、いい仕事をしたと言えます」と述べた職員もいる。

人の流れを止めないようにする手法はたくさんある。ホームとホームをつなぐ連絡通路付近では、両方向の人の流れを交錯させないようにするとか、いくつかのエスカレーターの進行方向を逆にすることで、駅から出ていく人の数を駅に入る人の数より多くしたり、それと反対のことをしたりすることができる。

地下鉄の標識も、人の流れを止めないようにデザインされている。案内表示の位置や大きさ、その内容は、原則として段階的に開示されるようになっている。この原則の提唱者であり、駅の入口から乗車までの誘導方法について〈ロンドン地下鉄〉に助言したポール・マーチャントは、情報はその時点で必要とされる分しか出さないのをよしとしている。選択肢が多すぎると人々の流れがとどこおり、地下鉄の運行に影響する。したがって、標識の大きさとそこに示される情報は「意思決定地点」に合わせて決められ、利用者がその地点に来たときに、左か右か、上がるか下がるかなど、二者択一の選択ができるようにする。

目的のホームや出口にたどりついたときに安心させるための標識もある。標識の文字の大きさは、視線の方向と距離から割りだした単純な公式で決まる。遠くからはっきりと見えなくても、適切な位置に来たときに読みやすいことが大切だ。

〈ロンドン地下鉄〉はつねに標識の改善には熱心だった。書体デザイナーのエドワード・ジョンストンが、いまでは〈ロンドン地下鉄〉ですっかりおなじみの〝サンセリフ書体〟を開発したのは一九一三年のことだ。よく目立ち、信頼がおけ、紛れもなく二十世紀的な書体を作ってほしいという注文を受けた。当時は、ひげ飾り（セリフ）のないサンセリフ書体は「俗っぽい」と思われていたうえ、正式な標識には、大文字のセリフ付きの書体を使うべきだと考えられていた。

美的でないなど、伝統的な書体を愛好する人々からは根強く反対されたが、サンセリフ書体の見やすさはしだいに認められ、〈ロンドン地下鉄〉で採用されてから五十年のあいだに、ほかの場所でも使われるようになった。単語の頭文字を大文字にし、道路標識や鉄道駅、バスの行き先表示にも用いられている。

しかし、標識や通路に工夫を凝らすだけでは、ラッシュ時に人の流れを止めないでおく策として充分だとは言えない。乗客どうしの競い合いや血の気の多い利用者に対しては、駅係員の介入も必要になる。通勤客自身が自分たちのことをどれほど従順で控えめだと思っていたとしても、ホーム係員からはそうは見えない。係員には乗客が自覚していない部分がよく見えており、競争心もそのひとつだ。

同じホームで毎日仕事をしていれば、全体の流れだけでなく個々の動きも目に入り、乗客どうしで戦いが繰り広げられているのがわかる。列車が到着するや否や突進して乗りこもうとする客もいれば、出遅れて激しく人の波にもまれる客や、ドア付近に立ちふさがってほかの客を妨害する人もいる。乗降時や席取りなど、乗客どうしの戦いは、以前ならば黙殺されていたが、最近では駅以外の場でも注目されるようになってきた。

二〇〇四年、IT企業の〈ヒューレット・パッカード〉は、鉄道利用者に電極付きの帽子をかぶらせ、心臓と脳の活動のさまを測定する実験を行なった。その結果、場所を奪いあう通勤者の興奮度と緊張度は、交戦中の戦闘機パイロットや暴徒と対峙する機動隊員と同じくらい高いことが判明した。

しかし、ホーム係員は乗客どうしの競争心を嫌う。人の流れを乱す原因になるからだ。職員たちは乗客の頑固なこだわりにも閉口している。ラッシュ時の通勤客は、驚くほど毎日の習慣に固執する。二分待てばすいている電車に乗れるのに、満員でも必ず同じ電車に乗らないと気がすまない人。毎日ホームの同じ場所に立つことにこだわり、ほかに充分なスペースがあっても人の群れに突っこんでいく客……。まるで、地下鉄に乗るには唯一絶対の方法しかなく、それを少しでも破ったら大惨事が起こると思いこんでいるかのようだ。こうしたこだわりは乗客個人だけでなく列車の運行全体にも影響する。

『ドアにご注意ください！』の著者ロバート・グリフィススは、火災などの緊急事態に直面しても列車を降りようとしない乗客や、そういう人々を説得する難しさを嘆いていた。

バスの乗客も融通がきかない。マグナス・ミルズは著書『運行間隔の維持』のなかで、「使用中止」と書かれたカバーがかかっている停留所で待ち、通り過ぎるバスに向かって悲しげに手を振る人の例を挙げていた。また、行き先表示を見ずに、バスの番号しか確認しない人も多い。ミルズは「彼らはたとえ〝地獄行き〟と書かれていても、気づかずに乗ってくるに違いない」と思う。

乗客どうしの競争やこだわり以外にも、通勤者は自覚していないが、交通機関の職員にはよく見える行動パターンがある。曜日によるリズムだ。通勤者の気分はさまざまに変動し、それが人の流れにも反映され、月曜から金曜までのサイクルに変化を与えている。

〈ロンドン地下鉄〉の職員たちは、時計とカレンダーを見れば客の行動が予測できると言う。月曜の朝は、朝食抜きでラッシュアワーの電車に乗る女性が多く、貧血で倒れる客が続出する。金曜の夜は、空腹のまま酒を飲みすぎた男性客が自分の吐瀉物にまみれて酔いつぶれる。職員たちは毎週めぐってくるこうした要注意時間帯に、目まいを起こす客や酩酊客に救いの手を差し伸べられるよう備えている。金曜夜の騒乱について〈ＢＢＣ〉に語ったホーム係員のジェーン・オークスは、「私たち、ベビーシッターみたいですよ。ときには、母親役や父親役もやりますが」と言った。

行儀の悪い子どもが車両やコンコースを汚したあとを掃除する仕事もある。客の不始末を片付けるときは、ほかの利用者が気分を悪くしないよう、業務連絡放送では符丁を用いる。「一番」と言えば血液。「二番」は大小便、「三番」は嘔吐物、「四番」はこぼれた飲食物、「五番」は割れたガラス、「六番」は一般ゴミを意味する、といった具合だ。乗客の行動には年間サイクルもある。イギリスで最も混雑するのは九月と三月で、飲みすぎの客が多いのは十二月、自殺が多いのは二月の木曜日だ。

さらに、職員は通勤客の遊び心とも戦わなければならない。

通勤客は自宅の寝室から職場へ向かう道中、ふざけたり無鉄砲になったりすることがあり、それがまた人の流れを乱す。たとえば、ズボンやスカートをはかずに公共交通機関に乗る〝ノー・パンツ・デー〟というフラッシュモブ（インターネットなどで呼びかけ、不特定多数の人々が公共の場でパフォーマンスを行ない、周囲の関心を引く行為）が世界六十都市で流行しているが、職員からすれば、通勤者が自分たちの下半身を見せあったからといって世の中が明るくなるわけでも、地下に一条の光が射しこむわけでもなく、ただ混乱を招くだけなのだ。

地下鉄車両内で見かけるパロディ標識にも職員は閉口している。さまざまな安全広告と同じ形状、同じサイズの標識で、まじめなメッセージの代わりにふざけた文言が書いてある。たとえば、「禁煙（ノー・スモーキング）」の代わりに「目を合わせること禁止（ノー・アイコンタクト）――罰金二百ポンド」と書いたステッカーが貼られていたりする（もちろん、それらを片付けるのも職員の仕事だ）。

通勤客は通勤中に遭遇するユーモアや奇行をおもしろがるが、〈ロンドン地下鉄〉の職員にとっては秩序を乱すものは敵だ。彼らは乗客ができるだけ騒ぎを起こさず、ルールを守り、移動に専念してもらいたいと願っている。

新しい媒体も問題を悪化させることがある。乗客どうしがツイッターで情報を交換するため、職員よりも運行遅延の原因について詳しいときがある。これでは職員の面目が立たない。そこで交通機関運営者のほうもツイートで応戦する。〈ロンドン地下鉄〉全路線それぞれにツイッターフィード（ブログその他の媒体の新着情報を、ツイッターに連動して投稿できる仕組み）が用意されており、そのやりとりを読むと、運営者側と乗客側の緊張関係が垣間見える。たとえば、セントラル線のフィードには次のような応酬があった。

@centralline　平常運転が再開しました。

HG　それならウエスト・ライスリップ七時二十九分発の電車が出ないのはなぜですか？　十七分待たないと一本も出ないんですか？

@centralline　故障により運休になったとのことです。ご迷惑をおかけし、お詫び申しあげます。

HG　だったらどうして平常運転再開と発表するんです？　全然平常どおりじゃありませんよ。〈ロンドン交通局〉のサイトなら最新情報を掲載してくれないと困ります！

@centralline　こちらでは運行状況全般についてお知らせをしております。運休になった便があっても、必ずしも全体に影響するわけではありませんので。

地下鉄だけでなく地上輸送交通の運営者もツイッターで発信している。〈サウス・ウエスト鉄道〉のソーシャルメディア責任者アリソン・ダンは、ウォータールー駅発着便の投稿を担当しており、ツイッターは鉄道事業者と乗客を新しい形でつなぐ手段だと考えている。「これまでにない一対一の方法でお客様と対話ができます」と彼女は言う。「恥を知れ」というような返信があっても動じず、たいていは読み流す。だが、何を言われても気にならないというわけではない。「あまりにもひどいことを書かれれば、確かに傷つくこともあります。中傷的なことが書かれているときは……」とアリソンも認めた。「でも私たちはお客様の身になって、どんな苦痛があるのか理解する必要があります。なんといっても、お客様が払ってくださる運賃によって電車は動いているのですから」

話を〈ロンドン地下鉄〉に戻すと、彼らは流れをコントロールする戦略を自分たちで考案するのみならず、外部からのアイデアも採り入れている。たとえば、一九八六年に開始した「地下鉄ポエム」プロジェクトがそうだ。このサービスでは、車内広告スペースの一部を使って、〈安全上の注意事項や宣伝文句の代わりに〉詩を掲示している。〈ロンドン地下鉄〉は広告収入をいくらか犠牲にすることになっても、ラッシュアワーの車内で身動きできなくなっている乗客に心の糧(かて)を提供することができるのだ。

いまではイギリス以外にも世界十二カ国の公共交通機関で同様の取り組みが行なわれている。筆者もそうしたポエムの愛読者の一人だ。消臭剤やマウスウォッシュや生命保険の広告を見て不安に駆られる代わりに、心に響く詩を読んで想像をふくらませることができる。〈ロンドン地下鉄〉で初めて知った詩のなかで特に私が好きなのは、十七世紀のイギリスの叙情詩人ロバート・ヘリックの「夢」という作品だ。

昼、私たちはみなこの世にいるが、夜がくれば
夢によってそれぞれの世界へといざなわれる。

〈ロンドン地下鉄〉は詩で乗客を元気づける以外に、〝バスキング〟と呼ばれるストリート・パフォーマンスの公認制度も導入した。多くの駅に、許可されてバスキングを行なうスポットが設けられている。

以前は、気ままな自由人が、警備員や警察の目を避けながら通勤者相手にパフォーマンスをし、用意した帽子に小銭を入れてもらっていたが、いまでは有名になりたいパフォーマーたちが、オーディションで勝ちとった駅の一画で音楽や芸を披露している。バスキングは一見すると人の流れを乱すもののようだが、通勤者の心を和ませる効果もある。音楽があるおかげで映画のような雰囲気が醸(かも)しだされ、通勤時の混雑によって対人距離がさまざまな形で侵害されていてもあまり気にならなくなるのだ。

通勤という脈動を維持するため、〈ロンドン地下鉄〉の職員たちは特別な施設で訓練を受ける。〈ウエスト・アシュフィールド〉もそのひとつだ。この施設はケンジントンのオフィスビル内にあり、地下鉄のホームをはじめ、駅舎のさまざまな部分の実物大模型が準備されている。送風機で風を起こし、

列車が近づく轟音も再現し、本物の地下鉄駅にいる感覚で訓練ができる場所である。ラッシュ時の混雑をさばく職員たちは、ここで仕事を学ぶ。

将来の運転士は〈ウエスト・アシュフィールド〉のシミュレーターで何時間もかけて運転操作を学ぶが、実際の勤務で受けるストレスに備えるにはいくら訓練しても充分ではない。二百四十八人分しかない座席をめぐって無言の戦いを繰り広げる大量の客を乗せ、ロンドンの街路の地下三十七メートルのところにある狭いトンネル内を走行するストレスはたいへんなものだ。訓練は厳しい。

運転士は、運転中にしばしば発生する問題に対処できなければならない。ヒューズの交換、緊急時の避難誘導、人身事故発生時の対応、すべての駅で正確に停車すること……。運転士はパイロットのような重い責任を負い、重圧も相当なものだが、パイロットほど華のある職業でもない。〈ロンドン地下鉄〉の運転士のストレスレベルは、神経症になりそうな都会の通勤客よりも高いのだ。人を轢いてしまうかもしれない不安から、ストレスはさらに高まる。たとえニアミスであってもぞっとするのは、運転士にはなすすべがないからだ。「電車は人をよけることができません……ブレーキをかけたら、停止が間に合うよう祈ることしかできない」。運転士のモハメッド・ムジャヒドは〈ガーディアン〉紙にそう語った。「動揺して震えが止まらなくなります。耐えられなくて辞職する人もいますよ」

運悪く人を轢いてしまった運転士は、往々にしてその経験に一生悩まされる。一五パーセントが心的外傷後ストレス障害に陥り、四〇パーセントがうつや恐怖症などの心理的問題を抱えるそうだ。元運転士のロバート・グリフィスは、二度の死亡事故体験について『ドアにご注意ください！』に書いている。どちらも自殺だったが、二回とも、検視によって自殺と確定するまで過失致死容疑をかけられた。二回目のときは、仕事に復帰するまで三カ月の病気休暇とカウンセリングが必要だった。

バス運転手も日常的なストレスに悩まされている。オランダの心理学者M・A・J・コンピアー教授の研究論文によると、バスの運転は「ハイリスクの職業」であり、事務職、肉体労働者、タクシー運転手、ビール醸造人、公務員など、ありとあらゆるほかの職業と比べても、身体的・精神的に過酷なのだという。一日中運転席に坐って大型の乗用車を速度調整しながら運転することは、外から見るよりずっと危険が多い。バスの運転席の多くは身体によくない構造になっている。ハンドルは大きすぎるし、座席は体型に関係なく一律のサイズしかない。ペダルは遠くて足が届きにくいため、身体をひねったり伸ばしたり丸めたりして運転しなければならない。身体はバスの動きに振りまわされ、ドアを開けるたびに熱気や冷気にさらされる。乗客から暴力をふるわれることだってある。

コンピアー教授の調査対象者の証言を読むと、バス運転手の一般的なイメージと現実との大きな違いが浮かび上がってくる。オランダで、バスの運転手は「男の子の夢の職業であり、大きなバスと制服と帽子は憧れの的」とされている。また、「バスのなかでは誰の命令も受けなくていい」といったことから、ちょっと見では自由な職業だという印象もある。けれども、子ども時代の夢がかなった感動が去り、現実に直面すると運転手は疲弊していく。「私がこの仕事についた十五年前当時からの仲間はあまり残っていません。ほとんどが辞めてしまった……最近では暴力の問題もあります。私も二回襲われました。人々は変わりました……誰もが急いでいて、冗談を言う暇もない。渋滞もひどくなった」。多くのバス運転手は定年前に辞めてしまう。健康上の理由が多く、特に心臓や腰・ひざ・腸・腱の疾患にかかりやすい。

身体的な問題だけでなく、精神的な問題に悩まされることもある。バスの運転というのは、多くを要求されるが、本人の努力でコントロールできることが少ない仕事である。名目上は自分の運転するバスの主人だが、時刻表に縛られ、つねに良心の呵責にさいなまれている。雇用主からは機械のように規則的な運行を求められる一方、乗客は別の要望を突きつけてくる——ドアを閉めたあとに乗せてくれと言う者もいれば、降車に時間のかかる高齢者や身体の不自由な客もいる。

スウェーデンの公共交通機関の職員たちを対象にした調査によると、このような相反する要求に直面した運転手は、ふたつにひとつを選ぶしかなくなる——つまり「乗客を貨物とみなす態度」に徹して時刻表どおりの運行を優先し、「乗り遅れて走ってくる乗客がいても良心の呵責を感じることなく見捨てる」か、時刻表どおりでなくとも「乗客一人ひとりの要望に応えて」乗客を人間として扱うよう心がけるかのどちらかだ。だが、博愛主義は出世競争と両立しない。そこで運転手は速度超過で時刻表の遅れを補おうとする。「バスと路面電車の運転手の約二五パーセントが、過密な運行スケジュールによってほぼ毎日、交通安全上の危険にさらされている」と言い、「いつも予定より遅れるので乗客から苦情を言われ、充分な休憩時間が確保できない」と回答している。

調査研究者たちは、結論として「どちらを選択しても、運転手は意識的または無意識的に継続的な不全感を持つ」と述べている。内心では無理だとわかっていても、すべての人の要望に応えようとがんばりすぎてしまうのだ。こうしたジレンマは、マグナス・ミルズの『運行間隔の維持』の主題にもなっている。この作品では、運行間隔を厳守することに血眼(ちまなこ)になるバス検査員たちがカフカ風に描かれている。彼らが運転手に要求する定刻運行は、機械仕掛けの世界でなければ不可能なほど厳しい一方で、停留所を定刻より早く出発してしまうのを最悪の罪だとする。定刻より早くても、遅いときと同じように運行間隔は乱れるからだ。

運行間隔とは、走行中の電車と電車、バスとバスの適正間隔のことである。運行間隔の維持は、ヴィクトリア朝時代から、優秀な公共交通機関の計画者たちの頭を悩ませてきた。同一路線に複数の車両を走らせたほうがいいとなれば、車両どうしの衝突やトンネル内での渋滞を防ぐ仕組みが必要になってくる。

初期のころは、色分けした旗とランタンを持った係員を線路沿いに配置し、前の列車と接近しすぎたら停車させるという方法をとっていた。鉄道の線路に沿って電信線が敷設されると、目視の合図以外に電気信号も用いられるようになり、運行間隔管理にブロック制が導入された——各路線を〝ブロック〟と呼ばれる区間に分割し、ひとつのブロックに二本以上の列車が走ることを禁じる鉄則を制定した。この規則は自動システムが登場するまで適用された。自動化、つまり運行管理のコンピューター化によって初めて、同一ブロックに複数の列車を走らせることが可能になり、運行間隔は短縮され、本数も増えた。

現在の運行管理システムで流れをコントロールする係員は、運転士やホーム係員とはまた違った視点から通勤者を見ている。乗客を直接目で見る代わりに、彼らはディスプレイ上で、列車を表わす色付きの四角形がラインに沿って少しずつ移動する様子を監視しており、人間どうしの問題ではなく数学的問題を解決するよう求められる。これもまたストレスの多い仕事だ。

〈ロンドン地下鉄〉のメトロポリタン線の運行管理を担当するサイモン・フラットは、ラッシュ時に五十四駅を通る百本の電車の運行を制御する責任があり、自分の仕事は「熱くて手に持てないジャガイモをジャグリングしている」ようなものだと〈ＢＢＣ〉に語った。列車のドアが閉まるのが十五秒遅れると、後続列車は二分遅れ、四本目の列車は十分遅れになるからだ。毎日の一秒一秒が重大な違いになる。

自動運行管理システムによって運行間隔を管理するのに加え、無人運転への移行も進んでいる。これは約四十年前から導入が始まっていて、〈ロンドン地下鉄〉のヴィクトリア線は、一九六八年の開通以来、事実上の無人運転だ。実際には必ず運転士が運転席にいるが、基本的に電車は自動運転で動いている。ヴィクトリア線の年間二億人余りの乗客のうち、ラッシュ時に自分を運んでいる巨大な電車が機械で運転されていると知る人はほとんどいないだろう。人間が運転していないと知ったら、たいていの人が落ち着かない気分になるに違いない。

自動化は人為的エラーをなくすのに役立つが、人間ならではの工夫や機転は期待できない。想定外の問題が起きたときには人間の知恵だけが頼りになる。さらに、電車が途中で止まったりしたときは、運転士の声が聞こえるほうがいい。電車の仕組みやヒューズの交換方法やブレーカーの戻し方、ドアを手動で開ける方法や避難手順などを熟知している人が乗車している、という安心感は、車内放送から聞こえる運転士の言葉に劣らず重要だ。

無人運転の列車に乗る乗客の不安は、ロンドンで初めて完全無人運転を導入した〈ドックランド・ライト鉄道〉の「よくある質問」ページの最初の問いが「運転士はどこにいるのですか？」だということからも推測できるだろう。これに対して、運転士はいないと答える代わりに、担当職員が運転システムを監視していますと伝え、予想される利用客の不安感を軽減しようとしている。

> 電車がひとりでに停車したり発車したりするように見えるかもしれませんが、〈ドックランド・ライト鉄道〉のコンピューターシステムは管理センターで三百六十五日二十四時間体制で、しっかりと管理・監視されています。管理センターの職員は、〈ＤＬＲ〉のネットワーク全体を示すヴィジュアル表示を確認することで、各列車が路線のどこにいるのか、つねに把握しています。

無人運転システムの利点について、鉄道事業者は乗客に対してあまり語ろうとしない。だが、事業者どうしでは大絶賛している。無人運転システムならば、列車間の運行間隔をかなり短くすることができる。間隔が縮まれば乗車定員も増えるし、労働コスト削減という利点もある。

ブラジルの〈サンパウロ地下鉄〉の四号線は完全無人運転で運行しており、ディレクターのクラウディオ・アンドラーデは、「人的要素が関与する余地をなくすことで、理論上可能な最短運行間隔に近づけることができます」と述べている。〈ロンドン地下鉄〉ヴィクトリア線の運行間隔が二分なのに対し、〈サンパウロ地下鉄〉四号線は七十五秒間隔で運行が可能だ。運転士が反対側の運転席に移動する時間によって折り返し運転が遅れることもない。また、運転士の補充なしでラッシュ時の増便も可能だ。

無人列車運転システムの合理性を考えれば、いずれはすべての鉄道が自動運転になることは避けられないだろう。〈ロンドン地下鉄〉ジュビリー線のホームにあるような、スライド式の丈夫な仕切りが利用者の愚行を防いでいるのを見るにつけ、通勤者はもはや羊の群れになってしまったと感じるが、将来は羊飼いのほうも、ストレスや感情とは無縁のロボット羊飼いになるのかもしれない。

第3部

顔を合わせる時間

13　仮想通勤

われわれは電子的に拡張された身体を生きる時代に突入している。物理的な世界と仮想の世界とが交錯する場所で、実際に存在するのと同様に〝テレプレゼンス〟しながら仕事をしたり、他者と関わり合ったりする。

――ウィリアム・ミッチェル『シティ・オブ・ビット――情報革命は都市・建築をどうかえるか』一九九四年

通勤電車から運転士をなくすことが可能なら、通勤電車から通勤者自身がいなくなることもありうるのだろうか？　人間が職場へ移動する代わりに、仕事のほうが人間のところへやってくる。毎朝、仕事のほうが労働者の家に来て、一日の終わりには本部へ戻っていくというわけだ。

労働者と仕事が同じ場所になければならない職業（たとえば鉱山労働者や美容師）の場合はそうはいかないが、現在のほとんどのホワイトカラーの仕事なら、それも理論上は可能である。弁護士やコールセンターの職員、会計士、学術研究者、議員といった職業の生産性を最大限に上げようとするなら、彼らを一カ所に詰めこむ必要があるだろうか？　通勤する代わりに〝テレコミュニケーション〟（電気通信技術）を活用すればいいのではないか？

通勤が好きか嫌いかにかかわらず、専門家たちはみな、四十年ほど前から将来の通勤形態として〝テレコミューティング〟（勤務先に出勤せずに、情報通信機器を利用して自宅や自宅近辺に開設されたサテライトオフィスで業務を行なうこと）の可能性を認めている。アメリカでは特にその傾向が著しい。物質的なものは小さくて少ないほうがよいという思想が生まれたのは一九七〇年代のことだ。大きくて動力過剰な車を運転して、そびえたつ宮殿のような大企業の本社へ通い、九時から五時までビリヤード台のように広いデスクに足を載せているような生活に憧れるとはもってのほか、という考え方は、こうした時代が生んだものだ。

一九六〇年代には多くの国民がガソリンを大量に消費していたが、それでも、月にロケットを送ることに比べれば取るに足らない量だと考えられていた。だがその楽観的な考えも一九七三年の第一次オイルショックでおしまいになった。アメリカは暗い時代に突入した。都市部は衰退し、川は汚染され、大気は酸性雨と排ガスの鉛で汚れている。多くの地域では公共交通機関が廃れ、自動車に乗れないなら歩くしかなかった。

だが、誰もが希望を失ったわけではない。当時の南カリフォルニア大学教授ジャック・ニレスは、こうした停滞期にこそ情報革命が進み、労働者と企業の両方に新たな規範（パラダイム）が生まれると述べた。その中心となるのが〝テレコミューティング〟だ。

テレコミューティングとは、ニレスが一九七五年に発表して反響を呼んだ論文で使われた造語で、

「大企業の従業員が本拠地の職場まで長距離通勤をする代わりに、自宅に近い(ただし、一般には自宅以外の)職場で働くことのできる」制度のことだ。ニレスは、進歩のめざましいコンピュータ技術や光ファイバーなどの最新テクノロジーによって、「専門職、技術職、事務職、営業職、管理職、公務員、経営者など、アメリカの労働力のおよそ五〇パーセント」は分散化が可能であり、賃料の安い地方の拠点に移すことができると述べた。

地方だとレストランは少ないかもしれないが、自宅に近いところで働けるなら、それもたいした問題ではない。さらに、地方の電気通信網が発達すれば、身体上の障害がある人、幼い子どものいる主婦、休暇中の大学生など、移動に制限はあっても優秀な人材を企業で活用できるようになる。

その目的は、通勤をなくすというより、通勤の合理化にある。テレコミューティングといっても、大半の人は毎日職場に通う。違いは本社ではなくハブ拠点に通うという点だ。ニレスは、彼の考えるテレコミューティングには、都市部を若返らせる作用もあり、全従業員を同じ職場に押しこめる必要がなくなれば、当時のアメリカ都市部の多くを占めていたオフィス専用ビルは、店舗や住宅や庭園が混在する多目的スペースに転換できると考えた。

テレコミューティングによって都市部の外に住み、自宅の近くで働く人が増えれば、組織人間が全盛だったころから消えはじめた〝コミュニティ意識〟がよみがえる。単なるベッドタウンとみなされていた郊外が地域社会としての町になり、女性たちのサークルや、聖書教室、野球チーム、ボーリング・リーグなどが生まれ、テレビの普及以前に営まれていた地域活動が復活するだろう。ただし、ニレスは、テレコミューティングのせいで郊外居住地が無秩序に増殖して地方を破壊することになってはならない、と警告した。「電気通信技術が進歩して安価になれば移住しやすくなり、その結果として、景勝地や行楽地の近くに移り住む人が増えて、環境資源が破壊される可能性がある」と指摘した。ニレスはまた、企業幹部にはテレコミューティングがあまり適していないことを認めた。当時の経営理論では、企業幹部は「直接顔を合わせて話すことで、言葉に含まれるヒント、態度や姿勢、その他［電話などでは］簡単に推し量れない微妙なニュアンスを改めて感じとる」必要があるとされた。さらには、労働組合がらみの問題が起こる可能性も示唆した。労働組合や裁判所が、テレコミューティングは従業員の結束を阻む分割統治だとみなせば、労働者は激しく抵抗するだろう。

ニレスの次にテレコミューティングを提唱した未来学者はアルヴィン・トフラーだ。彼は著書『第三の波』（一九八〇年）で文明を（a）農業段階、（b）産業段階、（c）現在始まりつつある情報段階の三つの時代の波に分類した。トフラーは、第三の波が到来していると確信し、今後は、炭鉱や蒸気機関車や機械化競争に代表される産業時代よりも、農業時代の精神に近くなるだろうと考えた。

トフラーの重要コンセプトである「電子化住宅（エレクトロニック・コテージ）」が実現すれば、農業時代のように「夫と妻、そしておそらくは子どもたちも含め、家族がひとつの単位として一緒に働くことが、再び大々的に可能になる」と彼は予想する。かつて小作人が羊を飼って羊毛を紡いだように、電子化住宅の住人は多国籍企業に雇われてデスクワークを行なう。「〝高性能（スマート）〟タイプライター……ファクシミリ、コンピュータ機器、テレビ会議用設備」さえあれば仕事ができて、冠婚葬祭以外はスーツを着る必要もなくなる。

トフラーが予想したようなコテージ・オフィスを執筆時の一九八〇年代に実現しようとすれば、その費用は（電話料金も含め）とんでもなく高額になっただろうが、いずれ価格は下がるとトフラーは確信していた。将来は、電気通信設備の導入と運用に必要なコストのほうが自動車通勤の経費より安くなり、工場やオフィスに通うという「不合理で、理不尽で、いらいらさせられる行為」は過去のものになる、とした。

さらに、電子化住宅によって、トフラーの執筆時には衰退の一途をたどっていたコミュニティ精神が再建されると考えた。ニレスと同じくトフラーも、「教会、婦人会、組合、同好会、スポーツ・サークル、青年会のような自発的組織が復活する」と予測した。

一九九〇年代になると、テレコミューティングは概念から実用化へと進んだ。ムーアの法則、インターネット、光ファイバー、デジタル交換、地球温暖化問題、時代精神の転換などにより、まずは電気通信が実現可能、かつ望ましいものとなった。そして、いつ、どこでも仕事ができること——気分しだいでノートパソコンを持って外出することも、自宅で業務をこなすこともできるというテレコミューティングの発想は、ジェネレーションX（アメリカ合衆国において、一九六一年から一九八一年までの二十年間に生まれた世代）の想像力を刺激した。

電気通信技術を利用した働き方は、いまや一大政治勢力となった環境保護運動の精神にもかなっており、物理的な通勤を敵視する流れと同調した。渋滞中に二酸化炭素を撒き散らしながら浪費される燃料と、その際に無駄になる生産時間、それに交通事故による葬儀や裁判の費用として消える多額の金があれば、有意義なことがたくさんできる。サハラ砂漠の森林を再生し、アマゾンの自然を守り、アフリカを貧困から救って種子と避妊具を配布し、夜に彼らの家を明るくする発電用の風車を造ることだってできるだろう……。通勤は西側諸国が抱える問題点を象徴するものであり、一刻も早くカットすべきものとみなされるようになった。

各国政府もこれに耳を傾け、仮想通勤を奨励しはじめた。アメリカは〝アメとムチ〟の政策をとり、一九九〇年の「改正大気浄化法」で、従業員百人以上の事業所に「単独自動車通勤の削減」を義務づけるとともに、税制の優遇その他の刺激策により在宅勤務の設備投資を促した。

欧州連合（ＥＵ）も仮想通勤を〝テレワーク〟と名付けて推進し、一九九〇年代後半にさまざまな政策提言を作成した。二〇〇二年には「主要な社会的パートナー」団体から枠組み合意書への調印を得ると、それを既定路線として欧州各国政府にいっそうの働きかけを行なった。その目的は勤労者の「仕事と社会生活を両立」させることにあり、特に後者に重点が置かれた。

だが、ＥＵのテレワーク推進策の成果は限定的だった。二〇〇五年の公式統計によると、ヨーロッパの勤労者のうち、最大で労働時間の四分の一をテレワークで働く人が七パーセント、全労働時間をテレワークで働く人は一・七パーセントだった。仮にこれが真実の数字だったとしても、予想より低い。テレワーク／テレコミューティングの提唱者たちの予想はいつも楽観的にすぎた。たとえば、先述のジャック・ニレスは二〇〇二年、全労働時間をテレコミューティングで働く人は二〇〇四年までにヨーロッパの労働人口の約一〇パーセントにまで増えると予想したが、それは公式統計結果の五倍の数字だった。しかも、その統計自体、実際より誇張されていることはほぼ確実である。テレコミューティングの統計をとることが難しい原因のひとつには、どのような人をテレコミューターと定義づけるのか、という問題がある。テレコミューターとして分類されるのは、デジタル通信で連絡をとって完全に在宅でのみ仕事をする被雇用者に限られるのか、それとも、週に三日は職場へ通勤し、残りの日は自宅で仕事をする人も含まれるのか、といったことだ。

研究者のあいだでも、テレワーカーの人数の数え方は統一されず、定義をどこまで拡大するかによって結果は変わる、ということが指摘されている。たとえば、〈米国労働統計局〉によると、二〇一一年に完全に自宅のみで仕事をした労働者は二・五パーセントにすぎないが、ときおり自宅で仕事をする人や、勤務時間外に仕事関係の電子メールを確認する人も含めれば、この数字は二四パーセントに増える。比較のために付け加えると、イギリスでは、二〇一三年に〈国家統計局〉が「主に自宅を中心に仕事をする」とした被雇用労働者の割合は五・四パーセントだった。

一方、自国の外にいるテレコミューターを国内統計に含めると、予想と現実の差はここまで大きくはならなかったはずだ。仮想通勤の提唱者たちは、グローバル化の波が彼らの描いた楽観的未来図におよぼす影響までは予想していなかったし、それによって仕事が国外にアウトソーシング（外部委託）されるようになるとも考えていなかった。

ＥＵ諸国とアメリカの企業は、テレワークを推進する法整備の精神に従うかどうかはともかくとして、推進の義務だけは果たし、〝ビジネス・プロセス・アウトソーシング〟（ＢＰＯ）によって二酸化炭素削減に寄与した（だが皮肉なことに、それに伴って、自国の従業員を解雇している）。この場合、ＢＰＯすなわち業務の外部委託とは、コールセンターなどの各種業務機能をアジアをはじめとする諸外国に移転することを意味している。その結果、自国のテレコミューティングについて知りたければ、インド、メキシコ、バングラデシュなど、識字率が高く賃金の低い新興国や開発途上国を調べたほうがいい、という状況が生まれた。

たとえば、インドではイギリス企業のテレコミューターがたくさん働いており、その数はイギリス在住のテレコミューターに匹敵する。インドには英語を第一公用語として話す教育水準の高い労働力があり、イギリスの十分の一の賃金で雇用することが可能だ。インド南部の大都市バンガロールだけでも、二十五万人以上のテレコミューターが英国時間や米国時間で勤務し、事実上ロンドンやロサンゼルスの労働統計に計上されている。

ＢＰＯが増加した背景には、欧米諸国側の法制度や（二酸化炭素削減による）地球温暖化対策、企業のコスト削減策といった要因だけではなく、インド国内のほうにも要因があった。インドの起業家たちが国外に出て、多国籍企業に対し、ＢＰＯの促進を働きかけてきたのだ。

〝インドのアウトソーシングの父〟と呼ばれるラマン・ロイは、アメリカ企業にインドへのＢＰＯ構想を最初に持ちかけた人物だ。当初、ロイはアメリカ人の無知と偏見に立ち向かわねばならなかった。「九〇年代後半、売り込みのプレゼンテーションの冒頭を〝皆さんはきっと、私が牛車で職場に通っているとお思いでしょう〟という言葉で始めるのが、私のお気に入りでしたよ」とロイは笑う。自分の提案が大がかりな詐欺か夢物語だと思われないよう、見込みのありそうな顧客にインドの場所を地図で示し、初歩的なことから説明をしなければならなかった。同時に、インド政府に働きかけてテレコミューティングの利点を説き、必要な施設整備の許可を得ることも必要だった。ときには、無知による障害が立ちはだかることもあった。

こちらの申請を政府が審理するあいだ何カ月も待ったあと、担当者に会いにいきました。担当者は〝コールセンター〟の設立は許可できるが、「電話の着信と発信」を扱う場所は許可できないと言うんです。そこで、インターネットのサイトからコールセンターの定義を印刷して持っていき、コールセンターとは、まさにそういうことを行なう場所なのだと伝えなければなりませんでした。

それまで労働市場から除外され仕事ができなかった人々も働けるようになる、というジャック・ニレスのテレコミューティング構想に呼応して、ラマン・ロイは彼自身が「深夜勤務」と呼んだ業務に女性を雇用する権利を獲得しようとした。北米時間に合わせて、バンガロール時間の午後七時から午前三時まで働くことを認めさせるのだ。「午後十時以降の業務に対して女性の雇用を禁じる法律がありました。そのため、コールセンター設立計画がある州ごとに、州政府に対してその法律を改正するよう、働きかけなければならなかったんです」

その後、何十億ドルもの外国資金がインドに投入されるようになると、「立場は逆転しましたね。私たちが問題を提起すれば政策立案者たちが耳を貸すようになりました」。物理的な通勤が始まったときと同様、仮想通勤が導入されることで法律が変わり、文化的制約からも少しずつ解放されるようになった。

こうしてインドでは、怒り狂った口汚い外国人からの電話に対し、「コンピューターの電源は入っていますか?」といった初歩的な確認をすることも含め、顧客に応対し助言する仕事を勝ちとろうと、熾烈(しれつ)な競争が繰り広げられるようになった。平均的な給与は月に二百ポンド相当。ある種のステータスとなる職業であり、コールセンターの職場環境は健康にもよい。多くのコールセンターには、パーティションで区切られたワークステーションが並ぶほか、カプチーノ・バーや休憩室、スポーツ施設も完備されている。

テレコミューティング志望者は、給与の数カ月分を親類から前借りして話し方講座を受講し、電話口で正しい会話ができるよう勉強する。そうした講座では、〝母国語の影響〟、言い換えれば〝インドなまり〟をなくし、回線品質が悪くても、世界中のどんな英語を話す人が聞いてもわかるような、明瞭な話し方を教わる。また、まるでふだんから「ボブ」と呼ばれている人のように応対するコツも伝授される。

〈ブリティッシュ・テレコム〉コールセンターの職員から話し方講師に転職したディープは、〈フォーブス〉誌に対し、「こちらが自分の名前をラージャだと伝えると、アメリカ人は口汚い言葉を濫用(らんよう)

する。だから［英米人のような］偽名を使うほうがいいんです」と語った。

運よくコールセンターの仕事を獲得したインド人は、持ち場で画面を立ち上げ、ヘッドフォンを装着したとたん、カルチャーショックを受ける。彼らには電話を受けるかどうかを選ぶ権利はない。ビープ音が鳴ると、顧客のプロフィールがモニターに表示され、数秒後にはもうイギリスのエッピングに住むシャロンと電話でつながり、「キャッシュポイント・カードが無効になっている」とかんかんに怒った声を聞かされる。これはかなり骨の折れる仕事だ。電話やオンラインの向こうにいる顧客と同じ場所へ瞬間移動させられるようなものだ。

ディープによると、コールセンターの職員は「欧米人と同じように考え、同じように話し、終日彼らの相手をするよう訓練される」。さらに、「［異国の］文化もじわじわと浸透するが、文化のすべてが理解できるわけではありません。しかも、働く職員のほとんどはアメリカにもイギリスにも行ったことがない……頭でイメージできない部分は想像や映画鑑賞によって補うことになります」とディープは話す。

ときにはそれでも不充分な場合がある。二〇一三年一月、イヴ・バトラーという七十六歳のウェールズ人女性のかけた電話が、〈ブリティッシュ・テレコム〉のウェールズ語担当部署へまわされず、代わりにインドのコールセンターにつながってしまった。電話を受けたインド人オペレーターはウェールズ語もウェールズという地名も知らなかったので、適切な担当者につなぐことができなかった。「〝ウェールズ〟とはなんのことなのか、私にはわかりません」とちぐはぐな応答をするしかなかった。

うまくつながらないのは外国とのコミュニケーションだけではない。インド人のテレワーカーは、ひと晩中、怒れる外国人客を相手にしなければならないのに加え、家族とのつながりを失い、太陽の明るさを忘れ、友人と会う時間をなくす。コールセンター職員の離職率は高く、オランダのバス運転手より短いあいだに燃え尽きてしまう。

ディープはその理由を、コールセンターで働くと「考え方が変わる」からだと話す。「アメリカ人のように考えようとするが、実際はアメリカ人ではなくインド人だ。そのため、ときに考え違いをしてしまいます……収入が高くなり、外見がよくなり、人から褒められる——でもそれは表面にすぎません。内面は空虚だ」

皮肉なことに、多くのインド人テレコミューターは、仮想通勤のストレスのみならず、物理的な通勤の苦痛にも耐えなければならない。インドにコールセンターを作れば欧米の渋滞は緩和されるかもしれないが、コールセンターのある現地の交通渋滞は悪化する。バンガロールではラッシュアワーの渋滞がひどく、公共交通機関は過密状態だ。ムンバイに匹敵する「スーパー・デンス・クラッシュ・ローディング」（超過密、激混み）の状況で運行され、死亡事故も多い（第8章参照）。

現状では、テレワークは物理的な通勤をなくしたわけではなく、それを国外へ転嫁したにすぎない。多国籍企業はこうした不都合な真実を軽視する傾向にある。

たとえば、〈IBM〉はテレワークや仮想通勤の取り組みを自社のウェブサイトで大々的に宣伝している。「IBMは従業員の通勤を削減していくプログラムを先駆的に導入したグローバル企業です。

こうしたプログラムは二十年近くも前から始まっています。その二本の柱が（a）在宅勤務プログラムと、（b）モバイル勤務プログラムです。二〇一二年には全世界四十三万人の従業員のうち、ふたつのプログラムのいずれかを活用した従業員は十万三千人にのぼりました」

だが、この謳い文句を実現するためにインドでの業務を増やし、国内業務を縮小していることは強調されていない。二〇〇三年の〈IBM〉のアメリカ国内の従業員数は十四万人、インドの従業員数は九千人だったが、二〇一〇年には国内の従業員数は十万五千人に減って、インドでは十三万人に増えた。ただし、二〇一〇年の人数は推計であり、〈IBM〉は二〇〇九年から従業員の内訳を公表しなくなった。

〈タイムズ・オブ・インディア〉紙のブログで、スジット・ジョンは、従業員の地理的分布を隠すのは、「国内の職を減らしていることでアメリカの失業者を怒らせたくないからだと思われる。だが、実際はそのとおりなのだ。多くの推計によれば、現在、同社の全従業員約四十三万人のうち、三分の一近くがインドにいる」と書いた。

〈IBM〉と同様に、自社のテレワークの取り組みを自賛する〈ブリティッシュ・テレコム〉もやり方は同じだ。同社は、二〇一一年のイギリス国内の従業員九万二千人のうち、在宅勤務者の数は一万五千人で、在宅勤務者のほうが生産性が二〇パーセント高く、病欠が少ない、と大々的に発表した。だが、国内の従業員数が二〇〇九年までに三分の一以上減っており、その期間に、インドにおける事業規模と利益が増加していることにはまったく触れなかった。

業務がアウトソーシングされたことによって、テレコミューティングの輝かしさがいささか失われてしまった。従業員のほうも疑念を抱くようになる。自分の会社がアウトソーシングをしているように見えなかったとしても、ヘルプセンターや銀行に電話をすれば、ＢＰＯの実態が見えてくる。自分が家で仕事ができるということは、ほかの人がほかの場所で同じ仕事をより低い賃金でできる、ということでもある。仕事を奪われたくないのなら、職務を果たす以外に、物理的に通勤して顔を見せておくほうがずっといい。

ＩＴ企業のあいだでは〝プレゼンティーイズム〟という新しい業界用語が注目されている（一般には「疾病就業」と訳されるが、本書ではより広義に「出社する」という意味で使われている）。従業員は、最近の景気後退を危惧して、なんとか生き残るために〝顔を（フェイ）見せる時間（スタイム）〟を作ろうと努力している。その背景には、よく立ち話をする相手や、子どもの名前まで知っている人のことは解雇しにくい、という考え方がある。それに職場へ行けば、仕事だけでなく世間話もできる。受動的であれ主体的であれ、人と顔を合わせることには楽しみがある。人間関係の希薄な生活のなかで、職場だけが唯一の社交の機会となっている人もいるだろう。

企業側もプレゼンティーイズムを重視している。そもそも通勤を不要にするための技術に大きく貢献したＩＴ産業では、いまはむしろ物理的な通勤に重きを置いている。そうした企業の多くは、自由な在宅勤務制度を掲げながらも、従業員がその制度を活用することを積極的には奨励していない。

たとえば、〈ツイッター〉社は在宅勤務を次善の選択肢と捉える姿勢だ。広報担当者によると、「当社は同じ屋根の下で働くことに有形無形の利点があると考えています。もちろん、ときには出勤せずに離れたところから仕事ができることも重要だと認識しているので、柔軟に対処しています」ということだ。

〈グーグル〉社は在宅勤務を奨励しない姿勢のようだ。同社最高財務責任者のパトリック・ピシェットは、二〇一三年二月のスピーチで在宅勤務をきっぱりとはねつけた。「〝グーグルには在宅勤務者はどれくらいいるのか?〟という驚くような質問を受けますが、その答えは〝可能な限り少数〟というものだ」。ピシェットの考えでは、自宅で仕事をすると創造力が失われ、共同作業による予想外の成果が生まれない。「一緒に時間を過ごし、アイデアを引きだすことには魔法の力がある……〈グーグル〉では、そうした魔法の瞬間こそ、会社の発展と、従業員の自己啓発と、強力なコミュニティの育成にとって限りなく重要だと考えている」

これと同じような考え方は、私がロンドンで通勤をしていた一九八六年当時、ビッグバン(一九八六年十月に行なわれたイギリス証券取引所の大改革)直前のシティにも浸透していた。公式には年間二十日の休暇が認められていたが、合計二週間以上、あるいは一度に五日間以上の休暇をとったりすれば、上司からチェックされたものだ。休暇をとるのは仕事が嫌いな人がやることだった。どこか暖かい場所へ出かけてビーチで寝転ぶだけのために、昇進して金持ちになるチャンスをふいにはできない。

在宅も含めた、国内のテレコミューティングを奨励しているIT企業もあるが、そうした企業は厳しい管理を徹底している。たとえば〈アップル〉は、在宅で顧客対応を行なうオンライン・アドバイザーに対し、最初に一カ月間のトレーニング・プログラムを受けさせるが、これは実質的な採用試験になっている。また、勤務時間中のマウスのクリック数を監視し、マウスが長時間静止していると警告文を送ったり、携帯電話で呼びだしたりする。さらに、オンライン上で親睦セッションも行なっており、在宅勤務者にはランチを食べている写真を送信させたり、ネット上のイベントに参加させたりして、実際にデスクで仕事をしていることを証明させる。

そもそも〈アップル〉は愛社精神の強い会社だ。従業員には、良好な職場環境で知られる一流企業の一員だという自覚を持たせるほうが、顔も名前も知られずにコツコツと地道な作業をこなすだけの一労働者と思わせるよりも勤勉に働くものだと、確信している。〈アップル〉のトレーニング・プログラム兼採用試験には、会社の歴史や社風を学ぶ時間もあり、一九八〇年代にカリフォルニア州クパチーノでスティーヴ・ジョブズとともに働いている気分を味わわせる。

テレコミューティングの実現はきわめて容易になったにもかかわらず、実態は逆の方向へ進んでいるようだ。概念は優れていても、実践は難しい。そもそもテレコミューティングは、仮想の交流も物理的な交流と同じように効果がある、ということを前提としている――人間は画面に文字を入力し、互いの写真や動画に向かって対話をするコミュニケーションで満足できる、という考え方が根底にある。これはつまり、身体的・社会的な接触は不要だと想定しているのだが、人がそれらを必要としていることはＤＮＡに刻みこまれている。従業員も雇用する企業側も、理由や思惑はどうあれ、実際に顔を合わせる時間を欲している。

当然ながら、欧米国内のテレコミューティングが停滞しているとしても、それを推進しようとする背景には、まだ多くの善良な意思が存在することも事実だ。現代の視点からすれば、物理的な通勤は勤労者の精神をむしばみ、地球資源をはなはだしく浪費するものとみなされる。だから、企業側が「従業員は在宅勤務をしてはならない」とか「車を運転して職場に来なければならない」というようなことを主張すれば、むしろ厳しい批判を浴びるだろう。

たとえば、二〇一二年から〈ヤフー〉のCEOを務めるマリッサ・メイヤーはそんなタブーを無視し、二〇一三年の二月に、全従業員に社内で働くことを義務づけ、物議を醸した。それは前代未聞の決定だった。〈ヤフー〉はスタンフォード大学の学生だった自由な発想の持ち主二人が作った会社だ。ウェブの世界を支配する創造力あふれる人々が、決められた時間に職場に集まらなくてはならないというのは、言語道断の束縛だった。

人事責任者の名のもとで各地の〝ヤフーたち〟に在宅勤務禁止を言い渡した通達では、協調の喜びが強調されており、それと引き換えに、好きな場所で一人で働く自由を犠牲にすることについては言及されていなかった。通達は、現場で働くことの効用を賛美する文章で始まっていた。「この数カ月、当社では生産性と効率と働く楽しさを高めるために、さまざまな従業員優遇策を導入してきました……サニーヴェール、サンタモニカ、バンガロール、北京――私たちはみな、社内にいてこそ活気と興奮を感じられるのだと考えます」。だが、この楽しい営みを続けていくには全員がそこに集まらなければならない、とされた。

「最高の職場にするためにはコミュニケーションとコラボレーションが重要で、同じ場所で一緒に仕事をすることが必要になります。そのためには、全員が出社することが不可欠です。重要な決定や発想は、廊下やカフェテリアでの会話、新しい人との出会い、即席のチームミーティングなどから生まれます……私たち〝ヤフー〟は一体にならなければならず、それは物理的に一緒にいることから始まるのです」

この在宅勤務禁止令に対しては、怒る者もいれば、わが意を得たりと納得する者もいて、反応はさまざまだった。禁止令への反対派は、これで〈ヤフー〉は、是が非でもシリコンヴァレーにおける熾烈な競争で生き残るための、まったく独自の方法を示さなくてはならなくなった、と断じた。

一方、世界中の元〈ヤフー〉社員や現役社員も含めた賛成派は、物理的な通勤の代わりに仮想通勤が認められるようになってから、業務を怠ける風潮が広がっていることをそれぞれのブログで明かした。「〈ヤフー〉では［在宅勤務の］悪用が目に余る」と元社員は書いた。「手抜きで仕事をしたり、なかなか連絡がつかなかったり、自社以外の仕事に多くの時間を割いたりしている人が多い」。ある現役社員は、「私たちは生き残るのに必死だ。会社に来いと言われることなんて、たいした要求じゃない。それがいやなら、残念だけど辞めてもらうしかないんだよ」と書いていた。

ＩＴ企業は、「自分たち以外の人々が、会社に行かなくても遠隔から操作して業務ができるような未来を実現するために」仕事をする一方で、従業員には〝アメとムチ〟を与えて職場へ来させようとしている。ＩＴ業界の職場環境は、大学のキャンパスとアニメ映画の撮影現場とスイーツの店をミックスしたような豪華なものだということで知られている。従業員はそこでコンピューターコードを書くだけでなく、飲食と睡眠ができ、ビリヤードやゴルフや卓球を楽しめる。いま一部のドットコム企業（インターネット関連事業を手がけるベンチャー企業）の本社社屋に見られる贅沢な環境は、〈ゼネラルモーターズ〉がアメリカを支配していると感じられた一九六〇年代の自動車メーカーの社屋を思わせ、両者の類似は興味深い。

一九八〇年代の企業乗っ取り屋として悪名高い、イギリスのジェームズ・ハンソン卿は、企業が過度に豪華な本社社屋を造りだしたら、それは買収と資産剝奪の機が熟しているしるしだ、と考えていた。だが、ハンソンが考える企業退廃のシンボル——たとえば社屋の前にあるカモの泳ぐ湖——も、カリフォルニア州サンタクララ郡にある現在の〈グーグル〉本社〝グーグルプレックス〟と比べれば、古風でささやかなものに思えてくる。〝グーグルプレックス〟の広大な敷地にあるのは、巨大な恐竜の骨格模型や宇宙船の複製、ふたつのスイミングプール、二十五カ所のカフェ、リサイクルされたブルージーンズを防音材にした環境配慮型ビル、大きなゴムボールなどだ。

グーグルプレックスは食べ物がいいことでも有名だ。ここを取材した〈グルメ〉誌のレポーターが感動していた。それぞれのカフェは、高級レストラン出身の専任シェフが指揮しており、メニューには普通の店ではあまり見かけないグルメフードが並ぶ。すべての料理が無料で提供され、〈グーグル〉従業員は外のレストランへ行かなくてすむばかりか、家族を職場へ連れてきて一緒に食事をしてもいい。これは賢い心理作戦だ。人間には充分な食べ物が手に入れられるどうかが気になる習性があり、その心配がなくなれば仕事に集中しやすい。〈グーグル〉のシェフの一人は、「ヘルシーでおいしい料理を無料で食べられれば従業員はよりハッピーになり、ハッピーなほうが生産性も向上するはずです」と話した。

ＩＴ企業は従業員への〝アメ〟として専用の通勤バス（シャトルバス）も運行している。毎朝、黒い窓ガラスにリクライニングシート、最上級ブロードバンドなどが装備された高級バスが、三万五千人以上の人々を、サンフランシスコからシリコンヴァレーまで運んでいる。

だが、このバスはスクールバスや路線バスと道路を奪いあうことになり、職場に無料のグルメフードなどないルート沿いの住民からすれば、ヴィクトリア朝時代に悪徳資本家が乗っていた会員制クラブ風の鉄道車両と同じようなものなのだ。〈サンフランシスコ・クロニクル〉紙の論説は、「サンフランシスコの住民は、ＩＴ企業が市民活動にも地域活動に参加しないことに憤りを感じており、毎日〈グーグル〉バスを見るたびにその思いを新たにしている」と書いた。細菌だらけの公共交通機関ですし詰めになって通勤しなければならない人たちがいるなかで、一部の人だけが快適な通勤を楽しめるのは不公平だと思えるのだろう。

それに対し、シャトルバスを導入している企業側は、通勤バス一台で自家用車五十台分ほどの削減になるのだから交通渋滞を緩和させていると考える。シャトルバスで通勤する従業員も、自分たちは地域社会と地球のために貢献しているのだと反論する。ある大手インターネット企業のソフトウェア・エンジニアは〈ガーディアン〉紙に匿名で投書し、自分のように社のバスで通勤している者は悪と無知に対抗する世界規模の戦いの最前線に立って、「世界をよくするために貢献している。人々が情報を共有できるようIT企業で働くことは、あらゆる人の個の力を高めるための立派な仕事だ」と述べた。要するに、聖人たちには道を譲れ、と言いたいのか？

バス運転手のほうもシャトルバスを支持している。大手交通サービス会社のある運転手は、企業の専用バスと公共バスの運転手は互いに尊重しあっていると言った。この運転手は、シャトルバスの乗客のことも気に入っていた。公共バスの運転手をしていたときのように、車内で薬物を打つ客や、暴力をふるったり暴言を浴びせたりする客に悩まされることもない。現在彼が毎日運んでいるのは、穏やかでまじめで、いつも端末に触れ、コンピューター・コードを書き、通勤時間を有効に使おうとしている人々ばかりだ。

IT企業側は、物理的な通勤の利点は優れたアイデアを生みだすところにあると強調するが、それを奨励したり義務づけたりする背後には実務上の理由もある。

テレワークには、データ・セキュリティ上の問題が伴うのだ。社内情報をインターネットで社内ネットワークの外へ持ちだせば、機密を保護できなくなる。それに、遠隔からアクセスして仕事をする人々は、仮想世界のどこで遊んでいるか把握できない。企業の情報が社外に流出するのを防ぐのは難しいし、会社のまねをして勝手に自分の仕事をアウトソーシングしはじめる社員までいるようだ。

オンライン・セキュリティ会社〈ベライゾン〉が実施した調査で判明した「ボブ」という仮名の人物の事件が、この問題を浮き彫りにした。ボブはアメリカの大手基幹インフラ企業に勤める「四十代半ばのソフトウェア開発者」だ。おとなしく物静かで家庭的な男性で、特に目立った印象はなかった。職場には毎日出勤していたが、動画を見たりネットショッピングをしたり、エンターテインメントの配信記事を読んだりして過ごし、任されていたプログラミング業務はひそかに中国に委託していた。

彼は自分の認証トークン（コンピューターサービスの利用権限のある利用者に、本人確認の助けとなるよう与えられる物理的デバイス）を中国の業者に国際宅配便で送り、勤め先の社内システムにアクセスできるよう計らっていた。この頭脳的で斬新な悪事が発覚したのは、本人がたまたま会社の自分の席でモニターを眺めていたにもかかわらず、定期的に会社が行なっているネットワーク接続状況の検査で、「彼（実際には彼本人と認証された人物）が中国からログインした記録」が見つかったからだ。

ボブの策略は、『「週4時間」だけ働く。』（二〇〇七年）の著者ティモシー・フェリスの推奨する働き方に似ている。新しいライフスタイルを指南するこのベストセラー本は、自分の仕事だけでなく余暇までもアウトソーシングして楽しく過ごすことを勧めている。「バンガロールや上海の誰かをあなた専属の世話役（コンシエルジュ）として使い、友人にメールを送ってもらったり、ランチの約束をとりつけてもらったりすればいい」。この方法を実践する人々は、もはや受信トレイいっぱいのメールの返信にわずらわされず、もっと有意義なことができるだろう。

ボブの事例は、「物理的な通勤を続けたい人が九時から五時まで職場にいて、同僚とコーヒータイムを楽しみ、しかも自分の仕事は別の場所にいるテレワーカーに外部委託できてしまう」という、テレコミューティングの驚くべき可能性を示すものでもあった。だがそれは同時に、従業員が物理的通勤とテレコミューティングの両方の利点を悪用しようと思えば、（社外にいるならまだしも）社内にいてすら会社をセキュリティ上の危機に陥らせる可能性がある、ということだ。

テレコミューティングに伴う問題はデータ・セキュリティだけではない。こうした働き方が環境によいという前提も揺らいできている。通勤せずに自宅で仕事をすれば、燃料の節約になり、排気ガスを削減することはできるが、在宅勤務を可能にするIT事業に消費されるエネルギーは膨大であり、しかもそれは驚くべきスピードで増大している。いまでは世界の電力の一〇パーセントがIT関連で使用され、それは航空業界全体を合わせた消費量より五〇パーセントも多いのだ。

もっと小さな規模で言えば、週に一時間、スマートフォンを使ってビデオ会議をするために消費されるエネルギーは、推計すると冷蔵庫一年分のエネルギーの二倍になる。スマートフォン単体に必要な消費電力はわずかでも、スマートフォンからアクセスする情報を保管しているデータセンターの消費電力や、配信に使われる通信網の電力を合わせれば膨大になる。データセンターは「二十一世紀の情報化時代の工場」である。一般のデータセンターひとつで小さな町ひとつ分ほどのエネルギーを消費する。大規模なデータセンターなら、消費エネルギーは十八万世帯相当と言われている。

そして、データセンターを運営する企業も電力確保に執心する。二〇一二年の「イギリスならびにヨーロッパ諸国のデータセンター・バロメーター調査」によれば、新しいデータセンターの立地選定時には、「電力確保が最重要事項である」と答えたIT企業の意思決定者とデータセンター責任者は三分の二にのぼった。彼らがそこにこだわるのは、けっして止まってはならないというインターネット界最強の不文律があるからだ。データは要求に応じて提供されねばならず、それができなければ運営業者は評判を落とし、顧客は別の業者へ移ってしまう。

電源を五重に用意しているデータセンターもある。発電所から届く電力、非常用発電機、フライホイール・バッテリー、そして屋外にはおそらく奇妙な形の風力発電用風車があり、屋根には太陽光パネルが設置されているのだろう。その結果、データセンターは膨大なエネルギーを消費するのみならず、非常に多くの無駄をも発生させている。ある関係者は〈ニューヨーク・タイムズ〉紙の取材に応じ、「これは業界の知られたくない秘密であり、誰もほかのところより先にその罪を認めようとはしない」と語った。「これほどの無駄があるのです……製造業だったら、たちまち倒産していたでしょう」

データセンターの膨大な電力需要は各方面を騒然とさせた。目立ったところでは、〈全米石炭評議会〉と〈グリーンピース〉がこの件で調査を行なった。前者はビジネスチャンスとして、後者は憂慮すべき恐ろしい事態としてこれを捉えた。

産業研究報告書「クラウドは石炭で始まる」によれば、アメリカのモバイル・データ・トラフィック量は二〇一〇年から二〇一一年のあいだに四倍に増え、「一時間あたりのインターネット・トラフィック量は、まもなく二〇〇〇年時の年間トラフィック量を超える」。デジタル宇宙が膨張するスピードは、文字どおり天文学的に速い。IT業界には、もはやキロバイトで語る者はいない。私たちはもうすぐゼタバイト時代に突入する。一ゼタは十の二十一乗で、一ドル紙幣を一ゼタ枚積み重ねると、地球と太陽を百万回往復する高さになるそうだ。

この勢いが続けば、世界中のすべての人がもっと多くのもっと高度なデータセンターを必要とするようになり、〈全米石炭評議会〉の見解では、そこに石炭火力発電所の電力を利用すればいい、ということになる。この現状について調査した〈グリーンピース〉は、二〇一二年の報告書「How Clean is Your Cloud?—あなたのクラウドはクリーンですか?」で電力需要が急増することを予想し、将来を危惧した。IT業界をひとつの国とすると世界第五位の電力消費国になり、インド、ドイツ、フランス、イギリスより多くの電力を使っていることになる。

〈グリーンピース〉は、人類が自分たちの排出する二酸化炭素で窒息するのを防ぐために、データセンター運営者は自社施設で使用するすべての電力を再生可能エネルギーでまかなうべきだ、と考えている。そして、いくつかの企業を名指しで批判した。〈アマゾン〉〈アップル〉〈マイクロソフト〉は「電力の供給源について良心的な配慮をせずに使用量を急速に拡大しており、自社のクラウド事業を、環境を汚染するエネルギーに大きく依存している」と述べた。〈グリーンピース〉は、この報告を知った人々が各地で立ち上がり、自分たちが使うアプリとメールが環境配慮型のデータセンターから配信されることを要求し、そうでなければ(抗議のあかしとして)使用を拒否することを望んでいる。

しかし、データセンターが今後も加速度的に大量の電力消費を続け、非効率な自然エネルギーの利用を強いられるとしたら、自宅で仕事をしてビデオ会議をするよりも、職場へ通勤して顔を合わせながら話をするほうが、エネルギー消費の観点からも効率的になる日が近いのかもしれない。

物理的な通勤は、アウトソーシングの対抗策になるという点でも仮想通勤より有利だ。いずれは優秀なインド人に安価で代行されるような仕事を自分の家でするために、ウェブカメラの前で自撮りをしてアリバイ作りに励むより、職場に顔を見せ、人とつながるために毎日一時間かそこらの通勤時間を浪費するほうがずっといい。アウトソーシングの脅威は迫りくる現実だ。

インドのアウトソーシングの父、ラマン・ロイは「第一段階は単なる安価な労働力と代行だった」と話す。だが、やがて旧態依然とした制限が取り払われれば、弁護士や会計士（その他ほとんどすべてのホワイトカラー職）もコールセンターの職員のようにアウトソーシングできない理由はなくなり、同じようにコストの節約になる。そう考えれば、通勤したいという欲求も、時代遅れの生活様式に対するこだわりというよりは、仕事を失わないための一種の生存本能にも思われるのだ。

14　すべては変わる

民主的国家は過去のことはあまり気にせず、これからのことに執心する。その限りない想像力は未来へ向かって伸び、果てしなく広がっていく。

——アレクシス・ド・トクヴィル『アメリカのデモクラシー』一八三五年

在宅勤務を含め、勤め先以外の場所で働くテレワーク／リモートワークを夢から現実に変えたIT業界ですら、自社の従業員には会社に来て仕事をしろと言うのだから、近い将来であれ遠い未来であれ、物理的な通勤がなくなる日が来る可能性は低いようだ。強制されなくても人が通勤を続ける理由はいくつか挙げられる。通勤には職場と家庭生活を切り離す効果があるのだ。職場でも家庭でも、実際に顔を見せてその場にいることが重要で、私たちはそうしたことを必要としない生物へと進化しないかぎり、また、狩猟採集本能がなくならないかぎり、労働の場と休息の場を往復するための移動手段はなくならないだろう。

もちろん、将来、働く必要がなくなったり、致命的な感染症が世界的規模で流行すれば、人と接することが時代遅れの活動になるのかもしれない。そのときには、通勤は郷愁や娯楽のために行なう活動になっているのだろうか？　それとも、通勤はもう私たちの文化に深く根付いてしまったため、完全にやめてしまうことはできないものなのだろうか？　あるいは、奴隷制や魔女狩りのように、無知で暴力的で原始的だった時代の遺物として、いつしか姿を消し、眉をひそめて思い起こされるだけのものになってしまうのか？

通勤はじきに絶えてなくなるという予測と、永遠に続くだろうという予測は、どちらも通勤の歴史が始まった初期のころから存在していた。

ヴィクトリア朝時代後期には未来学が流行し、さまざまな理想郷（ユートピア）と暗黒郷（ディストピア）が空想上の未来像として描きだされ、読み手の興味をそそった。多くの作家は未来の時代設定として二十世紀を選び、二十一世紀にまで想像をふくらませた作家は少なかった。ほとんどすべての人が労働と通勤は未来永劫続くと考えていた。すでに述べたように、H・G・ウェルズは一九〇一年に、やがて自動車で通勤する日が来ると予想した（第4章参照）。彼はまた、ラッシュ時に歩行者を運ぶ巨大な自動運行式歩道など、実現されなかった――あるいはまだ完全に実現されていない――いくつかの高度な輸送手段のことも考えていた。

ウェルズの時代のあとも未来を予想する流行は続き、飛行機が登場してからは、未来の通勤手段といえば〝空飛ぶ自動車（フライングカー）〟が主流となった。道路がいっぱいになれば、空を使ってより速く、より遠くまで通勤することは当然のことと思われたのだろう。

自動車と飛行機が発明され、空飛ぶ自動車が初めて予測として登場したのは、〈ポピュラー・サイエンス〉誌一九二四年七月号、「専門家による未来のモーター・トラベル予想図」という記事だった。そこでは、二十年以内に飛行自動車が発明されると予言された。

この記事を書いたエディー・リッケンバッカーは、第一次世界大戦中に活躍した元米軍のエース・パイロットだ。彼は「自動車と飛行機が合体した乗り物」ができるだろうと述べ、普通の自動車より小さく流線型の車体に、手動で開閉できる折りたたみ式の翼が装備された乗り物を想像した。直線道路か平らな広い場所に出たら、運転手は車体の翼を広げ、空へ飛び立つ。リッケンバッカーは、都市部から数キロ離れた郊外居住者が「それまでよりも短時間で通勤する」ために、最初に飛行自動車を利用する層になるだろうと予想した。

イギリスでも通勤形態は確実に変化すると予測されていた。一九三一年十二月、ウィンストン・チャーチルは〈ストランド・マガジン〉に原子力燃料電池が重要になると書いた。「五十年後」と題されたコラムにおいて、陸上輸送・水上輸送・航空輸送は一九八一年までに想像もつかない形態に変わるだろうと述べている。一例として、「重さ九キロで、六百馬力のエンジンと千時間分の燃料が入る万年筆サイズのタンク」で動く車が挙げられた。これに加え、〝テレコミュニケーション〟（電気通信技術）が進歩することによって、世界はひとつの大きな郊外になると述べた。

都市部に人が集まることは不要になる。よほど親しい友人でないかぎり、直接会いにいく必要はめったになくなり、必要なら便利な高速通信手段を利用する……都市部と地方の区別はなくなるだろう。そしてあらゆる住宅に庭園と緑林が備わる。

燃料電池の出現を想像したのはチャーチルだけではない。一九五九年、〈フォード・モーター・カンパニー〉の広報担当者は、一九八〇年代の自動車は原子力によってアメリカの空を飛びまわるようになる、と予測した。

未来の通勤手段に関しては、言葉のみならず大金も投じられた。過去には、「新たな通勤手段」という構想に大金を注ぎこんだものの、実現せずに終わった例がいくつもある。

たとえば、電子化住宅（第13章参照）の概念が提唱されてまもない一九八五年、今度こそラッシュ時の混雑を解決すると期待された斬新な通勤用の乗り物が発表された。冷たく湿った真冬の一月十日、ロンドン北部の展示場アレクサンドラ・パレスで開催され、テレビ放映もされたイベントで、サー・クライヴ・シンクレアは〝C5〟という新しい乗り物を発表した。これは横臥姿勢で乗る三輪自動車で、車体は白いプラスチック製。小さな電動機を備え、最大速度は平坦地で時速二十四キロだった。

シンクレアは当時、イギリスで消費者向けに電子機器の小型化に力を注いでいた。安価なワードプロセッサーやポータブル・テレビを開発し、目の高い消費者と一部の報道関係者から大いに注目されていた。C5の発表に先立って、メディアはシンクレアの宣伝をうのみにし、C5を熱狂的に持ちあげていた。C5は「まったく新たな個人輸送のコンセプトカー」で、イギリス産業界の救世主となる可能性を秘めた国民的発明品になるであろう、と報じられた。

だが、報道関係者は実物を目にしたとたん態度を一変させた。C5は見た目にも感覚的にも安全上の問題がありそうだったばかりか、限られた仕様を満たすだけの性能も備えていなかった。一九八五年六月、〈フウィッチ〉誌は「性能も、走行可能距離も、快適性も、できのいい原動機付自転車より劣る」と酷評し、通勤用の乗り物に革命を起こすはずだった電気自動車C5にとどめを刺した。

もっとも、振り返ってみれば、C5はそこそこの成果をあげたのかもしれない。販売台数は一万七千台にのぼり、二〇一〇年に〈日産〉リーフに抜かれるまで、電気自動車の累計販売台数としては歴代最高を記録していた。

その後も、個人輸送分野ではC5のライバル製品（小型で低速の電動式の乗り物）が登場したが、これまでのところ、いずれも通勤手段に変革をもたらすまでには至っていない。たとえば、〝セグウェイ・パーソナル・トランスポーター〟は横に並んだふたつの車輪の上に人が立って乗る電気スクーターで、メーカーは短距離移動の際、自動車の代わりになる理想的な乗り物、と謳っていた。

しかし、セグウェイがあちこちで見られるようになって十年近くたつのに、自動車市場はなんの打撃も受けていない。〈アマゾン〉のジェフ・ベゾスは、セグウェイの試作品を見せられたとき、先を予見するように、「画期的な製品なので売るのは難しくないだろう。問題は、それを使うのが許されるかどうかだ」と述べた。実際、多くの場所で使用が許されなかった。歩行者は歩道では乗らないでほしいと訴え、サイクリストは自転車レーンを通らないでほしいと言った。車道で利用するには危なそうだ。セグウェイの独創性が災いしたとも言えよう。セグウェイに乗れる場所（幅の広い自転車専用レーンのようなインフラ）さえ整えられれば、天気のいい日に短距離の通勤に使うには最適だったかもしれない。

セグウェイと同じニッチ市場に、〝ライノ〟という自動的にバランスをとる電動一輪スクーターが登場した。これを発明したオレゴン州のクリス・ホフマン自身は、「徒歩か自転車で行けるところならほぼどこへでも行ける中間的な乗り物」と表現し、〈デイリー・メール〉紙は「セグウェイと一輪車を合わせたようなもの」と説明した。小型で、電車内や勤め先のエレベーターにも持ちこめるので、職場までの通勤手段としても、鉄道駅までの移動手段としても使用できる。ターゲットはC5と同じ市場だが、C5よりずっと楽しそうでもある。

近年、通勤手段として開発された発明品の多くは、よりよい移動手段を模索するものだったが、今後二十年はまだ自動車の時代が続くと思われる。横臥姿勢で乗る三輪自動車（C5）やそのほかの後発製品が自動車の代わりに使われるようになるとは、とても思えない。先進国では通勤者の多くが四輪自動車を使っている（その割合は、アメリカの八七パーセントから日本の三九パーセントまで幅はあるとしても）。

イギリスでは通勤者の三分の二以上が自動車を利用し、公共交通機関を利用する人は一六・四パーセントのみで、残りは徒歩、自転車、オートバイなどだ。二〇〇三年には渋滞対策として混雑時課金制度が導入されたロンドンでも、二〇一三年の自動車通勤者の割合は二九・八パーセントで、ほかのどの移動手段よりも多かった。ちなみに、〈ロンドン地下鉄〉を含む鉄道利用者は二位で、二一・八パーセントである。

イギリスで自動車利用者の割合が高いのは、地球温暖化への配慮が欠けているからではなく、多くの場合、自家用車以外に手段がないという理由による。実例を紹介しよう。私はハンプシャー州のビショップス・ウォルサムに住んでいる。ここはかつて中世の市場町であったが、現在は、ポーツマスやサウサンプトンといった近隣都市に通勤する人々が住む町になっている。ビショップス・ウォルサム駅は一九六〇年代のビーチング・カット（第6章参照）で廃止されてしまったため、いちばん近くのボトリー駅までは六キロもある。駅へ行くための田舎道は曲がりくねり、路線バスは本数が少なく、自転車専用レーンもない。ビショップス・ウォルサムの住人の九割は、自家用車を運転する以外に通勤手段がないのだ。

自動車を使うのはビショップス・ウォルサムの自宅からボトリー駅までで、そこから先は電車で行くとしても、車の運転は必須である。それでも、地元の駅を復活させる計画も、それ以外の手段で公共交通機関を改善しようという計画もない。

さらには、イギリス政府がこうした現状を認識していないのが問題だ。道路税とガソリン税は上がり、自転車と電気自動車にばかり優遇策が導入されるが、こうした乗り物は都市部の短距離移動者向けであって、ビショップス・ウォルサムからの通勤者には意味がない。アメリカの郊外居住者がハマー（第9章参照）に乗るのと同じように、ここの住民がアメリカやドイツの大衆車に乗りつづける理由には、そうした背景がある。

実現可能な代替手段がないかぎり自動車をなくすことは望めないということを、どこの政策立案者も肝に銘じるべきだ。自動車の利用を減らすための政策は、逆効果になるばかりか、場合によっては悪質である。

アメリカの通勤問題の第一人者アラン・ピサースキー博士は、国勢調査のデータをもとに五年間の通勤状況を分析し、ほかの手段がないままに自動車利用をやめさせようとする政府の姿勢を厳しく批判した。「道路を造らないようにして状況を悪化させさえすれば、公共交通機関を利用する人が増えると単純に考えている。これは、九割の通勤者を毎日辛い目に遭わせれば、別のやり方に切り替える人がいくらか出てくるかもしれない、と期待するような誤った論理だ」

ピサースキーはまた、国民に自動車をあきらめさせる政策には、意図せぬ副作用もあると指摘した。たとえば、自動車を所有することが就職につながって、それが経済的平等を獲得するための重要な第一歩となるはずだったマイノリティーの人々が犠牲になってしまうのだ。

公共交通機関を使わせたいがために自動車通勤者に罰を与えることは、運転する喜びを無視することでもある。〈アメリカン・デモグラフィックス〉誌の元編集長ブラッド・エドモンドソンは次のように述べた。「一般的なアメリカ人が自家用車に乗るのをやめて公共交通機関に切り替えたり、カープールしたりするようになると夢想する政策立案者は非現実的だ。私たちが生きているあいだにそんなことは起こりえない。人々は自家用車がもたらす自由と孤独と選択権を愛しており、それを手放そうとはしないだろう」

これから数十年は自動車通勤が世界規模で増加すると見こまれている。たとえば、中国では、一九九二年までは年間自動車生産台数ですら百万台に達しなかったが、いまでは国内の年間登録台数が千五百万台を超えている。〈石油輸出国機構〉は、中国の自動車台数は二〇三五年までに三億八千万台以上増えると予測し、燃料を利用するこうした輸送手段の増加を見こんで、原油需要予測を日量、一億八百五十万バレルに引き上げた。

中国は将来の自動車通勤の増加に向け、すでに高速自動車道の建設にも着手している。中国の輸送と交通に関する「第十二次五カ年計画」によると、二〇一一年から二〇一五年のあいだに道路建設に五兆人民元を支出する予定だ。これはオランダ一国のGDPに相当する額である。

自動車通勤は近い将来もなくならないと考えられるが、そのスタイルは大きく変わる可能性がある。自動車を使って通勤する人がますます増えるとしても、彼らが自分で運転するとは限らない。無人運転車や自動運転車というアイデアは、テレコミューティングよりも長きにわたって、未来学者の予想の範囲を出なかった。

最も古い例としては、一九二六年十二月にアメリカの〈ミルウォーキー・センティネル〉紙が、ウィスコンシン州ミルウォーキーの街路で〝幽霊(ファントム)〟と呼ばれる無線操縦自動車が公開される、と報じた記録が残っているが、この幽霊車が本当に現われたのかどうかは不明である。

その後、現実に姿を現わしたのが、一九三九年のニューヨーク万国博覧会に〈ゼネラルモーターズ〉が出展した《フューチュラマ》（第5章参照）の自動運転車である。流線型のミニチュア自動車がミニチュアのハイウェイを走り、車どうしや周囲の施設と無線で連絡をとり、部分的ながら自動運転の未来予想図が垣間見せてくれた。

この予想は、一九六四年のニューヨーク万博に出展された《フューチュラマⅡ》においても引き継がれた。さほど遠くない未来のアメリカ人は、熱帯雨林を伐採してモデル都市を建設し、月で採掘し、海を養魚場に変え、丘の上に前衛的な住宅を建て、遠く離れた巨大都市まで通勤する。都市部の交通は「電子的な速さ」になるとされた。この表現が具体的に何を示すのか説明はなかったが、《フューチュラマⅡ》の展示では、等間隔に並んで走る自動車が十四車線の大陸間ハイウェイから、理想的な車間距離を保ちながら都市部へ流れこんでくる様子を見ることができた。

一方、自動運転車は模型としてだけでなく、実物による実験も行なわれた。一九六〇年、イギリスのバークシャー州クロウソーンにある〈英国交通道路研究所〉は、シトロエンDSを自動運転車に改造し、実験のために特別に作られた約十三キロの道路で試運転をした。そのときの映像を見ると、当時の貴族院院内総務ヘールシャム子爵が運転席で新聞を読んでいる。道路の下に埋めこまれたレールに沿って配置された磁気センサーが車を感知・誘導し、車は電気的にコントロールされていた。

無人自動車の実現を予想した人々は、そうした車は電気で誘導されるだけでなく、動力も電気になると想定した。発電会社は、鉄道に続いて路上でも化石燃料に取って代われると狂喜した。

一九五七年、テキサスの〈セントラル・パワー・アンド・ライト・カンパニー〉は次のような記事広告を掲載している。「電気が運転手を務める日がくるかもしれません！　将来は、自動車が電気スーパーハイウェイを走り、そこに埋めこまれた電子機器が速度とハンドル操作を自動的にコントロールするようになるでしょう。移動はより楽しくなります。ハイウェイは電気の力で安全になります！　渋滞も交通事故も一掃され、あなたはもう運転で疲れることもなくなるでしょう」。この記事広告に添えられた絵を見ると、魚雷のような先端部と尾翼の付いた自動車は疾走しているのに、車のポッド型室内では家族四人がゲームに興じ、誰も道路に注意を払ってはいない。

アポロ十五号、十六号、十七号が、一九七一年と七二年に月で三台の電動月面移動車を使用したとき、未来の電気自動車への期待は最高潮に達した。だが、電気自動車や自動運転車への関心は、それから数十年のあいだにすっかり薄れてしまった。自動車メーカー各社は、客の現実的な欲求に応えようと、より大きく、よりパワフルな車を製造するための激しい競争に力を入れた。

鉄道会社が無人運転の導入を始めても、自動車メーカーはすぐにこれに続こうとはしなかった。自動車メーカーのビジネスモデルは、運転好きな人や運転で得られる自由を求める人々をターゲットとしていたので、自動運転という概念は眠らせたままでも困らなかったのだ。

その構想が、二〇〇三年のイラク戦争後にアメリカ軍によって復活した。危険地域に兵士を送らず、車両だけを送ることができないかと考えられたためだ。国防総省の〈国防高等研究事業局〉（DARPA）は、軍事転用が可能な無人運転車の開発を促進するという目的で、二〇〇四年と二〇〇五年に《DARPAグランド・チャレンジ》、二〇〇七年には《アーバン・チャレンジ》というコンテストを実施し、実用的な無人運転車を開発したチームに百万ドルの賞金を用意した。

これにはいくつもの大学が参戦した。二〇〇四年にはどの挑戦者も主催者の要求を満たすことはできなかったが、二〇〇五年には四チームが入賞、二〇〇七年の《アーバン・チャレンジ》でも同数のチームが入賞した。これらのコンテストは自動運転技術を大きく前進させたと同時に、同分野をさらに発展させようという熱意を持った多くの技術者を生みだした。

《DARPAチャレンジ》の参戦者たちが可能性を示したことによって、自動運転車に対する商業的な関心も復活した。〈日産〉〈ゼネラルモーターズ〉〈トヨタ〉〈グーグル〉〈メルセデス・ベンツ〉（ベンツはブランド名なので正確にはダイムラー）〈フォード〉〈シュコダ〉〈アウディ〉〈ボルボ〉が、それぞれ多彩な自動化技術の研究や試作に取り組んだ。

たとえば、〈ボルボ〉は、新型ＸＣ90に自動駐車システムの搭載を予定している。試作車の動きはどこか不気味でもある――ドライバーが車から降り、携帯電話から車に発進と駐車を指示するメールを送ると、車はほかの自動車や歩行者をよけながら自動的に空きスペースを探して、左右に停まっている車のあいだにバックで入っていく。一連の動きは信じられないほどなめらかだ。ロボット工学によって動いているのに、ロボットから連想されるぎこちない動作はまったくない。それでも、ダッシュボードの向こうの運転席が空っぽだと、落ち着かない気分にさせられる。

もし車にみずからの意志というものがあったら、交通ルールを無視し危険走行をしてやろう、などと邪悪なことを考えるだろうか？〈ボルボ〉は自社が自動運転技術の研究開発を進める目的として、何よりも安全性を掲げている。二〇二〇年以降は、〈ボルボ〉車に乗っていて死亡したり重傷を負ったりする人が一人もいなくなることを目標にしている。

〈世界保健機関〉は、交通事故による死亡者は毎年百三十万人、手足を失うような重傷を負う人は毎年五千万人と推計している。ほとんどの事故は人的過失が原因だ。自動車がほかの車を検知し、車どうしで交信し、事故を防ぐようにプログラムされれば、ラッシュアワーはより安全になるだろう。

自動運転車の研究をリードしている〈グーグル〉社も、安全性を目的としている。同社の非公式の企業理念が「邪悪になるな（ドント・ビー・イーブル）」ということもあり、戦争よりも多くの犠牲者を出している交通事故を、自動運転車によってなくしたいと考えている。〈グーグル〉の最高財務責任者、パトリック・ピシェットは、在宅勤務をはねつけたときと同じスピーチにおいて（第13章参照）、理想的な世界では「人間に車の運転をさせるべきではない」と述べた。問題が起きる要因と確率を計算し、それに自動車の数をかけてみれば、渋滞になるのは当然であり、「人に車の運転をさせるのはナンセンスだ」と語った。〈グーグル〉が自動運転車の実現に野心を燃やすのには、安全性のほかにも理由がある。同社の開発指導者で二〇〇五年の《ＤＡＲＰＡグランド・チャレンジ》で活躍したセバスチャン・スランは、次のような理由を挙げた。

1　交通事故を九割削減できる。
2　通勤に費やす時間とエネルギーの無駄を九割削減できる。
3　自動車の数を九割削減できる。

自動車の総数を減らすという三番目の項目を目的として自動運転車の開発に着手したなら、一番と二番もおのずと達成されるだろうが、その逆はそう単純ではない。いずれにしても、試験走行は始まっている。〈グーグル〉の最初の実験用自動運転車十台は、累計走行距離にして三十万マイル（約四十八万キロ）を突破した。車に搭載したコンピューターに問題が発生した場合に備えて、実験車には人間が一人乗車する。これまで三回事故が発生しているが、そのうち最も大きな事故——プリウスとの追突事故——は人間が運転しているときに起こったという。

〈グーグル〉の次のステップは、完全に無人の自動運転試験車を紹介することで、それは二〇一四年五月にユーチューブで初公開された。この試験車は大型のハマーとは対極をなし、座席は二人分のみ、小さな電動エンジンを搭載し、最高速度は時速約四十キロである。始動ボタンと緊急停止ボタン以外、人間が操作するものは何もない。漫画家がデザインしたような外観で、フロント部分には親しみやすい顔までついていた。形もコンセプトも、ディズニー映画《ラブ・バッグ》（一九六八年）に出てくるハービーという自動車によく似ている。ハービーはすこぶる人間的な感情を持っていたが、〈グーグル〉は自社の試作車に感情を持たせようとはしていない。試作車の室内は実用優先で、カップホルダーが二個あるだけだが、快適だ。閉鎖周回路で、高齢者と子どもと視覚障害のある男性を乗せて自動運転を披露したところ、参加した全員が、こうした車に乗って行動範囲が広げられる可能性に興味を示した。この車はハイウェイでの走行でなく、街や住宅地の範囲内を行き来するといった用途を想定している。

自動運転車はカリフォルニア州、ネヴァダ州、フロリダ州で限定的に合法化されている。推進者らによれば、今後はほかの州も自動運転車を承認していき、いずれは道路で普通に見かけるようになるとのことだ。〈フォーブス〉誌に寄稿しているイノベーション戦略家のチュンカ・ムイは、「もはや、合法化されるかどうかの問題ではなく、いつ合法化されるかというところに来ている——その日は思っているより近いはずだ」と述べた。

〈日産〉は、二〇二〇年までに自動運転車は一般でも購入可能になると公言している。〈グーグル〉はカリフォルニア州で百台のグーグル車の試験走行を行なう計画で、二〇一四年には公道走行が実現するかもしれない（二〇一五年六月に実現した）。ミシガン大学は、自動運転の〝コネクテッド・カー〟（通信機能を活用する自動車）をテスト走行させられる十三万平方メートルの模擬都市を建設中である（二〇一五年六月に運用開始）。〈ボルボ〉はスウェーデンのヨーテボリ市と協力して、自動運転車のパイロットプロジェクト（実際的ではあるが限定された運用条件のもと、情報処理システムの暫定版や最終版を試験するためのプロジェクト）を二〇一七年に開始すると発表した——最初の試験走行では、「一般的な通勤用幹線道路」と目される公道、約五十キロの範囲に、百台の自動運転車を走らせる計画だという。また、イギリスのニュータウン、ミルトンキーンズ（第7章参照）は、町の中心部から駅までの専用コースを走る自動操縦車〝ポッド〟を百台、二〇一五年に導入する計画である。

自動運転車は総合的なコスト面からも大いに注目されている。多国籍企業の〈KPMG〉は、自動運転の普及によって生じるであろう恩恵を試算した。交通事故が減れば、保険料その他の安全性に関する費用が低く抑えられるし、自動運転車で職場に行くなら、通勤者は車内で仕事をすることも可能になる。ロード・レージで逆上することもなくなるだろう。

そして、何十万エーカーもの駐車場が不要になれば、その土地を再開発できる。車線が狭くなることで道路建設計画も縮小でき、交通標識や交通信号は不要になり、道路を飛躍的な効率で活用できるようになると予想される。現在はラッシュ時の渋滞中を除き、自動車が道路の表面積を占めている割合は、実は驚くほど小さい。人が運転すると、恐怖心などから必要以上に車間距離をあけるからだ。人間は急に減速したり、ゆっくり加速したりするため、車が止まったり動いたりするうちに車列が伸び縮みするのだ。それに、運転中に家庭や職場の問題を気にしていれば、車間距離も一定しなくなるだろう。

一方、自動運転車にはプログラム・コード以外の、別の生活というのは存在しない。理論上は、短い車間距離の隊列を連ねて高速走行をすることが可能だ。先頭の車以外のすべての車が、前の車の後ろに発生する空気流を利用して走れるので、燃料を四分の一ほど節約できる。新しい道路を造らなくても、ラッシュ時の車の量を二倍、三倍に増やすことが可能だろう。

車両も乗り物として楽しいスタイルに変わりそうだ。前を向いた座席が一列か二列並んでいる現在の車と違って、ベッドやシャンデリア、ミニバー、パソコンデスクなども置けるし、ルーレット台だって乗せられる。通勤はかつてのように、冒険旅行にも豪華旅行にもなりうる。

自動運転車は簡単に利用できるという点から、究極のタクシーにもなる。いつ、どこにいても、電子メールで呼びだせる。身体の不自由な人やアルコール依存症の人など、現在運転を許されていない人たちも、自分で運転することなく車が利用できる。目が悪くなったり身体が動きにくくなったりした高齢者も、自動車に乗る自由を手放さずにすむ。

変化を受け入れる準備は充分整っているようだ。〈KPMG〉によれば、アメリカ人が抱いてきた自動車に対する強い思い入れも最近では変化してきているらしい。同社はアメリカの人々を年齢別に「四十六歳以上のベビーブーム世代」と、現在「三十五歳～四十五歳のジェネレーションX」、それに「十五歳～三十四歳までの今世代」、そして「十五歳未満のデジタル・ネイティブ」という四つの世代に分類した。

「ベビーブーム世代」と「ジェネレーションX」は自動車を愛好した世代で、若いうちに運転免許を取得した。一九七八年には、十七歳のアメリカ人の七五パーセントが免許を持っていたのだ。それに対して、「今世代」は少し異なる。二〇〇八年にこの世代で十七歳までに運転免許を取得した人は四九パーセントにとどまった。「今世代」の人々は、機械が自分の代わりに運転をしてくれるなら、それでいいと考える。コンピューターゲームで運転できるだけで充分、というのがこの世代の特徴でもある。

自動車メーカーも自動車への関心が低下してきていることを認めている。〈クライスラー〉の消費者動向シニアマネージャーは、「自動車はもはやベビーブーム世代が感じていたような〝自由の象徴〟ではなくなった」と述べた。アメリカの人口の半分近くを「今世代」と「デジタル・ネイティブ」が占めており、「デジタル・ネイティブ」も前者と同じように車の運転に興味がないとすれば、自動運転車の市場はさらに大きくなるだろう。

若い世代の自動車への関心の薄さは欧米全体に広がっている。イギリスの報道誌〈エコノミスト〉の「やっかい払いされる自動車」と題された記事によると、「富裕国では、若い世代の運転免許取得年齢が以前より高くなってきており」、アメリカのほか「イギリス、カナダ、フランス、ノルウェー、韓国、スウェーデン」でその傾向が見られ、さらに「ヨーロッパの自動車大国ドイツでも、自動車を持っていない若年世帯の割合は一九九八年の二〇パーセントから、二〇〇八年には二八パーセントにまで上昇した」ということだ。

これからの世代の人々が自動車の運転をしたいと思わず、その必要もなくなるとしたら、車を所有しようとも思わないだろう。所有することの快感、強烈な欲望、何かを欲しいと思い、それを（たぶんローンで）購入し、ずっと大切に扱う、という喜びは消えつつあるようだ。生まれたときからコンピューターが身近な「今世代」は、古い物を修理して使うことより、〝アップグレード〟することに親しんでいる。

おそらくタクシー会社やレンタカー会社が大量の自動運転車を購入し、毎朝それぞれの地下駐車場から――巣穴から這いだすアリの大群のように――たくさんの自動運転車が現われるのだろう。そして都市部や郊外を走って、朝夕は通勤客や学童の送迎を行ない、昼のあいだはタクシーやショッピングカートとして働く。利用されていない時間には、自動的に燃料補給をしにいく。電動車ならば、需要ピーク時を避けて充電ができるので、風力発電や太陽光発電のような間欠的なエネルギーも最大限に利用できる。車体にソーラーパネルを装着して、空き時間にたっぷり日光浴をすることも可能だ。

何よりすばらしいのは、自動車を所有して維持管理する際の費用の五分の一で、年中無休の二十四時間サービスを利用できるところだ。

コロンビア大学地球研究所の「持続可能モビリティ・プログラム」でローレンス・D・バーンズとウィリアム・C・ジョーダンが行なった研究によれば、数々の新技術の進歩によって、自動運転が実現可能になるだけでなく、移動そのものにかかる費用も安くなると試算された。これは、電気通信技術のイノベーションによって通信費用が下がったのと同じ流れだ。「よりよい移動体験を、劇的な低コストで消費者と社会に提供することができる時代になった」と彼らは言う。「よりよい移動体験」には、周囲の環境やほかの車と通信し、より高度な推進装置で動く自動運転車をシェアすることも含まれる。バーンズとジョーダンの言う「より高度な推進装置」とは電動エンジンのことである。

だが、かつてウィンストン・チャーチルや〈フォード・モーター・カンパニー〉や《宇宙家族ジェットソン》のアニメ（第5章参照）が未来の動力源として想像した小型原子炉と燃料電池は、新たな大発見がないかぎり、当分は〝五十年後の夢〟のままのようだ。

もしも交通の大変革がデジタル革命をしのぎ、人や物を運ぶコストのほうが、データ通信コストより安くなるとしたら皮肉なことだ。通勤が安くて快適なものになれば、職場と家庭という別々の生活を楽しみたいというだけの理由で、給料は多少低くても通勤できる仕事につこうとする人が出てくるかもしれない。一日二回以上通勤することも可能だろう。一日に二度ならぬ四度ロンドンへ行くことも現実になるかもしれない。

自動運転車による通勤には莫大な資金がからんでいる。アメリカの自動車業界だけでも市場規模は年に二兆ドルと試算されている。勝者の影には敗者もいて、〈KPMG〉によると、「自動車と関わるほぼすべての業者に壊滅的な影響がおよぶことも予想される」。敗者になりそうな候補者は数多く、その筆頭となるのが現行の自動車製造業でもある。ビジネススーツを着た男たちのために夢の乗り物を作ってきた古いビジネスモデルに固執する企業は、存続できなくなるだろう。

巻き添えを食う業界もありそうだ。交通事故がなくなれば、アメリカで年四千億ドル規模という関連業者は収入を失う。民間では、救急病棟スタッフ、葬祭業者、保険会社、弁護士、自動車修理工場、交換部品メーカーなどが影響を受けることになる。公的機関もまた、駐車違反やスピード違反の罰金、ガソリン税や道路税の収入を失う。

それは理想であって現実的ではないと思うのなら、そもそも自動運転車を実現しようという活動そのものが希望的観測をもとにしていることを思いださなくてはならない。二百台の自動運転車が時速二百四十キロ、車間距離三十センチで走っていても、障害物をよけられる、という前提で開発が行なわれているのだ。

現在、自動運転車のさまざまなテスト・プログラムには突発的要素が採り入れられている。たとえば、前を走るトラックから急に何かが落下したとき、人間よりすばやく的確に反応できるかが試される。だが、人間より的確に反応できるだけでは自動運転にとって充分とは言えないかもしれない。

当然ながら人的エラー以外の原因でも誤作動が起こりうるので、完全自動運転による自動車が実現するのは「十年以上先だ」と考える専門家もいる。そもそも、どういうことが起こりうるのかすらわかっていない、という側面もある。たとえば、太陽嵐が誘導システムにどんな影響をおよぼすのか、搭載コンピューターがウイルスに感染したらどうなるのか？　誤作動によって、何百台もの自動運転車が、人間なら絶対に出すことのないスピードでいっせいに交差点に押し寄せ、世界終末戦争（アルマゲドン）のような様相を呈するかもしれないのだ。

そのため、自動運転車には一見不要と思えるほど入念な、何重もの安全策が必要になる。従来の自動車より頑丈で、さまざまな不測の事態に対処できるかどうか、繰り返しテストを行なう必要があるだろう。たくさんの車が数珠（じゅず）つなぎで高速走行していても接触せず、ほかの車をかわしながら疾走しても安全だということを、まずは立法者や利用者に納得してもらう必要がある。

確かに、自動運転車の真の可能性を最大限に追求するのを阻むのは、人間の恐怖心といった単純な人的要素なのかもしれない。本来なら利点となるはずの性能が、かえってマイナスになる場合もあるだろう。たとえば、暗闇でもヘッドライトをつけずに走行できる機能は、エネルギーの節約と光害の低減に役立つはずだが、暗闇での高速移動は、人によっては激しい目まいを引き起こす原因になる。通勤する車のなかでコンピューターコードを書いたり、トランプをして遊んだり、酒を飲んだりできると言われても、ヘルメットをかぶって安全ベルトで身体をがんじがらめに固定しておかなければ発進すらさせられない、という人がいるかもしれない。

電力需要の懸念もある。自動運転車を走行させるには、データセンターで大量の電力が消費されるだろうが、それらも含めて、発電所の電力供給では足りないほど膨大な電力が必要になれば、せっかくガソリン自動車を電動自動車に置き換えても、発電のためにより多くの燃料を燃やさなければならなくなるかもしれない。結果的に、自動運転車以外に使用する電気の料金まで高騰することになっては意味がない。

ただし、自動運転車は、車を運転する文化が根付いておらず、まだ道路網が整備されていない開発途上国で先に導入される可能性が高い。その点では、カリフォルニアよりアフリカのほうが普及しやすそうだ。先述したイノベーション戦略家チュンカ・ムイによると、「自動運転車のおかげで、開発途上国は欧米諸国で発達した自動車中心のインフラを整備する必要がなくなるかもしれない」とも指摘する。多くの途上国では、電話網がまったくない状態から、固定電話を経ないでいきなり携帯電話が普及したのと同じように、これから新しい都市や道路を造ろうとしている国ならば、最初から自動運転車を走らせるということも考えられる。

では、公共交通機関の将来はどうだろう？　二〇五〇年までに、あるいは二〇二〇年までに、誰もが席に坐れて、料金が安く、時間どおりに運行する公共交通機関が現われるだろうか？　残念ながら、快適性と利便性の追求は政策立案者や輸送計画者の主たる関心事ではないようだ。彼らが重視するのは、混雑を緩和することよりも、民間航空会社に負けないスピードと運行可能距離を実現することらしい。

イギリスでは、第二次世界大戦直後からこうした偏重が定着している。一九四八年の鉄道国有化から一九九七年の民営化のあいだに、都市間高速鉄道には大金が注ぎこまれた。その一方で、郊外と都市部を結ぶ普通路線は、老朽化した車両で混雑したまま放置されるか、ビーチング・カットで廃止されてしまった。

最近でも、壮大なプロジェクトへの偏重を象徴するように、ロンドンとイングランド北部を結ぶハイスピード２（ＨＳ２）という新しい高速鉄道の計画が進められており、第一段階は二〇二六年に開通する予定だ。二〇一〇年に労働党政権がこの計画を開始して以来、予想される建設費は増えつづけ、いまでは四百六十二億ポンドとまで言われているのに、ロンドンからグラスゴーまでの所要時間はたった三十分短縮されるだけだ。

これに対し、科学ライターで保守党の議員でもあるマット・リドレーは、選挙区と国会との往復のために長距離鉄道を利用するイギリスの政治家は一般人とは感覚が異なると非難し、同じ予算でもっと小規模な計画を五、六件進めるほうがはるかに多くの成果をあげることができたはずだと述べた。

壮大な計画への傾倒と、通勤客をないがしろにする傾向は、ヨーロッパのほかの国々にも見られる。ドイツ連邦議会は欧州横断鉄道に何十億ユーロという予算を注ぎこんでいるのに、ドイツの通勤者はやはり古くて汚い列車で通勤させられ、線路上の濡れた落ち葉や雪のせいで電車もよく遅れる。

フランスでも事情は同じで、国の誇りである高速鉄道ＴＧＶは、何十億ユーロもの政府保証債で資金調達がなされているのに対し、都市部の通勤者はまるでフランス革命前の農民のような扱いを受けている。二〇一二年、〈フランス国鉄〉（ＳＮＣＦ）総裁のギヨーム・ペピは国会で発言し、通勤路線を含む〈ＳＮＣＦ〉の在来線は寿命に達していると述べた。〈ブルームバーグ・ビジネスウィーク〉誌の記事によれば、パリ・オペラ座のそばのオーベール駅の利用者は、「剥がれ落ちる漆喰から身をかわし、雨の日には天井からの雨漏りを受けるためのバケツをよけながら」ぼろぼろの車両に乗っているという。フランス政府は二〇一三年に〈ＳＮＣＦ〉の改修に四億ユーロを支出すると約束したが、それはＴＧＶの予算の半分以下にすぎない。

だが、航空機に取って代わりたいのなら、ＨＳ２やヨーロッパの高速鉄道でも充分ではなさそうだ。いっそ、一九九四年にチェーザレ・マルケッティが考えたように（第10章参照）、リニアモーターカーを建設して英仏海峡トンネルからスコットランドのアバディーンまでつなぐというのはどうだろう？　その距離はたった七百キロだ。ロンドン・ヒースロー空港、バーミンガム、マンチェスター、エディンバラに停車するとして、リニアモーターカーなら控えめに見積もっても一時間で行ける。支線も数本通せば、これらの場所から各方面へ何十キロにも通勤圏が拡大できる。このような高速移動には安全性が絶対条件だから、乗客は安全ベルトを締め、列車はコンマ何秒単位で運行スケジュールを守らなければならないので、通勤者は必ず坐れるうえ、定刻どおりの運行が期待できるだろう。

一方、アメリカでは、カリフォルニア州の通勤問題に関してまさにこうした壮大な解決策が提案されてきた。何年にもおよぶ議論の末、ロサンゼルスとサンフランシスコを結ぶ高速通勤鉄道の建設が始まる見通しだ。〈カリフォルニア高速鉄道〉と呼ばれるこのプロジェクトの建設予算は六百八十億ドル、開通予定は二〇二九年だ。実現すれば、ロサンゼルス＝サンフランシスコ間が約三時間でつながる。

ところが、この計画に横やりが入った。電気自動車メーカー〈テスラモーターズ〉と〈スペースX〉社のCEOを兼任するイーロン・マスクが、これに対抗する案を出してきたのだ。マスクが〈カリフォルニア高速鉄道〉の代替案として提案した〝ハイパーループ〟方式は、空気圧の力と電磁力と太陽光発電を利用し、高架の鋼管（チューブ）内に通勤客を乗せたポッドを飛行させる構想である。高速鉄道の十分の一の予算で建設でき、サンフランシスコ＝ロサンゼルス間の所要時間は約三十分になる、とマスクは言う。

しかし、ハイパーループの建設費は実際にはその数倍はかかると見られ、加速・減速時やカーブ走行時のすさまじい重力加速度で乗客は吐き気をもよおし、安全性にも問題がある、と指摘する専門家もいる。もっとも、空気圧を利用した、ハイパーループの電磁駆動方式が使えることには評論家も異論を挟んでいない。ソフトウェアでのシミュレーションにより、原理的には走行可能であることは確認されている。だが、いくら実現可能であっても、そして、理論上は〈カリフォルニア高速鉄道〉より速くて安価であっても、輸送人数が少ないという問題もある。光ファイバーケーブルの断面のように、ハイパーループを何本も束ねれば輸送量が増すのかもしれないが、カリフォルニアの通勤問題がこの方式によって解消される日が近いとはけっして思われない。

「今世代」が高齢になる前に快適な公共交通機関が登場しそうにないのだとしたら、通勤そのものがなくなることを願い、通勤をなくす方向で努力するほうがよいということは考えられないだろうか？理想的な通勤システムを実現するのが無理なら、いっそ通勤をなくすという意味だ。実は、これから何百年かでラッシュアワーはなくなると予想する二大思潮がある。そのどちらも人口増加を原因とする点は同じだが、方向性は大きく異なっている。

そのひとつの潮流である新マルサス主義（産児制限によって人口増加を抑え、労働者階級は社会主義によってではなく、産児制限によって貧困から免れると説く）は、世界人口が現在七十億人に達したことを嘆き、九十億人にまで増加するという見通しを危惧し、われわれは産業革命前の状態へ戻ってエネルギー消費量を減らし、誰も通勤しないですむ小さなコミュニティ内の生活を復活させよう、という立場をとる。

これとは逆のもうひとつの潮流では、結局のところ人口は過剰になり、その結果、将来は誰も（通勤したくても）通勤できなくなる、と予想する。ただし、人口が九十億人程度、あるいはもっと増えたとして九兆人になったとしても、心配する必要はないと言われている。

　イギリスの物理学者ジョン・ヒーヴァー・フレムリンは、一九六四年の小論「世界には何人の人間が住めるか？」において、人口増加の限界は生物学ではなく物理学によって決まるとした。隕石（いんせき）の衝突や世界終末戦争、感染症の世界的大流行などの天変地異が起こらないと仮定し、地球の陸も海も合わせた表面積のすべてが二千階建ての建築物で覆われ、人間が死者や自分たちの排泄物をも食し、北極と南極の氷を故意に溶かし、戦争のない世界平和が続くことを条件とすれば、母なる地球には二九六四年ごろまで六万兆人（六京人）の人間が住めるが、それ以上は、物理の法則上、不可能なのだと述べる。フレムリンが仮想した三十世紀の世界では、人類が通勤をするのは難しそうだ。人が多すぎて移動自体が難しく、「不定期の上下移動とランダムな水平移動を提供する低速の乗り物、あるいは長さ数百メートルのベルトコンベヤーでの移動は許される」がそれ以上は不可能になるだろう。

　移動できない代わりに、少しはいいことがあるかもしれない。これだけの人間がいれば、「一千万人のシェイクスピアやそれ以上の数のビートルズが常時生存していて」、娯楽の種類も豊富になるだろう。何より、このような超過密混雑生活にはさほど過激な文化的変化は必要ないと思われる。「自家用車を所有し、低層住宅に住む現代の会社員の生活からそのような生活を推測することは、新石器時代の狩猟生活から現代の会社員生活を推測することに比べれば、それほど大きな飛躍ではない」とフレムレンは言う。

だが、フレムリンの説のこの部分には誤謬がある。低層住宅に暮らす会社員が自家用車を所有するのは、すでに述べた遺伝的な狩猟採集の欲求を満たしたいからでもある。地球から通勤をなくそうと考えるなら、それより先にこの欲求を遺伝子プールから一掃しなければならない。一万年も農耕文明を続け、数十年の情報化時代を経たあとでも、人間のこの欲求はほとんど変わっていないのだから。〝時間を守る放浪欲求〟とも表現できる通勤という行為は、どうやら今後もなくなりそうにない。そのために地球上に物理的限界まで人類が増える機会を先送りにすることになろうとも、通勤はなくならないのだろう。

本書の執筆を始めた二〇一一年一月、私は午前七時〇一分発のロンドン行き電車で通勤していた。その出発点だったボトリー駅は、一八二〇年代に政治改革論者ウィリアム・コベットが〝農村騎行〟に出発した場所の近くだ（コベットは農村の実態を調査するため数十年かけてイングランドを旅した）。当時、イギリスの農業労働者は極貧にあえいでおり、コベットはその状況を自分の目で確認しようとしたのだ。彼は懐古的な人物で、産業化と不確かな将来を受け入れるよりも、故国が農村でありつづけ、（彼の目からすれば）豊かだった前世紀へ回帰したがっていた。コベットは進歩よりも人間の権利を求めた。

コベットが馬で旅した田舎道の周辺は、封建時代からほとんど変わらない風景が広がっているが、私が通勤していたロンドンのウォータールーまでの行程は、そのあと歴史上に起こった劇的な変化の軌跡をたどる旅でもある。電車はイチゴ畑を突っ切り、オークの森を抜け、ヴィクトリア朝時代に作られた煉瓦造りの楕円形トンネルに入り、高速道路の下をくぐり、待避線に取り残されている石炭置き場や貯水槽、その他、蒸気機関車時代の遺物の横を通過し、パティオ付きの庭や衛星放送受信用アンテナのある郊外住宅地を何キロも走り、それからやっとロンドンのはずれに至る。

目的地に近づくにつれ、一九五〇年代の高層ビルやバタシー発電所が見えてくる。やがて、ユーロスター（イギリスとヨーロッパ大陸とを結ぶ国際列車）の閉鎖されたプラットホームのそばで列車は停まる。ユーロスターが開通した一九九四年には未来的に見えたと思われるそのホームも、いまでは煤と鳩の糞で汚れている。

ウォータールー駅も変化を体現している。この地域はもともと草地と沼地で、住んでいたのは追放者や貧民や逃亡者だった。現在、ロンドンのこのターミナル駅を利用する乗客の数は、毎日二十万人以上だ（これはコベットが馬で旅したころのハンプシャー州全体の人口より多い）。ウォータールー駅のコンコースには、ファストフードのスタンドや移動販売のフランチャイズ店、それに十九世紀の鉄道図書の代わりに現代の書籍を売る〈W・H・スミス〉もある。改札口の上の巨大スクリーンには、ニュースや広告が流れている。

午前七時〇一分発の電車で始まる通勤は、通勤の歴史が始まって以来のあらゆる進歩をめぐる旅でもあった。技術の進歩、文化の変遷、そして物理的な変化の多くに、〝ラッシュアワー〟が直接的または間接的に関わっている。通勤は他人との接し方の慣習を変え、都市の成長と形成に影響し、新しい技術の実験場とも市場ともなった。

人道主義的な観点から見ても、通勤は大いによい結果をもたらしてきた。過去一世紀半のあいだ、数多くの人々が通勤によって生活を向上させる機会を得た。通勤は本質的に移動の自由をもたらす。いらいらさせられることや不快なことも多いが、私たちの生活において好ましい役割を果たしている。ときには地獄のように感じることがあったとしても、通勤は明るい希望に満ちている。

「人は自分がいかに幸せかを知らない。希望を抱いて旅することのほうが、到着したときよりも幸せなのだ」という言葉を残したのは、『宝島』を著わした冒険小説家、ロバート・ルイス・スティーヴンソンである。

訳者あとがき

私のラッシュアワー・デビューは十二歳のときだった。毎朝、通学のため都内の私鉄と山手線を乗り継ぐ。その混雑たるやすさまじく、車内でつり革につかまることなど論外だった。せめて、降りるつもりのない駅で無理やり人波に押されて降車させられるのを防ごうと、必死で身を守っていた。だから、通勤というのは「できれば避けたい苦行」だと早くから刷(す)りこまれていたと思う。

大多数の日本人には否定的なイメージがつきまとう〝通勤〟であるが、本書の著者イアン・ゲートリーは、通勤こそが近代社会の発展を促してきた原動力のひとつだと実証すべく、熱い思いを込めてその歴史を追ってゆく。

約一世紀半におよぶ通勤の歴史の大半において、それは概して憧れの対象であった。一八三〇年代のイギリスで、蒸気機関車の登場とともに始まった通勤という活動は、移動の自由を象徴し、その自由をつかもうと挑戦した人々に新たな地平線を望ませてくれた。通勤は好きなところに住む自由、好きなところで働く自由、自分の人生をよりよいものに変えていく自由を与えてくれる手段だった。しかも、通勤がもたらした利点はそうした個人的目的をはるかに超えて広がっていった。交通革命が進むにつれ、ひと握りだった通勤者の数が増え、仕事のやり方や娯楽のパターン、時間の概念など、多くのものが変化した。通勤圏内に郊外居住地が誕生し、景観も街もライフスタイルも大きく変わった。鉄道に続き、自動車の発達についても詳述される。一八四〇年代の鉄道通勤者が路線沿いに住んだように、自動車通勤者は新たな道路沿いに住むようになった。自家用車を利用する人のために、何もなかった土地に大型店舗やショッピング・モールが建設され、それがまた郊外居住者の消費生活に影響を与えた。自動車メーカーも、通勤者の求めに合った車や車内装備の開発にしのぎを削った。多くの国々で自動車通勤は道路整備の必要性を認識させ、都市計画の内容を大きく左右したのである。

通勤の歴史を追うことが近代社会の変遷をたどることになるさまを鮮やかに示したあと、ゲートリーは各国の現状を挙げつつ通勤のマイナス面にも容赦なく切りこんでいく。たとえば、大都市ではラッシュ時に乗客が超混雑列車に押しこめられるが、家畜にすら不適切だとされる狭い空間に詰めこまれるのをなぜ人間が耐えられるのか？　その理由を説明するさまざまな学説も興味深い。

各国の通勤事情を紹介した章では、日本についてかなりのページが割かれる。中世から近代へ移行するのに何百年もかかったヨーロッパとは異なり、明治政府は数十年でそれを成し遂げようとした──大量輸送時代に足を踏み入れた日本人が、通勤によって生みだした新しい習慣、新たな行動規範とはどんなものだったのか？　西洋人の目から見た日本の通勤者についての考察もおもしろく読んでもらえるだろう。

一方、自動車通勤に特徴的な問題は、渋滞と〝ロード・レージ〟だ。渋滞によって引き起こされるロード・レージという特異な怒りは、アメリカでとりわけ大きな問題となっている。一般市民にも銃の携行が認められているアメリカでは、ロード・レージが殺人事件に発展する可能性がほかの国より高いのだ。

だが、公共交通機関を使うにせよ自家用車を使うにせよ、通勤とはそれほど不快なものなのか、と著者は問いかける。〝通勤苦痛度指数〟なるものがしばしばメディアに引き合いに出されるが、その数字が示すほど多くの人が「通勤のために人生の一部が削られている」と感じるのなら、なぜ人は通勤を続けるのだろう。むしろ近年の詳細なアンケート調査からは逆の結果も出ていて、実はかなりの人々が通勤という行為にある程度満足している、とゲートリーは言う。

従来、通勤の動機は別の場所へ行って利益を得ることであり、移動行為そのものにはなんの利点もないと考えられていたが、最近では移動中に行なう活動と移動行為そのものにも意義があることが明らかになってきた。通勤中は無為の時間ではなく、通勤者は携帯できるさまざまな楽しみを貪欲に求めてきた。通勤車両内は、携帯電話などの新製品や新たなコミュニケーション・ツールが社会に広く浸透する前の〝実験の場〟ともなっている。

最後に語られるのは通勤の未来だ。人間が職場へ行く代わりに、仕事のほうが人間のところへやってくる勤務形態の是非や可能性を探る。電気通信技術を活用した〝テレコミューティング〟（情報通信機器を利用し、自宅や自宅近辺に開設されたオフィスで業務を行うこと）は一九九〇年代に始まった。インターネットや光ファイバーなどの発達で電気通信が容易になっただけでなく、地球温暖化問題や時代精神の変化によってそれが望ましいものとされ、いつ、どこでもノートパソコンを持って業務がこなせる通勤形態は明るい未来像として大いに期待された。

だが、現実にはこの分野の技術革新は思わぬ副産物をもたらした。数十年前のテレコミューティングの提唱者たちは、グローバル化の波がおよぼす影響をまったく考慮していなかった。実際には、電気通信技術の進歩により、多くの仕事が賃金の安い国外にアウトソーシング（外部委託）されるようになった。予想とは違う方向に進んでしまったテレワークは、現状では物理的な通勤をなくしたわけではなく、それを国外へ転嫁したにすぎない。

業務がアウトソーシングされるようになると、テレコミューティングの輝かしさが薄れ、外国人に仕事を奪われるくらいなら、会社に通勤して自分の存在感を示そうと考える人が増えてきた。景気後退を危惧する従業員は、生き残りをかけ〝顔を見せる時間（フェイスタイム）〟を作るためにも通勤をする。企業側も最近ではむしろ物理的な通勤に重きを置いている。その背景には、データ・セキュリティ上の不安や、テレワークに必要とされる膨大なエネルギー消費の問題がある。

近い将来であれ遠い未来であれ、物理的な通勤がなくなる可能性は低い、とゲートリーは述べる。そして、そのような未来の通勤を担う手段となりうる電気自動車、リニアモーターカー、（最近、大きな注目を浴びている）自動運転車など、次世代公共交通機関についても紙幅が割かれる。まさに、将来においても通勤が人を前進させていくことを象徴するかのようで、そのダイナミックな展開はすこぶる刺激的だ。

『通勤の社会史　毎日五億人が通勤する理由』は二〇一四年に出版された *Rush Hour: How 500 Million Commuters Survive the Daily Journey to Work* (Head of Zeus Ltd) の邦訳である。著者イアン・ゲートリーは一九六三年生まれ。香港で育ち、英国ケンブリッジ大学で法律を学んだ。ロンドンで金融関係の仕事についたあと、ジャーナリスト、ライターとして活躍する。これまでにも *LA DIVA NICOTINE: The Story of How Tobacco Seduced the World* や *DRINK: A Cultural History of Alcohol* など、たばこ、そしてアルコールを主題にしたユニークな文化史を執筆している。

通勤をとおして人と社会の変化を確認し、未来を展望する本書を訳し終え、私には著者が引いたパスカルの言葉が心に残った。「人間の本質は動である。完全なる静は死である」。未曾有の移動力を手にした現代人はこれからどこに向かい、何をするのだろう?

二〇一六年三月　新たな通勤者を迎える季節に

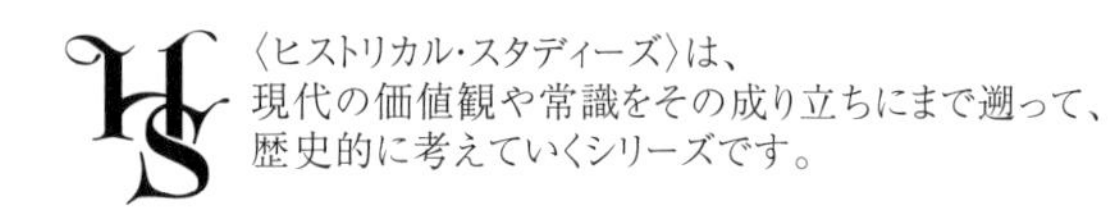

ヒストリカル・スタディーズ 17

通勤の社会史

毎日5億人が通勤する理由

2016年4月15日　第1版第1刷発行

著　者	イアン・ゲートリー
訳　者	黒川由美
ブックデザイン	川添英昭
編　集	川上純子（株式会社 LETRAS）
編集協力	藤岡美玲
発行人	落合美砂
発行所	株式会社太田出版 〒160-8571 東京都新宿区愛住町22　第3山田ビル4F 電話 03（3359）6262 振替 00120-6-162166 ホームページ http://www.ohtabooks.com

---

印刷・製本　　中央精版印刷株式会社

ISBN 978-4-7783-1510-8 C0036